国外毛泽东研究译丛（第二辑）
主编　石仲泉　萧延中

Rethinking Mao
Explorations in Mao Zedong's Thought

再思毛泽东
毛泽东思想的探索　（插图本）

［澳］尼克·奈特 著
Nick Knight
闫方洁 等 译

中国人民大学出版社
·北京·

总　序

毛泽东是举世公认的20世纪最为重要的政治家、革命家和思想家之一，同时也是一位天才诗人。由于他对现代中国之思想、制度和社会产生的深刻影响，也由于他对建构20世纪国际政治格局做出的重要贡献，几十年来，对毛泽东本人及其思想体系的研究已经成为一个具有长久意义的学术领域。毛泽东不仅是属于中国的，也是属于世界的。尽管国外的毛泽东研究在理论目标、分析方式、社会功能和学术立场等方面与国内存在差异，但在全球化的宏观视角下，其研究成果，应当被看作整体毛泽东研究的一个重要组成部分。它们与国内毛泽东研究一起，对这一学术领域做出了积极的贡献。

基于这样的一种视阈和理解，我们在众多国外毛泽东研究的学术著作中，精选翻译了部分佳作，编成“国外毛泽东研究译丛”，以纪念这位旷世伟人，并进一步推进毛泽东及其思想研究的深入扩展。我们选译的基本原则是，站在21世纪全球化的历史视野上，严格遵奉学术理据和研究逻辑，精选经过历史检验，具有较强理论价值和持久性影响，持论较为公允客观，论说严谨缜密的名著。对于那些具有严肃治学精神和审慎推理论证的作品，即使与我们的学术观点不尽一致，甚至在一定程度上存在着观念冲突，也在选择范围之内。“他山之石，可以攻玉”，我们希望把这一睿智古训真正转变为学术行动。

“国外毛泽东研究译丛”是中国人民大学国际关系学院政治学系“中国政治研究”课题的一个子项目，是这个教学科研共同体集体努力的成果之一。我们期望这次翻译的几部著作不是译介编研工作的结束，而是一项系统科研工程的开始。我们愿意把这项工作继续下去。

在“国外毛泽东研究译丛”出版之际，我们首先感谢以下诸教授：

本杰明·I·史华慈（Benjamin I. Schwartz）；

斯图尔特·R·施拉姆（Stuart R. Schram）；

魏斐德（Frederic Wakeman，Jr.）；

莫里斯·迈斯纳（Maurice Meisner）；

约翰·布莱恩·斯塔尔（John Bryan Starr）；

布兰特利·沃马克（Brantly Womack）；

罗斯·特里尔（Ross Terrill）；

杨炳章（Benjamin Yang）。

这些教授不仅慷慨允诺让我们翻译其各具特色的学术名著，而且其中不少人专此为“国外毛泽东研究译丛”撰写了“中文版序言”，这无疑是对我们的信任和支持。

国内毛泽东研究的著名学者逄先知、龚育之、冷溶、朱佳木、李忠杰、金冲及、李君如、李捷和陈晋等教授，不仅慨然允诺担任本译丛的学术顾问，而且多次对翻译工作给予指导，这对我们是极大的鼓舞。李君如教授还就统一国外著者的译名作了专门指导，使翻译工作避免了不少差错。中共中央文献研究室第一编研部的专家们，在学术方向上的直接指导以及在史料的校译、勘误方面所提出的大量关键性意见，使本译丛的质量有了进一步提高。来自国家社会科学研究机构和著名高校的编委们，从不同学科的多元视角，为选编工作提出了许多中肯的意见。中共中央文献研究室原“国外研究毛泽东思想资料选辑”编辑组工作人员此前的开拓性研究和贡献，不仅给予编选诸多经验和启发，而且直接为具体的译介工作提供了宝贵的便利条件。在此，我们向上述所有关心、支持本译丛的学者和单位以及图片的提供者，一并表示由衷的谢意。

对书中出现的引文，编译者采取如下的文献处理原则：凡国内有对应的公开发表的毛泽东著作者，均已按中文版本原文进行了核校；凡确属毛泽东文稿，但未公开发表者，按相关文献进行了核校，如凡引用日本学者竹内实主编《毛泽东集》和《毛泽东集》补卷者，按该书进行核校；凡属不能确定是否为毛泽东著作的引文，则尊重原作者的引文，未加处理，如凡引用《毛泽东思想万岁》和国外报刊报道的文献，一律按外文原文译出。

译介工作本是一件永远达不到尽善尽美境界的苦差，语际书写过程中的误读、遗漏和错置等都在所难免。我们恳切期望和真诚欢迎来自国内外专家学者以及广大读者的指教和批评。

石仲泉　萧延中

致 谢

我最初对毛泽东思想产生兴趣是在1971年。那时，我还是在昆士兰大学主修政治学的本科生。我有幸跟随C. L. 邱（C. L. Chiou）博士学习中国政治学，而他本人也是一位研究毛泽东的学者。邱有着巧妙的方法向他的学生传递他对该学科的热情，这使我着迷于如下挑战，即阐释马克思主义是如何在中国被理解和应用的，尤其是在“文化大革命”后期。

被邱所激发的热情一直持续到我在伦敦大学东方与非洲研究院攻读博士学位期间。在那里，我受到世界上最知名的毛泽东研究学者施拉姆的指导。关于学界对于很多问题的解释，施拉姆和我都不认同并将继续质疑之。施拉姆给我上了很重要的一课，即只有详细地分析毛泽东的文本，才能理解毛泽东及毛泽东思想的重要之处。许多关于毛泽东的论著都明显忽略了一些常见的证据，施拉姆丝毫不能忍受这种傲慢的行为。他本人在阐释毛泽东思想的时候从来不会脱离文本，这在这一不可避免会有意识形态介入的领域，无疑代表了一种有益的力量。施拉姆同时也教会我从英文学术版本中吸取精华的重要性，不过他在这个领域的贡献却是我不能企及的。他主编的“毛泽东的权力之路”系列丛书取得了非凡的成就，尤其让以英语为母语的人都可以很好地理解毛泽东1949年之前的文本。这一系列丛书使人们更容易了解学术界关于毛泽东及其思想的争论，人们对于这一主题的兴趣大部分都归功于他。

这两位学者在我早期研究毛泽东思想的过程中产生了至关重要的影响，我从他们那里得到了巨大的鼓励和帮助。同时，我也对以下人士表示真诚的感谢：格里菲斯大学语言与应用语言学院的王玉平（音）博士近20年来给我提供了中文语言方面的帮助；原任教于杜克大学、现处于半退休状态的阿里夫·德里克（Arif Dirlik）教授，一直以来都很支持我的研究并且仔细阅读过我写的东西；伦敦大学的迈克尔·达顿（Michael Dutton）教授以及新英格兰大学的保罗·希利（Paul Healy）博士在我最需要的阶段，从理论上对我产生了重大影响。另外，中国许多研究毛泽东的学者都对我的研究提供了帮助，在此就不一一列举了。我对他们每一个人都心存感激，尤其要对其中三位特别提出感谢。当我为毛泽东思想的内涵绞尽脑汁的时候，四川大学的冉昌光教授和黎永泰教授以及四川省社会科学院的毕剑横教授给我提供了大量帮助。

我的很多同事也从多个方面对我的研究提供了支持。非常庆幸，在我 1981 年加入现代亚洲研究学院的时候，科林·麦克拉斯（Colin Mackerras）是学院的领导者，他在教学和研究方面都是很好的指导者和合作者。同时，我也要对约翰·布彻（John Butcher）副教授提供的帮助表示感谢，他是真诚地给人灵感的老师和同事。道格·史密斯（Doug Smith）在图书馆和课堂上对我的工作给予了大力支持。我也真诚地感谢近几年来我的研究助理刘先（音）博士。

一直以来，我觉得亏欠最多的是我 30 年来最亲密的伴侣吉尔·肯尼（Jill Kenny）。她的关爱和支持使得我的教学和研究目标不断地得以实现，我对她的感激之情无以言表。

本书中的章节吸收利用了我之前发表在下列刊物上的一些文章，但根据情况的变化都进行了彻底的修改、更新和扩充：《毛泽东与马克思主义中国化》，载《澳大利亚中国事务》，1983 年 1 月第 9 期，17～34 页；《毛泽东与历史：谁来评价，如何评价?》，载《澳大利亚中国事务》，1985 年 1 月第 13 期，121～136 页；《毛泽东及中国特色的社会主义道路》，见马克林、尼克·奈特编著：《马克思主义在亚洲》，第四章，伦敦和悉尼，克鲁姆海尔姆出版社，1985；《毛泽东的马克思主义：毛泽东研究领域的经验主义和话语》，载《澳大利亚中国事务》，1986 年 7 月第 16 期，7～22 页；《矛盾和新民主主义论：从对比的角度看毛泽东思想和社会变革的原因》，载《关心亚洲学者委员会通讯》，第 2 辑（1990 年 5—6 月），第 22 期，18～34 页；《政治愿景：历史时间和毛泽东思想的未来，1936—1945》，载《东方研究丛刊》，第二辑（1991），第 29 期，139～171 页；《从和谐到斗争，从永久和平到“文化大革命”：毛泽东思想多变的未来》，载《中国信息》，第 2/3 辑（1996 年秋/冬），第 11 期，176～195 页；《毛泽东和中国革命的领导阶级》，载《中国信息》，第三辑（1997 冬—1998 年），第 12 期，28～45 页；《毛泽东思想中工人阶级的权力和国家形成，1931—1934》，载《现代亚洲杂志》，第一辑（2002），第 32 期，29～46 页。我很感激这些刊物的编辑和出版商提供并许可我使用版权材料。

本书第四章在《毛泽东和农民：革命战略形成中的阶级和力量》一文基础上写成，该篇文章首次发表于《中国报告》，第一辑（2004 年 1—3 月），第 40 期，49～76 页，社会发展研究版权中心，德里，2004。

目　　录

第一章

前言：再思毛泽东

我们认为，在毛泽东去世大约 30 年后重新思考他的思想是十分必要 1
的，其原因表现在多个方面。首先，在过去的 30 年中，中国官方曝光了大量之前鲜为人知的毛泽东的文献。中国出版并广泛宣传这些文献，中国的媒体和学术期刊也对其进行了详细的阐释，若非有隐蔽的政治动机是不会如此的——对于这一点我稍后会谈到。不管发布这些著作的动机是什么，它们从根本上扩大了毛泽东和毛泽东思想研究赖以存在的文本域，同时，由于文本域轮廓的显著改变，我们对一些传统的阐释产生了怀疑，早期的讨论同样需要被重新开启。因为这些文献见证了很多新主题——文学的、哲学的、意识形态的、军事的、政治的、经济的、个人的——它们是毛泽东思想的核心。这些文献成为我们阐释毛泽东思想时要面临的挑战，因为它们代表了需要探索的未知领域。

其次，从毛泽东登上历史舞台之后，这个世界以显而易见的代价发生了很多次转向。转向给中国和国际社会都带来了深刻的变化，这些变化则不可避免地影响到我们理解毛泽东的方式。毛泽东在晚年时仍然会谈到国际共产主义运动，即使这一运动内部存在着严重的分裂。苏联的存在和冷战引发了国际的紧张态势，那时的中国依然坚持毛泽东模式的领导。一些观点——这些观点为 20 世纪八九十年代中国的彻底变革提供了支持——在当时被认为是异端邪说，它们在“文化大革命”的猛烈攻击下全线溃
退。但是在短短几年内，“文化大革命”中所谓的异端成为新的正统思想， 2
它们给中国的经济和社会结构带来了显著改变，这些改变至少可以同毛泽东任何一项雄心勃勃的政治运动相媲美。中国朝向市场经济的变化、苏联日趋衰落并于 1991 年最终瓦解，这些事件伴随着并部分地加速了西方左翼的实质性消亡，很多国家的共产党都不再执政。中国改革事业的胜利及

其向社会主义市场经济体制的跃进，在西方国家得到了回应。在这些西方国家中，新保守主义获得了胜利。在中国和西方国家，认为可能通过有意识的政治运动实现人类平等的信心受到了严重侵蚀。上述变化使得前辈们主张平等的社会主义观念，尤其是毛泽东一代试图通过革命来实现社会主义的方式，变得更加难以理解，更不用说被证明。政治运动意义上的“社会主义”的衰落及其意识形态吸引力的减弱，不仅改变了过去人们在经验意义上使用该词语的方式，而且改变了该概念所蕴涵的价值标准（好的和坏的、理性的和非理性的、相关的和不相关的）。但是，社会主义的价值观念激励着毛泽东和他所属的革命一代，这些观念对他们来说是切实的、似乎可以实现的，正如激励着后续一代那些不同的价值观一样。

然而，显而易见的是，许多评论毛泽东生活和思想的人不再愿意认真地对待毛泽东所坚持的马克思主义和社会主义信念。不同时代的人具有不同的意识价值和形式，这些差异成为当前的限制，它阻止人们去认可某种世界观的解释性价值，原因是这种世界观和目前流行的世界观极为不同。因为如果马克思主义和社会主义在当下是毫无意义的，那么它们在当时又何以具有意义呢？对毛泽东思想的阐释不可避免地要用到许多概念，如“社会主义”——这一词语的意义和价值一直处在改变和动摇中。如此一来，那些重视毛泽东的社会主义和马克思主义信仰的学者便具有了某种负担和责任，他们面临着标准的挑战，他们要合理、公道地理解毛泽东的文本，要逆当下流行的观点而上。他们坚持认为，尽管“社会主义”在最近的30年中被削弱了，但它仍然是理解毛泽东思想和行动的相关性范畴。

3 因此，当前和最近的过去形成了棱镜，毛泽东的生活和思想通过它得到折射。随着棱镜的变化，折射出来的图像也会发生变化。对毛泽东及其思想的研究无法不受到连续的时代语境的影响；毛泽东的研究者目前已形成的优势不可避免地影响着他们的观点和解释。考虑到持续变化的政治和知识环境——毛泽东研究正是在这一环境中得以继续——要终止关于毛泽东生活和思想的讨论是不可能的事情。在一种历史语境中不证自明地被宣称是正确的结论，会在另一种历史语境中丧失其合理性；在某个领域流行一时的、坚守着某种特定价值和视角的学术观点，在被其他知识风尚超越时也会失去自己的光彩。从这层意义上来说，对毛泽东的评价一直都是刚刚开始，一直都在等待更进一步的重新思考。

把毛泽东研究视为一个过程的现象在后毛泽东时代的中国最为明显，这反映了一个特殊历史时期的主导价值。1981 年通过的《关于建国以来党的若干历史问题的决议》[1]尝试公平地评价毛泽东的成就与失误。在这一决议发布之后，中国的学者和中国共产党的理论家们开始转向审视那些先前被视作禁区的毛泽东的生活和思想，但是他们再研究的方式明显地体现了新兴的“真理政权”[2]的视角和价值。邓小平理论是一个广泛的综合体，它包含了经济改革和社会改革的内容，以及官方对中国共产党的历史及毛泽东在其中角色的重新阐释，由此构建起一个清晰的框架和范围，在这一框架内，对毛泽东著作的说明和反思得以继续展开。大体上来说，中国的学者和党的理论家们已经能够恰如其分地引导自身和学术的方向；他们吸收了流行的正统观点，并且找到了通往自己学术研究的出路，这一过程往往是相当无意识的。[3]我们可以发现，在后毛泽东时代的中国，大量关于毛泽东的研究都大体上遵循着邓小平的论断——毛泽东“对中国革命的功绩远远大于他的过失”，以及他的“功绩是第一位的，错误是第二位的”。决议中所批评的毛泽东思想和政策的某些方面理所当然地成为学术研究所批判的合理对象；但是，20 世纪八九十年代新产生的大量学术文献则从大体上表达了强烈的肯定性观点。[4]总之，较之以前，在后毛泽东时代的中国，研究毛泽东的整体氛围变得越来越具开放性和批判性，而限制依然存在，这些限制源自盛行的政治风气。

同样，在西方，由于政治和社会环境发生了变化，关于毛泽东的研究 4
也需要改变。最值得注意的是，学者们对毛泽东的兴趣骤减，因为他们将注意力转向了看起来似乎更局部的问题。在 20 世纪 70 年代末到 80 年代初，关于毛泽东的学术出版物像汹涌的洪水般被大量出版，时至今日洪水已变为细流，只有一小部分“顽固的”学者仍然保持着对毛泽东的兴趣，我便是其中之一。这些学者仍然坚信，毛泽东的思想、政策和历史地位依然具有学术价值。这些学者的任务变得更加艰难，因为在中国和西方出版了一大批关于毛泽东的回忆录和传记，它们或是色情的或是攻击性的或是二者兼有之。[5]这些丝毫不加掩饰的研究常常描绘出极端负面的肖像，从而使任何关于毛泽东的严肃性学术研究都显得毫无价值。那些讲述毛泽东在两性问题上的错误、复仇的个性和古怪的行为的故事，基本上都是为了淡化毛泽东的生活和思想的意义及其在中国和世界历史中的重要性。这些人身攻击的谬论已经产生影响，尽管事实显然并非如此。不管它们是真的抑或假的，公平的抑或不公平的（大多数是后者），这些关于毛泽东个性和个人生活的叙述促成了一种风气，在这种风气中，妖魔化毛泽东被假定为研究兴趣的唯一恰当目标。

本书坚决拒绝这种流行观点，它基于以下假设：对毛泽东思想的学术化研究依然具有显著意义。了解毛泽东思想的来源、概念框架及其发展，有助于人们解释他在政治领域的行为，有助于人们打开一扇窗来窥视那些影响毛泽东又反过来受他激励的革命知识分子的世界观；同时，它对于人们熟悉毛泽东时期中国共产党和中华人民共和国的意识形态和知识世界也是非常必要的。这些当然不是无关紧要的问题。除此以外，人们围绕毛泽东思想所讨论的一些问题，例如，关于中国革命中农民阶级的角色问题，20 世纪五六十年代中国社会主义建设的性质和影响问题，马克思主义以及其他欧洲社会思潮在 20 世纪上半叶对中国知识分子的影响问题等，与 20 世纪中国历史上关于其他问题的争论息息相关。研究毛泽东思想就必须研究知识、政治、文化是如何塑造毛泽东并反过来受他影响的，离开了这种研究传统，对现代中国历史的其他讨论都是不够完整的。

5 理解毛泽东思想不仅对于理解过去的中国极具意义，对于理解当今的中国也同样如此。尽管自从 1976 年毛泽东去世之后，中国的知识界、意识形态和政治环境都发生了深刻的变化，但他的影响绝没有消失。中国的历史学家和政治学家仍然置身其中的知识语境，在很大程度上源自过去；他们理解问题的框架和认识方法并没有完全摆脱中国革命时期和社会主义时期的意识形态和政治影响。从意识形态层面来看，中国共产党仍然坚持着 1981 年决议形成的框架——批评毛泽东的失败之处，承认毛泽东在中国革命胜利和早期社会主义建设中的功绩。中国共产党当然没有抛弃毛泽东和他的思想，很多党的理论家仍然继续致力于将毛泽东的革命的马克思主义与当今党的领导者所坚持的以市场经济和全球化为导向的开放的中国相调和。[6]毛泽东的思想意识继续时而强烈、时而微弱地与共产党的意识形态产生着共鸣，特别是在坚持强调中国仍然是“社会主义”国家方面。从政治层面来看，毛泽东的影响明显地体现在中国共产党的内部结构和组织实践中，它们都具备毛泽东所接受的列宁主义党建理论的基本特征。在知识界、意识形态和政治的每一个领域中，毛泽东继续产生着长远的影响。

但是，毛泽东的影响绝非仅仅存在于权力通道和学术界中。“毛泽东复兴”不时地出现在中国人民中间，这表明了毛泽东在大众意识中的持续在场。其中最著名的一次复兴发生在 1993 年官方举行的纪念毛泽东 100 周年诞辰时。这次特别的“毛泽东复兴”发生在多个层面上。最表面和最明显的表现形式是有声有色的毛泽东纪念品贸易（打开即奏《东方红》的印有毛泽东像的打火机、如同圣克里斯托弗奖牌一样挂在出租车里的毛泽东像章、毛泽东日历和徽章）。[7]一个更为实质性的表现是，关于毛泽东生活的书籍和文章源源不断地出现，其中一些披露了毛泽东个人和两性生活的私密花边新闻。[8]除了官方举办的纪念毛泽东百年诞辰活动（会议、学术出版、展览、电影），民间流行着一股对这位前领导人的怀旧之情。这种怀旧之情是一系列情感的外在表达。从最简单的意义上来说，它表达的仅仅是人们对这位前著名领导人的奇闻怪事的纯粹好奇心；从深层意义上来说，它表达的是很多中国人在社会变化的步伐和走向中的不安全感；它同样表达了人们对过去可想象的确定性的怀念。因此，非官方的“毛泽东 6
复兴”尽管刚刚起步，但却表达了人们对执政党改革议程的反思，正因如此，这种毛泽东复兴能带给中国领导人一些警醒。[9]“毛泽东复兴”所暗含的对中国改革进程的批评不容易被控制，它置中国领导人于不公平的地位，因为这些领导人被 1981 年决议的内容所束缚，在这个决议中，毛泽东被认为是一个有瑕疵的领导人，不过他的功绩远远超过他的错误。人们对毛泽东的兴趣和尊重是无法被制止的，除非同时质疑后毛泽东时代领导人的合法性，以及共产党的意识形态的一致性，这种意识形态是建立在毛泽东意识形态的基础上的，并且无法避免地和它纠缠在一起。

1993 年的“毛泽东复兴”并没有彻底消退，从那时开始，大众对毛泽东的兴趣时而衰退，时而泛滥。这一现象随时提醒着以下问题，即毛左翼是一份复杂且不稳定的遗产，他们在理解毛泽东生活和思想的时候，不会轻易受到已被认可的 1981 年决议框架的束缚。对不同的中国人来说，毛泽东代表着不同的意义，他们多样化的理解常常被调动起来以达到不同的效果。这些效果的范围很广，从简单（挂毛泽东日历以起到装饰效果）到复杂（借用毛泽东的名义以动员和支持反对贪污的斗争）。对毛泽东及其思想的建构和运用会经常变化，不仅仅是因为毛泽东的著作以及关于毛泽东的著作是大量的、多样的、复杂的，还因为那些激起人们对毛泽东兴趣的焦点本身就是多样和易变的。

毛泽东及其思想在中国和其他地区的持续影响（尼泊尔毛主义革命运动的高涨）进一步证明了继续研究毛泽东思想的重要性。但是，应该怎样研究毛泽东的思想？我们应该如何完成这一复杂的任务？正如我在本书第二章和第三章中将要阐述的那样，研究毛泽东的学者用不同的方式回应了这些问题，他们形成了不同的价值观和方法论，并且提出了不同的问题。不可避免的是，他们的结论是多样化的，并且绝对不存在无争议的研究方法。我对毛泽东思想的研究同样由特定的思维方式所决定。首先，涉及一个可以被称作制图法的方法，这一方法使毛泽东大量的文本［“著作”（毕生之作）］被概念化为一个领域——正如米歇尔·福柯所描绘的那样。[10]
7 类似于物理领域，这一特定的领域有自己的边界、轮廓和可辨认的标志。它随着新文本和新信息的披露而改变，也会随着一些文本偶尔从档案中被删除而改变。[11]因此，毛泽东研究的领域需要定时重绘。很多学者已经探索了这一领域，但由于持有相异的研究目标，因此他们绘制的地图提供给人们的是不同的有时甚至是矛盾的观点。我自己在这一领域中摸索了大约35年，在这期间它的风景已经发生了显著变化。过去我已经探索并“绘制”出的领域现在已经变得大不相同，因此我有责任来修正自己的结论；还有一些领域基本上未被探及。

将毛泽东的文本看作一个有待开发的领域意味着需要“指南针”。如果行进没有明确的方向感，旅程的最后便无法达到明确的目的地。我们需要一个清晰的框架来提出问题，以供我们审视文本。我的兴趣在于：马克思主义的发展历史、社会主义意识形态，以及它们被介绍到中国并被中国知识分子和政治活动家（尤其是在20世纪20年代早期到30年代）接受、阐释、发展并应用于中国革命和1949年之后社会主义建设的过程。正是这一兴趣指导着我对毛泽东思想的研究。我的兴趣还在于像一个历史学家那样去思考一种产生于欧洲的激进的意识形态传统是如何在一个完全不同的历史和文化背景中发展起来的。我的倾向是接受由中国的革命主义者和知识分子表现出来的——从其表面价值来看——对马克思主义的转向和坚持。但在研究毛泽东思想和中国革命的知识分子学者那里，这并不是一个普遍的趋势；的确，不幸的是有一种相反的趋势，它对马克思主义的信念持拒绝或贬低态度。他们这样做的理由各不相同，但一般而言是因为他们拒绝承认中国人能够理解一种属于欧洲知识体系的思想。另外一个原因则基于这样的政治前提：由于马克思主义的观点在中国被加以运用的方式是不恰当的，因此他们无法认真对待那些拥护这些观点的人的信奉和理解水平。我反对以上两种观点。我认为，这些恰好证明中国的革命者和知识分子，无论是从理智上还是从政治上，都是真正信奉马克思主义的，他们努力去理解这一具有强烈的理性主义风格的思想体系的复杂内容和形式，他们中的很多人变得精通这一思想。当然这并不意味着，我会必然接受那些基于与马克思主义的接触而产生的观点和价值，更不用说接受这些观点和价值所可能激发的政治行动。但必须承认的是，试图去理解中国的马克思 8
主义知识分子在解释他们所倡导的这一具有影响力的思想体系时所采用的方式，这一做法是正确的。对我来说，历史学家研究的基础前提是，从研究对象的情况出发去理解他们的观点，但是这一主张在关于毛泽东思想和中国马克思主义的研究中并未被广泛采用。[12]

在我看来，人们没有兴趣去认真对待中国的马克思主义者所宣称的马克思主义信仰的一个原因是，那些评价中国的马克思主义的学者们本身对马克思主义的认知是相当匮乏的。缺乏对马克思主义理论的充分理解，并没有阻止一些学者发表相当过分的言论，他们通常信口开河：毛泽东对马克思主义的理解是不充分的。[13]相当令我惊讶的是，对于历史、理论和马克思主义文本的熟悉使我得到了一些没有被其他研究毛泽东的同行所分享的——或者说没有被广泛分享的——关于中国马克思主义的发展历史的观点。[14]我过去提出过，研究毛泽东的一个基本要求是要适当地熟悉马克思主义的理论，因为毛泽东反复强调自己是一个马克思主义者，他的著作中到处都是对马克思主义的引用。但是毛泽东研究的历史证明，情况并非如此。

因此，在我探索毛泽东的文本领域时，我常常提醒自己去寻找象征毛泽东思想中马克思主义和社会主义维度的标志，但是我并没有忽视中国的知识传统对他的影响。通过分析延安时期毛泽东的历史哲学思想可以非常清楚地发现，他在对历史时期和未来社会的认知上强调了乌托邦的主题，这一主题既是中国的也是马克思主义的传统。然而，有启发性之处在于，乌托邦思想在中国的传统中并不像在西方的传统中那么重要，而且毛泽东是在试图从深远的历史中对中国革命和抗日战争进行定位的时候转向了乌托邦主义。在中国的思想传统中，引起毛泽东注意的是这样一个具有前瞻性和乐观主义的思想，而并非那种占主导地位的尚古思想以及将历史看作循环周期的思想。因为前者意味着毛泽东所热烈期盼的和平、平等、富裕的历史目标都是会必然实现的，它似乎构成了对马克思主义目的论的补充。毛泽东尝试将中国的这一思想传统与马克思主义相结合的做法获得了部分的成功，但二者之间仍然存在无法解决的紧张关系，20 世纪五六十年代，随着毛泽东思想中乌托邦主义的衰退，二者之间也不再相关（参考本书第五章和第九章）。

9 因此，本书会大量地关注毛泽东思想中的马克思主义和社会主义维度，但这并非全部主题所在。在不同的情况下，我尝试通过重新审视毛泽东的著作来实现对他的“再思”，尤其会特别注意那些最近才得到的文献所包含的证据。它们是毛泽东思想的中心主题，更重要的是，对它们的分析可以使我们洞察中国革命进程和 1949 年之后社会主义建设所受的影响。例如，从 20 世纪 20 年代到 40 年代，毛泽东革命战略的中心体现为他对工人阶级和农民阶级的角色以及它们互相对对方所持有的立场的独特理解。正如我在第四章所谈到的那样，毛泽东对于这种阶级关系的理解常常被一些评论者所误解。毛泽东认为自己是一个马克思主义者而不是一个农民革命者，他赋予工人阶级以革命的领导者角色；同时与马克思主义一致的是，毛泽东认为，尽管农民也非常重要，但是其阶级生存条件使其不可避免地具有局限性，因此他们无法承担起领导者的角色。有充分的证据可以支持以上观点。同样有证据可以证明，如果不是因为 1927 年战略撤退到农村的决议，毛泽东不可能如此彻底地放弃城市转而“上山”。结果，毛泽东不得不依靠农民阶级并且发展出一套农村革命的战略，但是他从来都没有忽略中国的未来在城市这一事实。中国的未来应该是社会主义的和工业化的，是工人阶级而非农民阶级掌握着通往未来的关键。

同样，毛泽东对马克思主义社会变革理论的理解也经常受到歪曲。人们往往认为，毛泽东拒绝马克思主义的唯物主义哲学，而相当推崇意识在变革社会中的力量。因此，毛泽东被描述成一个“唯心主义者”或“唯意志论者”。持这一观点的人指出，毛泽东将意识形态和政治上层建筑及其内部斗争视为社会变革的主要源泉，马克思认为经济基础才具有上述地位，毛泽东则坚持经济基础是随着上层建筑的变化而变化的。然而，如果

我们认真研究毛泽东思想中的这一维度，就不会赞同上述观点。尽管他关
于政治、意识形态、文化在社会变革中作用的观点发生了变化并且的确超
出了机械唯物主义和简单唯物主义的范畴，但是他的整体视角仍然是唯物
主义的，他依旧将经济基础——生产力和生产关系——看作历史的根本性
决定因素。本书第六章的阐释证明了在延安时期的早期阶段，毛泽东的思 10
想中形成了关于社会变革的多重视角。尽管他一直在找寻可以清晰地阐述
政治、意识形态和文化的历史作用的方式，但是他对社会变革的多样化探
讨总是建立在承认经济力量的首要性的基础上的。就这一点来说，延安时
期的毛泽东仍然谨慎地坚持着马克思主义的正统观点。

毛泽东思想的另一个中心主题是，如何理解马克思主义在中国被运用的过程。一些评论者指出，这一被他称为“马克思主义中国化”的过程，是试图使马克思主义的普遍性从属于中国文化和历史的具体特征以及中国革命现实的过程。从这个角度来看，马克思主义在中国变成了中国的马克思主义——一种在欧洲被视为异端的意识形态的异国化和东方化的衍生物。的确，毛泽东极其关心的问题是，如何确保马克思主义在中国语境中能被有效应用，以提高共产党实现革命目标的能力；同时，他主张共产党的知识分子和干部的行为要以充分掌握中国历史和文化为基础。他无法容忍那些滔滔不绝地讲着马克思主义的套话，却完全不去努力调查和理解中国现实的人。然而，他又坚持认为，了解和改变中国现实的过程必须建立在一种方法论的基础上，这种方法论可以保证马克思主义的普适性不打丝毫折扣。从逻辑上而言，这是一项困难的任务，因为它提出了科学哲学的一个根本性问题——我们可以通过何种方式从具体实例中获得普遍性的法则？当然毛泽东没有解决这个难题，话说回来，他并不是一个严格意义上的科学哲学家。但是，他的确得出了一个准则并进而断言，在不贬低马克思主义普适性的前提下，将马克思主义的普遍规律与中国革命的具体现实相结合是可以实现的。在本书第七章中，受到相当程度歪曲的、支撑毛泽东“马克思主义中国化”的基础将会被重构，同时我们也将探索毛泽东是如何试图解决整体性与特殊性相结合这一理论难题的。

毛泽东以及其他新兴社会主义国家的领导人需要面对的一个问题是，
应该如何建立和巩固社会主义进而实现向共产主义的转变。在 1949 年毛 11
泽东领导中国革命取得胜利之后，他认识到夺取政权仅仅是改变社会本质

这个长期而艰巨的斗争的第一步。如何将这场斗争继续下去并达成目标？在这个方面，至少卡尔·马克思的著作能提供的具体建议是极少的，因为他关注的焦点在于19世纪欧洲工业资本主义的动态。尽管马克思的确详细地思考过前资本主义的历史发展状况，但事实上，对于一个基本上在封建制度基础上建立起来的社会主义政府应该采取什么样的政策，马克思并没有提供任何答案。从通常意义上来讲，虽然马克思的历史哲学特别是他的目的论，可以启发人们找到在封建制度基础上建立起来的社会主义的特殊方向，但毛泽东仍然不得不在别的地方找寻实践指导。能提供这种指导的最明显来源是苏联。在中华人民共和国成立的初期，尽管毛泽东从未停止实践他在延安时期形成的关于国家建设的经验，但他和自己的同仁们采用了苏联的很多经验。然而，到20世纪50年代中期，毛泽东对于苏联模式的弊端越来越无法忍受，他开始从理论层面思考一条更加符合中国环境和特征的、能挖掘中国自身潜力的通往社会主义的道路。在这里，指导毛泽东的原则是形成并实施于延安时期的原则——使马克思主义“中国化”。坚持国外社会主义建设模式，正如坚持苏联模式越来越显现出来的那样，只会阻碍中国巩固社会主义的进程。因此，在毛泽东的头脑中产生了关于“中国社会主义道路”的可能性，从通常意义上来讲，这条道路源自马克思主义，但是在具体实践中又受到中国自身特征的指导。本书第八章会对“中国社会主义道路”的主题进行探讨，并且会从毛泽东的视角来分析这一道路引人注目的表现形式——“大跃进”和“文化大革命”。

人们通常认为，毛泽东的“乌托邦主义”导致了“文化大革命”的开始，乌托邦意味着对现实的明显偏离以及对几乎不可能实现的目标的向往。对于毛泽东的“乌托邦主义”，我持有极为不同的意见。在本书第九章中，我提出了这一事实：正是毛泽东乌托邦思想的消退——很明显这种消退存在于20世纪50年代，在60年代开始加速——才导致了他决定发起一场如此大规模和破坏性的政治运动。到20世纪60年代中期，毛泽东已经放弃了迅速转向共产主义的任何可能性；而当时势在必行的是要保卫
12 革命的果实不被共产党内部有势力的“走资派”所掠夺。毛泽东已经想象到未来的中国无法走向社会主义而将走向资本主义复辟，因此他的当务之急是要防止这种可能性的发生。在毛泽东晚年，他关于未来的视野从乌托邦主义转向了对人类长期未来的悲观评价。

这些就是我在再思毛泽东的过程中要尝试表达的主题。它们代表了毛泽东思想中的重要维度，当然还有其他尚未被发现的主题。在毛泽东思想的维度中，哲学维度是最明显的。此处我不再赘述，因为在其他地方我已经做了相当详细的研究；的确，这一主题太重要了，以至于单独的一章无法对它做出公正的评价。[15]因此，本书并非要提供一个关于毛泽东思想的全面的历史，它的目的是十分适中的——通过对毛泽东著作的深入阅读详细阐述关于毛泽东思想的一些发现。写作本书意味着获得了重新思考毛泽东的机会，而我本着同样的精神要传达给读者的是：给你们一个机会重新思考自己对 20 世纪最具影响力的人物之一的思想的认识。

在接下来的两章中，我会探讨在研究毛泽东和他的思想时要面对的方法论问题。这一探讨构成了毛泽东研究领域的关键性引入环节，它可以帮助我们在接下来的研究中情景化地去探索毛泽东的思想。

第二章

方法论问题一：对毛泽东和毛泽东文本的再思考

15 历史什么事情也没有做，它“并不拥有任何无穷尽的丰富性”，它“并没有在任何战斗中作战”！创造这一切、拥有这一切并为这一切而斗争的，不是“历史”，而正是人，现实的、活生生的人。“历史”并不是把人当做达到自己目的的工具来利用的某种特殊的人格。历史不过是追求着自己目的的人的活动而已。[1]

如果就像卡尔·马克思和弗里德里希·恩格斯在《神圣家族》中所断言的那样，历史不应该被设想为将“现实的、活生生的人”作为工具利用的特殊人格，那么判断历史个体如毛泽东的作用，就不是由历史而是由其他现实的、活生生的个人所决定的。这反过来说明，对毛泽东和他的思想做出明确和公认的判断是不可能的。历史的判断来自历史学家，他们是现实的、活生生的人，他们的观点受到一系列因素——时间维度、政治偏见、道德因素、文化和知识背景——的影响，这确保他们和外行人一样会受到社会学、价值论和时间的影响。因此所有的历史都是解释，从没有最终的重构和判断。正如爱德华·H·卡尔（E. H. Carr）简要指出的那样，“历史意味着解释”[2]。在毛泽东逝世后的 30 多年里，中国和西方国家有关其政治生涯和思想的舆论都发生了巨大的变化。1981 年 6 月，中国共产党第十一届六中全会《关于建国以来党的若干历史问题的决议》做出了流传至今的判断，它尖锐地批评了毛泽东在最后 20 年抛弃了他的很多政策和观点，因为它们完全不适合中国社会和经济发展水平的
16 “事实”[3]。这一决议试图积极地评价毛泽东在 1949 年以前的中国革命以及 20 世纪 50 年代初社会主义建设时期做出的贡献，以平衡对毛泽东晚年的消极评价。简而言之，该决议声称要对毛泽东在中国现代历史上的地位和贡献进行决

定性的评价，这一权威声音无疑对中国关于毛泽东的通俗观点和学术观念产生了相当大的影响，而且这一影响还在继续，因为这个决议的判断从来没有被否定甚至修改过。此外，在后毛泽东时代的中国，意识形态判断和政治发展毫无疑问地影响到了西方学者对毛泽东的看法，这就强化了以下观点——西方毛泽东研究学者和其他领域的学者受到了同样的影响。我们形成的观点不可避免地受到时间和政治的影响，不管我们是否意识到；事实上，研究毛泽东的学者经常表现出他们很少意识到其判断会受到一些因素的影响，这阻止了对毛泽东及其思想真正的、实证的重建。我们的判断不会比 1981 年的决议更明确，它可能是政治意义上的权威，但在这个有争议性的话题上，它肯定不代表最终的和无异议的话语。

如果说对毛泽东的思想及其政治生涯所试图进行的评价永远不可能明确，且会受到众多外来因素的影响，那么这就表明我们需要自觉和坦率地承认那些支持和激发解释的假设。本章将证明，毛泽东的解读者理论上和价值上的假设——他们已经提出的或者还未提出的问题，他们所采用的方法论——差别很大，这种差别对他们得出的结论产生了相当大的影响。毛泽东是一个综合体，探究其真实本质，可以使人们更容易接受关于毛泽东的正确观点。自 20 世纪 50 年代初这一起始阶段以来，对毛泽东的学术性研究几乎毫无例外地显示出，认真地分析和解释毛泽东及其思想中面临的理论问题，是很难让人感兴趣的。在关于毛泽东的著作中有无数未被研究的或未被充分研究的假设，在致力于研究毛泽东思想之前，我们必须先研究和批判那些假设。在这一章，我认为这种理论反思和争论的贫乏，很大程度上是经验主义认识论作用的结果，它的影响已经普遍渗透到研究毛泽东的学者之中。我研究了经验主义的假设，发现它的逻辑矛盾致使许多关 17
于毛泽东及其思想的事实性、权威性主张变得不确定。通过调查一系列毛泽东研究领域的固有问题，我对经验主义进行了批判。这些问题包括毛泽东文本“阅读”问题、毛泽东生活和思想分期问题以及他的思想来源识别问题。批判这一领域时产生了如下迹象，即人们不愿意接受这一事实——他们所使用的理论方法将决定解释的结果。这就好像“事实”代表它们自己，研究毛泽东学者的任务仅仅是以一种公正的方式观察和描述这些“事实”。但这是不可能的。这表明了对毛泽东的研究采用理论上更加自觉的方法，以及更坦率地承认支撑分析的价值观和假设是必要的。还需要承认的是，关于毛泽东的结论永远不会是绝对的真理，更不用说是历史的判断；它们是理论的产品，是由观察者的设想、价值观念和时间角度塑造而成的。

经验主义：阐述与批判

创造知识的所有基础是关于思想和思想对象关系的假设，无论对于亚原子粒子领域抑或毛泽东思想都是如此。[4]认识论的工作深深地根植于西方知识分子传统，它试图制定创造知识的程序。“知识”是关于现实的命题，它不仅准确地描述现实，而且作为正确的事实被普遍接受。为了追求这个目的，认识论已经铸造了思想与其对象之间的关系，它依据的是两个领域之间的区别和对应：第一个是思想领域，它区别和独立于现实的领域；第二个是对象领域，它（假设是）由思想中适合它们表述的方式构成。因此，尽管思想和现实之间有区别，但认识论的目的是证明两个领域如何能实现对应，以使思想构成关于对象的完美反映。

认识论依靠两种不同的方法来实现思想与实现的对应：第一个是把人类主体性的经验当做权威，它反对要求知识被评估；第二个是把理性——
18 概念及它们之间的关系——作为创造知识的媒介。前者被称为经验主义，这将是我们的焦点，关于后者——理性主义，在毛泽东研究领域则没有明显表现。

对于经验主义而言，正是认知主体的经验实现了思想与对象之间的一致，并由此创造了知识。正如巴里·辛迪斯（Barry Hindess）与保罗·赫斯特（Paul Hirst）所指出的，在经验主义认识论看来，“知识被看作是可简化的，更一般地来说，知识被看作是可评价的，这种评价基于人类根据主体经验所作出的基本陈述”[5]。检测数据和观察的结果经常被作为知识的证据基础，因为它们产生于经验之中并且为知识生产提供原材料，这些数据和结果往往以观察报告的形式呈现。人类主体的经验就犹如最高上诉法院，它决定了知识的构成。世界的知识来源于现实的事实，并通过经验的中介，由现实的事物对知识进行验证。从这个角度来看，现实被认为是一种中立和通用的领域，它只可以通过经验的方法被接近和认知。

相对知识而言，经验具有优先地位，这就意味着，通过经验观察现实的活动是以无偏见的方式进行的，尽管观察者都会有一定的预设和价值观。承认其他的就会削弱经验作为知识的基础的权威性，因为它将允许这种可能性存在，即经验不是一种中性介质，它很大程度上受到观察者关于世界的假设性塑造。这恰恰是卡尔·波普尔（Karl Popper）提出的实证主义批判（一种以观察为基础的经验主义认识论）。[6]波普尔强调，现实的观察不可能是价值中立或理论独立的，因为没有理论（问题、假设、偏见，甚至猜测）的导向作用，人类主体将不知道观察什么，更不用说如何观察。无论是“现实”（“事实”）还是经验都不能告诉我们这些东西；只有理论才能做到这些。马克斯·韦伯（Max Weber）对此表示赞同，他提出“世界进程毫无意义的无限性”需要一定的选择标准，它不是源于现实本身，而是源于观察者的文化背景。这确保了“所有文化现实的知识……总是处于特定视角的知识”。假设社会科学家的观点“可以源于‘事实本身’”是“天真的自欺欺人”[7]。所有的观察都是依赖理论的。因此，经验主义就成为一个不合逻辑的和误导性的知识生产过程的描述。 19

虽然波普尔的批判对实证主义低级形式进行了重要修正，但他的反对者反过来认为，处于波普尔科学哲学核心的“证伪”概念，完全受到他已经确定的实证主义认识论谬误的影响。[8]波普尔认为，一个理论不能通过对现实“事实”的检测而证实，但它可以通过这个而证伪。因此，他的认识论重新默默地引入了实证主义，因为它假定理论上对事实的中立要求，以证明一个理论的谬误。然而，理论的验证，无论是证实或证伪，都必须依赖相关理论的观察。这里存在一个无法摆脱的困境，它被波普尔本人如此有力地认定，即观察本质上是依赖理论的，无论被归纳还是演绎地使用，对理论进行证实还是证伪，它们都是如此。一个理论的验证可以只通过理论自身的假设而进行，这涉及一个循环，推理的自我指涉形式无法独立地从非理论角度验证理论的实证与正确性。

正是这种循环论证使辛迪斯与赫斯特完全拒绝认识论。他们认为，认识论不能证明思想及其对象之间的对应是如何产生的，除了呼吁被视为权威的假设从而使其免于独立验证的需要。经验主义认识论认为，这涉及对作为中性介质的经验的呼吁，其通过经验知识可以被创造。然而，断言经验具有创造知识的能力不可避免地涉及诉诸经验本身：“我知道经验创造知识，因为经验告诉我就是这样的。”就像辛迪斯与赫斯特所指出的，“所有的认识论概念的循环和终极教条都很明显，因为除了通过话语形式本身被特许的方式，便不能证明某形式的话语确实是权威的”[9]。

排斥认识论的一个重要后果就是对“一般知识”的放弃。并不存在一个基于认识论的统一科学领域——这一科学领域能够创建对象并且普遍化地接受知识，取而代之的是存在着各种各样的理论话语——它们构建自己的理论假设，包括选择标准、各项论据和方法程序。话语创造的不是“一般知识”，因为它的假设是特定的，不可能被不同的话语所接受。某种话
20 语的结论只能作为论点或预测，而不是客观意义上的“知识”。在此基础上，辛迪斯与赫斯特认为，批判某个争论性话语的结论是教条的，从本质上说是一种冗余的活动，因为这种批判不可避免地诉诸相关的理论假设，但是这些假设的有效性并不被竞争性的话语所接受。这种批判不可避免地会诉诸所谓的经验现实的问题，这些问题也不被对方的话语所认可；相反，这些是在话语中、通过话语建构起来的对象。没有普遍的、中性的、超级散漫的实证领域（“一般现实”）可能被用来指导争论性话题之间的调整。正如辛迪斯与赫斯特所说，“不可能（在认识论理念缺失的情况下）以存在于话语之外的对象来衡量话语的有效性”[10]。

在毛泽东研究领域中，特别是对毛泽东思想的批判中，这种不合逻辑的经验主义程序特别明显。例如，斯图尔特·施拉姆在他关于毛泽东的大量著作里要求用“证据”、“事实”、“显而易见的事实”和“毛泽东的著作”，好像它们构成一个中立的领域，由此研究毛泽东的学者可以毫无问题地通过经验这个中介获得认知。[11]他诉诸个人观察的有效性[12]，并建议把一个“事实的客观检查”作为研究毛泽东的认识论基础[13]。没有人认识到施拉姆选择的观察“事实”是在话语内部构建起来的，不存在独立的话语；也没有人认识到他敦促我们“客观地”观察那些他自己认为重要的“事实”，而其他人用不同的问题和假设研究毛泽东时，他的“事实”便无关紧要了。

我们将会看到，在同样的朴素经验主义的名义下，随着大量毛泽东思想研究的不断推进，这种类型的认识论错误在毛泽东研究领域是非常常见的。这种现象在该领域产生了许多负面后果。第一，分析毛泽东的思想可以而且应该通过“事实的客观检查”来进行——这一误解使具有定向分析的理论前提的表达和研究成为多余。如果研究毛泽东的学者可

以直接核查“事实”，那么该过程在何种相关性上可以独自提供对毛泽东思想的客观描述，费时地思考为什么使用特定的方法而不是其他方法又有何必要？答案就是：理论是不相关的，对定向分析的观点和假设进行明确的表述是没有必要的。因此，对毛泽东进行经验主义的研究的第一个后果就是致使该领域理论贫乏。第二，不能认识和表达解读毛泽东 21
思想的特定理论前提，会导致人们产生教条地捍卫自身解释的倾向，就像教条地攻击对立的解释一样。毕竟，如果研究毛泽东学者的经验是决定毛泽东思想认识的权威媒介，那么对抗性解释所声称的有效性的可能性基础是什么？正如瑞普·伯克利（Rip Bulkeley）在批判毛泽东认识论中所指出的那样，经验主义“不能解释为什么一些人的经验比其他人的更可取”[14]。为了规避这个困境，研究毛泽东的学者教条地重申自己解释的有效性，在没有被相对立的观点接受的理论假设的基础上（通常是含蓄地）来批判对方的解释。这种方法的循环性，也就是它的教条主义是明显的：“你对毛泽东思想的解释是错误的，因为它不符合我的假设；反之，我的也一样。因此，我是正确的，你是错误的。”

这个领域里跨越20世纪上半叶的争论，明显是对抗性话语之间的争论，即它们尚未阐明或者大部分未阐明的理论假设不符合对方的理论假设。一种话语战胜另一种是不可能的，因为没有一个中立的普遍领域（“一般现实”）可以被用来验证一种观点而否定另一种观点。然而，在经验主义——一种不合逻辑和自我参照的认识论——的基础上，这种欺骗性的诉求不断产生。面对对方呈现的“事实”，面红耳赤的教授们心情很差、恶语相向，由此所产生的僵局对各方来说都是一个难题。这种实践的特点就是循环推理和教条地争论，而不是走向“事实”。要对这些由认识论导致的对峙进行令人耳目一新的矫正，意味着承认一个人的角度决定着分析的结果；因此，它将是对支撑分析的理论假设的表达，也是对批判和反批判有限性的承认。

毛泽东文本：读者的作用

在毛泽东研究领域，经验主义最明显的表现是要求把毛泽东的文本视为对特定解释客观性的验证，就好像文本构成了一个中性媒介，它的作用仅仅是把作者的意图传达给读者。读者是文本信息的被动接受者，他只能阅读（“经验”）揭示其意义的文本。路易·阿尔都塞在这个阅读概念中发
22 现了许多的基本缺陷[15]（他关注的是马克思的文本），首先涉及这个假设，即通过阅读文本的表面信息可以充分披露作者的意图。他认为，这一假设没有认识到一个文本是由不同层次意义构建的复杂结构的体现；这些可能被经验主义读者的视野遮蔽了，因为他们的注意力集中在文本的表面。其次是倾向于把复杂文本缩小为“精华”。支持这种经验主义阅读的动机是，构建接近读者经验的知识对象（“事实”）的需要。文本被假定为统一的领域，它的信息和作者的意图都可以通过一个没有疑问的方式提取出来。结果，文本的矛盾和缺陷被掩盖或被忽略了。阿尔都塞说，这两种经验主义的阅读技巧都是不合逻辑、不科学的。他们没有认识到读者和文本之间的相互作用；读者从来就不会是文本信息的被动接受者。相反，阅读是从读者的角度对文本的审问；读者是从文本中提取意义的能动中介。阅读是这样一种操作，它需要读者进行超越文本字面进而审视文本更深层次意义的一系列阅读。此外，探究文本的“精髓”可以被描述为文本意义的科学表现，它将注意力从需要转移到识别矛盾和缺陷上，对识别文本中发挥作用的问题非常关键。

因此，阿尔都塞反对经验主义的阅读方法。他认为，以理性主义认识论为前提才能实现对马克思《资本论》的科学阅读。然而，这种阅读方法（断言的而不是被有效证明的）动摇了很多重要问题。第一个恰恰就是对理性主义的依赖，它受制于困扰所有认识论的循环推理这一固有问题。对于理性主义，理性是权威的，它反对知识被验证。因此，某个概念的权威领域作为标准被建立，参考它可以判断特定的阅读是否科学。然而，正如经验主义诉诸经验一样，理性主义呼吁理性的自我指涉：除了诉诸理性本身之外，不可能有对理性客观性的验证。[16]第二个被动摇的是，阿尔都塞倾向于把文本看作具有特定特征的结构，通过正确地识别可以揭示文本中
23 的问题及其意义。该方法借鉴了克洛德·列维-斯特劳斯的结构主义传统，他认为文本是“具有精确属性的对象，必须进行孤立的分析”，文本“完全可以以这些性能为依据进行定义……它是这样一个对象，一旦制造出来就有硬度——比方说水晶”[17]。事实上，把文本看作一个结构的观念，可能会破坏阿尔都塞的读者能动性作用这一有说服力的认识，因为它让读者

必须认识和理解文本现有的和待发现的性质。然而，如果一个阅读方法旨在发现和列举文本的“精确的属性”，它只能通过陷入循环、自我参照和教条化的认识论推理得以构建。

与经验主义和理性主义—结构主义的阅读观念相反的观点认为，文本的意义取决于读者的话语。从这个角度看，阅读不再是对读者意图最终的、全面的探究；它就相当于读者把他的理解框架强加到文本上的过程，这就激活了文本，创造出新的含义。读者远不是作者信息的被动接受者，他是阅读过程中主动的、能动的中介。所以，构想一个文本产生众多的含义是可能的，每一个都是读者理解框架作用的结果。就如安伯托·艾柯（Umberto Eco）所说：“文本产生，或者能够产生许多（最终无限的）解读和诠释。”[18]因此，经验主义的阅读观念构成了对这一过程的一个非常容易令人误解的表述，即认为意义是从文本中提取的：

> 信息理论家提出的标准的通信模型（传者、信息、受者——在这一模型内，信息是在这个链条两个虚拟的极点共享代码的基础上进行解码的）不能描述交际的实际运行。各种编码和子码的存在，信息发出的社会文化环境的多样性（受者的代码可能不同于传者的），受者在预设和推导过程中表现出的主动性的比例——所有的这些导致了空洞形式信息的产生，各种可能的意义都可以归结于它。[19]

艾柯还建议说，读者的意识形态视角是一个有助于提取文本意义的重要因素。确实如此，“即使（读者）没有意识到这个，即使他的意识形态偏见仅仅是一个非常简化的价值对立的系统”。这表明，“不仅文本的意识 24
形态结构的轮廓是由读者的意识形态偏见决定的，而且特定的意识形态背景也可以帮助一个人发现或忽视文本的意识形态结构”[20]。

“意识形态偏见”决定阅读性质的观念——看得见的，看不见的——在对毛泽东研究领域的方法论批判中被明显地应用。从这个角度来看，研究毛泽东的学者提出的理解（客观性）的旗帜，只是掩盖分析的意识形态基础，增强所得结论逼真性的一个明显尝试。[21]人们没有也不可能客观地、意识形态中立地解读毛泽东的文本。对于解读毛泽东思想这样一个充满政治色彩的课题，提出“客观检查事实”的要求便是一种愚笨或故意的误解。不是对客观性进行徒劳和误导性的规劝，而是接受和详细阐述支撑阅读的论证假设——包括意识形态的角度——这将是清新、积极的一步。

因为正是毛泽东研究学者的理论框架使特定问题被提出而其他问题被忽视，他们选择毛泽东文本的特定部分，将其构造为验证解释的证据。一些研究毛泽东的学者坚持认为毛泽东是一个农民革命者，这个假设是最能清楚验证的。这方面的证据从毛泽东文本中收集而来，那些与这个假设相冲突的证据则被忽略，这种特定“阅读”的目的通常是为了确认毛泽东是马克思主义的异端。正如我在第四章所证明的，有充分的证据来支持一个非常不同的解释。为什么这个证据被忽视了？答案是研究毛泽东学者的“意识形态背景”遮蔽了这一证据，即使它（至少对我来说）在毛泽东文本表面很明显。但是，我的“意识形态背景”是不同的，因此，我对毛泽东文本的阅读和毛泽东思想的研究也是不同的。

毛泽东思想的影响：系谱的问题

罗兰·卢（Roland Lew）很好地抓住了毛泽东及其思想的知识和文化来源的识别问题：“作为农民的儿子，其思想首先在中国产生然后又被西化；无产阶级政党的一个马克思主义干部；专门为了农民阶级谋利益，却以工人阶级的名义来完成。毛泽东产生的复杂‘世界观’，一定是这些多
25 种影响的结果。”[22]毛泽东思想的可能性来源显然是多样的，随着时间的推移，它们在各种眼花缭乱的组合中聚集在一起，因此有充足的余地使人们对究竟什么导致了毛泽东特定的思想和行为方式产生不同的理解。毛泽东是中国传统的现代体现吗？他早期的社会化、正规教育和同时代中国现实的复杂性深刻影响了他的知识发展和政治实践吗？在他对马克思主义支持的浅薄表层之下，是对中国及其文化和历史传统深刻而持久的遵守吗？或是相反，他主要受马克思主义这种起源于欧洲的意识形态的影响，因此他参照这种知识传统的理念和思维方式的思想和行动是可以解释的？毛泽东的思想是中国和马克思主义传统的综合吗？如果是这样，它们的相应影响又是什么呢？

一般来说，研究毛泽东的学者已经选择把毛泽东看作中国和马克思主义传统的综合。然而，对这些传统的相应影响却一直没有达成共识，这表明那些采用综合方法来研究毛泽东的学者，在使用这些方法时有相当大的理论差异性。让我们从毛泽东哲学的起源问题开始，对这些研究进行检

查。在霍勒布尼奇（Vsevolod Holubnychy）对毛泽东唯物辩证法的分析中，他认为毛泽东的灵感来自中国和马克思主义的知识传统，毛泽东的哲学著作在马克思主义传统中占有一席之地，同时，它们也与中国哲学的经典著作有很大关系。[23]霍勒布尼奇试图通过分析毛泽东使用的引文来经验地证明这一点：毛泽东主要涉及儒家和新儒家的著作、斯大林和列宁的作品，同时他也引用了马克思和恩格斯的著作。[24]霍勒布尼奇还引用了中国和西方的大量评论，它们已提到毛泽东哲学思想和中国传统哲学思想的关系。[25]因此，要在中国和马克思主义传统中寻求毛泽东哲学思想的渊源，特别是要将它看作中国传统主导下的斯大林主义的变种。[26]

约翰·科勒（John Koller）赞同毛泽东的哲学思想只能根据马克思主义和中国传统来理解。然而，在这两个传统中发现了多个主题的简单组合。更确切地说，它是一种"创造性综合"： 26

> 毛泽东思想是一个创造性的新奇事物，这清楚地显示出它不只是移植到中国土壤中的马克思主义，也不是放置在新马克思主义容器里进行修改后的中国传统思想。另一方面，很显然它在这两个早期的意识形态中有自己的根源，事实上，它的独特性就是起因于中国传统思想和马克思列宁主义意识形态的创造性综合。[27]

科勒试图通过探究一些看似毫不相干的学术传统的核心概念来验证他的观点。不出所料，他发现了证明它们之间密切关系的证据，认为毛泽东的灵感来自两者，并构造了一个"创造性综合"。例如，"我们这里可以看到（在毛泽东的哲学里）马克思主义辩证法的中国本土基础。作为马克思主义的基础的、黑格尔式的关于正—反—合的解释，类似于道家的阴阳概念"[28]。

与此相反，其他学者指出了中国辩证法和马克思主义辩证法之间极大的张力，前者强调对立统一的和谐关系，后者则强调斗争和冲突。[29]对这两个传统的不同解读再次引起一些理论问题——它们试图在任何决定意义上确立毛泽东思想"真正的"决定因素，因为在对这些传统的解释中，许多研究毛泽东的学者已达成的明显共识被打破——他们将毛泽东看作中国和马克思主义传统作用的结果。对于两种传统中任意一个所包含的本质概念或者这些概念的含义，显然并没有达成共识。知识传统具有广泛性和多样性，以至于潜在地包含多重理解。

对这个困境的有趣回应是在魏斐德（Frederic Wakeman Jr.）的《历史与意志：毛泽东思想的哲学透视》中发现的。[30]魏斐德假设毛泽东受中国和西方（马克思主义和非马克思主义）学术传统的影响，并介绍了西方和中国有可能影响了毛泽东思想发展的一系列的哲学家。例如，他描绘了诸如王夫之、康有为、伊曼努尔·康德、弗里德里希·泡尔生、格森和黑格尔等思想家，结果是形成了各种画面剪辑，即读者几乎可以从中提取知识资源的任何组合来作为毛泽东哲学思想的基础。然而，一个研究毛泽东的学者解释说，魏斐德对这些哲学家的选择别有用心，因为相比起选择来自唯物主义传统（特别是马克思主义）的哲学家，他选择了更多的西方和
27 中国唯心主义哲学家。[31]安德鲁·魏昂德认为，魏斐德是从假设毛泽东是一个“唯意志论者”出发的，因此他是一个唯心主义者，他的任务是在唯心主义哲学家中证明毛泽东思想来源的影响。[32]

斯图尔特·施拉姆也认为，毛泽东受到了中国和马克思主义传统的影响。然而，他在关于毛泽东的早期作品中坚称，中国因素在毛泽东的思想和人格中具有最主要的影响：

> 我认为中国和西方的成分在毛泽东的思维和行为模式中起着重要作用。问题自然而然地产生了：他的行为的最终源泉在哪里？……事实上，可以说，即使他论证的范畴基本上是马克思主义的，毛泽东最深的情感纽带仍然是中华民族；他决心要在尽可能短的时间内改变中国的社会和经济面貌，将她变成一个强大的现代国家，尤其是可以再次担负起他认为应该属于她的世界排名。从这个意义上说，毛泽东真正地将马克思主义“中国化”了。[33]

这里表达的毛泽东“最深的情感纽带仍然是中华民族”的观点，已经渗透到这个多产的、有影响力的毛泽东研究者的著作中，形成了他关于毛泽东哲学方法观点的基础，即事实上马克思主义及其“中国化”的问题，是由毛泽东的中国文化和学术传统基础做支撑的。[34]施拉姆如何试图证明这一假设？毛泽东使用语言的方式和来源是经常被引用的一种证据形式。[35]毛泽东选择用一种贴近中国人民的、简单而直接的方式来写作，他在阐释文章和谈话时大量参考和引用中国经典名著和众所周知的传说。上述事实证明了毛泽东的思想视野、哲学和政治问题的认知方法、沟通方式和技巧，在很大程度上受限于中国传统的深层土壤并从中汲取营养。这一

评判标准的危险在于，它将自己置身于“欧洲中心论”的视野中，“独特的”中国语言品格，再加上它丰富多彩的短句和简练的格言，导致一些非中国的观察者在中文文本的外在形式与内容之间产生了困惑。[36]它也助长了更加令人不安的观点：因为毛泽东是中国人，所以他被强加于自身的文化（包括语言、传统知识的有色眼镜）约束了，与西方学者相比更是如此。[37] 28

施拉姆同时强调了中国政治和社会环境对毛泽东思想发展的影响（尤其在随后），这就暗指任何思维方式都不会立即符合当时中国的现实，它需要文化适应。据施拉姆说，这将是马克思主义在毛泽东手中的命运，因为毛泽东的目的是“改变马克思主义的本质使其适应中国国情”[38]。事实上，人们想知道，施拉姆承认“西方成分”在“毛泽东的思想方式和行为模式中的确扮演了重要的角色”是否具有任何真正的意义。因为如果马克思主义——一种“西方”式的思想——必须将它的“本质”进行转化以“适应中国国情”，那么实际上中国传统和当时中国现实之外真正有影响力的见解都是不需要的，因为那些与之不相容的思维模式在被应用于中国语境之前要进行改造，也可以说是文化的洗涤。由此一来，施拉姆的立场看起来显然要比那些认为毛泽东的思想和政治行为本质上属于中国表达方式的学者更加隐蔽。最明显的是那些“政治—文化”学派的学者，比如白鲁恂（Lucien Pye）与理查德·所罗门（Richard Solomon）的著作。[39]他们这一派完全在中国政治文化的“精神”中寻求毛泽东思想和行为的决定因素：它的社会化模式、依赖性与权威性之间的独特关系，及其对待权威和冲突的矛盾态度。毛泽东不仅是这种政治文化的产品，他还能够凭直觉掌握和利用它的模棱两可和矛盾，来帮助自己实现政治目的。在白鲁恂关于毛泽东传记的研究中，中国政治文化的更广泛范围被缩小为青年毛泽东自己家庭的权力模式和关系。只有通过参考早期的社会化与童年教育尤其是与母亲的关系，作为一个成熟的成年人和政治领袖的毛泽东才能被理解。[40]只有这样，人们才能正确理解毛泽东的控制和激发情感的能力。因此，理解毛泽东的问题是一门“政治心理学”[41]。

在这个研究路向另一端的是那些从马克思主义视角解释毛泽东的学者。例如，迈克尔·达顿（Michael Dutton）和保罗·希利（Paul Healy）认为，毛泽东关于知识生产的看法“问题”源于马克思主义，特别是斯大

林主义的传统。因此，我们无法从中国传统中寻找合适的基本概念来阐述
29 毛泽东的认识论，而只能从马克思主义中加以寻找。这一派学者搜检了马克思、列宁、波格达诺夫和斯大林的著作，以构建一个可以将毛泽东的知识生产观念与之相对照的认识论传统。[42]同样，保罗·希利完全从马克思主义的视角分析毛泽东的社会变迁观点，他认为毛泽东是“正统马克思主义的典范”[43]。理查德·利维（Richard Levy）也认为毛泽东是一个马克思主义者，并指出这是“理解和分析他的政治—经济思想的关键”[44]。另一个例子是，安德鲁·魏昂德批判了在中国场域中夸张描述马克思“决定论”和毛泽东“唯意志论”的倾向。[45]关于这个问题的研究更多地在第三章，魏昂德集中论述了毛泽东与马克思关于社会变迁观点的兼容性，批评了那些研究毛泽东的学者——特别是魏斐德和施拉姆，他们认为毛泽东深受中西方哲学中“唯意志论”和“唯心主义者”主旨的影响。相反，毛泽东关于社会变迁的观点，被认为是明显参考了马克思和其他马克思主义者著作中的概念和范畴（如“整体性”的概念）。其他学者同样选择在马克思主义传统背景中定位毛泽东的哲学。例如，覃思源（Steve Chin）就不认为中国学术传统形成了毛泽东思想的哲学基础。[46]他认为，在许多哲学领域中，中国传统与辩证唯物主义和历史唯物主义的基本前提是有分歧的。认识论就是一个例子。传统的中国学者“总是根植于唯心主义先验论”；此外，他们没有遵守对毛泽东“实践出真知”这一核心观点而言非常重要的原则。[47]在认识论中，就像在其他所有领域，毛泽东放弃了传统中国哲学，为了得到思想产生的灵感而转向马克思主义。覃思源的结论是：“毛泽东思想并不是对传统文化思想的传承，它实质是马克思列宁主义的内容和独特民族形式的综合体。”覃思源做了大胆假设，他的结论是以“系统和科学的方式”实现的，他让读者“在他们的研究中采取正确的方法”[48]。然而，他并没有告诉我们怎样才是对毛泽东的“科学”解读，以及“正确方法”和不正确的方法的区别。

让我们通过回到毛泽东思想来源的界定，以及需要怎样的界定这一问题来结束本节内容。为什么研究毛泽东的学者之间有如此大的分歧？我们从罗兰·卢开始分析，他认为影响毛泽东的因素的复杂性是导致不同解释
30 的主要因素。布兰特利·沃马克（Brantly Womack）重申了这一观点：“对毛泽东思想基础相互矛盾的解释的主要来源，是他的知识环境的复杂

性。”[49]然而，我们可能会产生疑问：毛泽东知识环境的复杂性是否一直是分歧的“主要来源”？有没有可能是研究毛泽东的学者分析问题时理论假设（包括“意识形态背景”）的多样性，构成了导致“相互矛盾的解释”的主要因素呢？即使有一致性，即使毛泽东一直只受一种知识传统（比如说马克思主义传统）的影响，也不能标志着争论的结束。人们有足够大的空间来争论马克思主义的本质、它的各种理论流派、它的概念的意义和重要性，甚至是马克思主义特定词语的特殊意义。争论的形成不是来自马克思主义文本语料库（正如我们已经看到的，所有的文本都对多种解释开放着）的任何特定性质，而是源于学者着手阅读这些文献时的不同出发点。作为阐释问题之基础的假设之间的相互抵触，才是纷争的根源。

因此，要试图重建毛泽东思想的来源，重点是回溯研究毛泽东的学者使用的那些假设。如果研究毛泽东的学者开始的前提是，毛泽东的思想与中国传统思维模式密切交织在一起并由此产生，那么他可以发现大量的文本证据以证明这个观点。而且很明显，对于一些学者像施拉姆，他们认为毛泽东“最深的情感纽带（仍然）是中华民族”，这一观点具有丰富的和令人信服的知识传统，因而毛泽东文本提供了丰富的资料来源，而这些资料事实上正是由于使用这些假设才产生的。毛泽东的著作的确充斥着在中国广为流传的古典名著、格言和传说，并具有受中国人欢迎的语言模式。但如果学者开始就假设毛泽东首先是一个马克思主义者，并且只能通过分析嵌在毛泽东文本中的马克思主义概念和范畴来理解他的思想，那么这些资料与他的思想又有什么关系呢？答案当然是毫无关系。后一种观点认为，在文本中对中国传统的参考如同“事实”那样没有地位；分析的理论重点不一样，便会构造出其他替代的、作为“事实”的资料，并运用它们去验证这些假设的准确性。由此看来，没有任何文本证据能够“证明”毛泽东“最深的情感纽带”的来源。正如周锡瑞（Joseph Esherick）所恰当指出的，“文本的引用并不证明理论的起源”[50]。
魏昂德也认为，“几乎任何观点都能找到支持自身的引文”[51]。这个观点 31
的意思就是，如果是学者的假设而不是文本内在的东西导致了对毛泽东思想来源的不同解释，那么，今天研究毛泽东的学者都理应比任何时候都更加谨慎地表达和阐述自己的观点。

从马克思主义的视角去理解毛泽东的思想维度是极其有意义的，这是本书探究毛泽东思想的基础。然而，我并没有忽视中国传统主题的影响（事实上，我在第五章讨论了这个主题），我的兴趣在于探讨毛泽东从一个自称马克思主义者的角度理解世界的方式。1937 年，毛泽东向埃德加·斯诺描述：

> 1920 年冬，我第一次组织工人运动，并开始接受马克思主义理论和俄国革命历史影响的指引。在第二次到北京期间，我知道了很多关于俄国的事件，然后急切地寻找少得可怜的汉语版共产主义著作。有三本著作深深地刻在我的脑海里，使我建立了马克思主义信仰。一旦我认为它是历史的正确解释，自此之后就不会动摇。这三本著作包括《共产党宣言》，它是由陈望道翻译的，是第一本汉译马克思主义著作；还有考茨基的《阶级斗争》、柯卡普的《社会主义史》。到 1920 年夏天，在理论上，某种程度上也是在实践上，我已经成为一个马克思主义者，而且从这个时候起，我认为自己是一个马克思主义者。[52]

许多学者都忽略或者不重视毛泽东自称是一个马克思主义者这一点。当然，我们也没有理由必须接受那些表面的、毛泽东本人的证词。然而，人们不接受毛泽东坚守马克思主义这一观点，并不是由于文本中证据的不足；相反，是由于研究毛泽东的学者所做的理论决定没有看到或者淡化了这些证据。我最感兴趣的恰恰是，毛泽东思想来源于马克思主义的那些维度，我已经从庞大的和高度分化的毛泽东文本领域进行了挖掘。正如我在下面章节中所证明的那样，它是丰富的且充满解释的可能性；但它具有“证据”的地位，仅仅是因为我的理论目光已经把它从文本设置中识别和提取出来了。因此，文本的片段已经加入一个不同于原始文本语境的话语设置，通过作为证据而被激活。我承认这一点，只是承认了研究毛泽东的所有学者从事的事情，然而他们大多数无法承认，因为他们使用（通常是
32 无意地使用）了经验主义的阅读方法。

连续性与非连续性：分期的问题

分期的问题——是否要将毛泽东的文本与他的思想和政治生涯发展划分为不连续的时间周期——对研究毛泽东的学者来说是一个核心问题。然

而它不是毛泽东研究领域独有的问题，事实上，历史解释的所有领域都要面对连续性与非连续性的问题。[53]阿尔都塞称这个问题为“史学理论的第一个问题，即断裂的问题”[54]。

毛泽东作为一个作家的生涯跨越了60多年，恰逢近代历史最为动荡和血腥的时期，正是在这样高度复杂的背景下，他写了大量的作品。斯图尔特·施拉姆10卷本“毛泽东的权力之路”丛书，包含了毛泽东从1912年到1949年所有知名的著作，包括数千篇的散文、非正式的谈话和正式的演讲稿、诗歌、军事指令、批注、访谈、备忘录、电报、题词、语录和信件等。同样，新中国成立后的毛泽东作品，从1949年到20世纪70年代初的也有很多卷。这一系列庞大著作漫长的时间跨度和文本碎片，再加上不利于作品写作的变化的历史背景，使研究毛泽东的学者面临着令人苦恼的方法论困境。在阅读和阐释毛泽东文本时，将它们视为统一的“作品”，从中得出宣称能够代表“本质”的毛泽东的观点，如此这般合适吗?[55]这样的一种方法对于毛泽东写文章时的历史和政治背景的重要性是否过于轻描淡写了呢？分期是划分毛泽东生涯及考虑到他的思想发展不连续性的最有效的方法论途径，还是仅仅缩短了对毛泽东“本质”探究的时间范围？这些问题的答案不是不证自明的，毛泽东研究领域吸收所有这些方法产生了诸多解释。在本节的其余部分将对其中的一些解释进行考察。但是，在转向这项任务之前，我们需要注意，对于本章所要检验的其他方
法论主题，毛泽东研究领域的学者并没有扩展性的讨论。提及的这个复杂 33
问题（它出现的所有地方）通常被省略在主体研究的序言的一两段中，或是长篇文章的脚注中。正是这种“前言综合征”的趋势，将对至关重要的理论问题和假设的解释降低为一些无关紧要的话，使关于毛泽东的学术著作处于非常危险的理论状态。

把毛泽东文本作为统一的论述主体，并从中得出“本质”的毛泽东——这种理论倾向最具影响力的阐释者可能是约翰·布莱恩·斯塔尔(John Bryan Starr)。[56]虽然斯塔尔没有完全忽视毛泽东思想的不连续领域，但他分析的动向是具有连续性特征的主题，他从后来广泛分散的毛泽东文本中获取证据，以支持他所谓毛泽东思想“本质”的概念。他这样论证这一重大的理论性结论：

对毛泽东政治思想的主题的选择，并不是对毛泽东政治思想的历

> 史陈述，需要慎重考虑，尽管需要付出一定的代价……［A］毛泽东知识理论的基本概念就是革命理论和革命实践之间必要的、辩证的关系……基于这一基本原则，把他的理论结论与现实语境孤立开来，在一定程度上是不合逻辑的。关于毛泽东政治思想的历史描述——这被看作用来概述他的政治生涯各个阶段的基础——可能更接近于他自己关于理论和实践之间必然关系的观念。另一方面，这种方式的缺点是产生不可避免的冗余。其原因在于，为了理解毛泽东继续革命的理论，我认为要重点对待的每一个主题都与他职业生涯每个阶段的事件相关，并因它们而改变。所以有必要进行某种历史的处理，即捡取每个时期每条支线，短暂地携带着它向前，然后把它放弃。在认识论的精确度里获得的东西，并不能弥补其清晰度里所缺乏的……因此所得的研究绝不能完全脱离历史环境。但它确实做出了一个假设，即从毛泽东的政治实践中产生的某些观点超越了它们的概念的时间有限性，形成一个整体，因此同样可以被有效研究。[57]

我们从这篇具有启发性的文章中可以看到，虽然斯塔尔认识到其潜在的认识论错误（即斯塔尔的方法不符合毛泽东的认识论），但他认为把毛泽东文本看作一个整体的决定是必要的，这基于令主题明晰化的需
34 要，以及确信毛泽东的中心思想会构成一个“整体”的信念。斯塔尔没有解释为什么我们一定要受毛泽东认识论的束缚，尽管它具有许多之前批判过的经验论缺陷。不管怎样，斯塔尔怀揣着背离这一认识论的内疚，开始大规模地对毛泽东的政治思想做出“本质主义”阐述。结果是，学术界得以对毛泽东思想进行最为精确和复杂的处理，尽管这些学者们并未因为经验主义的不合逻辑而动摇，但是他们无疑会认为（或许毛泽东也是如此），经验主义的研究并没有充分嵌入毛泽东文本写作的具体语境。

另一个将毛泽东和毛泽东文本视作一个整体的学者是雷蒙德·怀特海德（Raymond Whitehead），他在《毛泽东思想中的爱情和斗争》中表达了该观点。[58]虽然这个有趣的研究填补了关于毛泽东思想价值的一个巨大空白，但是作者表示几乎没有关注那些从整个毛泽东文本资料库中得出结论的相关理论问题，也没有考虑到文本不同的目的和历史渊源。同样，范光棣通过分析青年马克思的人道主义，开始了他的毛泽东革命人道主义的

研究；换句话说，范光棣意识到，仅在“本质”层面理解马克思是不妥当的。然而，正因为如此，他义无反顾地对毛泽东的人道主义思想进行“本质主义”分析。[59]

处在这个范围另一端的是这样一些学者，他们认为毛泽东的思想只能通过审视毛泽东文本的写作语境才能被理解。这种方法最清晰的阐释者是布兰特利·沃马克，他提供了可能是关于从1917年到1935年毛泽东政治思想的最详细的解读。[60]在对毛泽东思想理论与实践的统一性这一核心意义的假设上，沃马克否定了斯塔尔所采用的观点（见上文），反而倾向于选择这样的理论观点，即“理解毛泽东思想的最主要任务是把握其政治背景”[61]。因此，沃马克的分析是建立在他所形容的“‘有机体’解释”之上。他这样解释这种方法：

> 这个研究的目的是为了总结毛泽东著作的实际性质和其政治背景，以实现对毛泽东早期政治思想的生动解读。我尝试着提出新的带有原始参考对象的政治概念，并讨论毛泽东认为迫切的和重要的主题。作为一个政治行动者，他从自己所面临的实际决策点出发，认为这些主题是紧急和重要的。这种方法特别适合毛泽东，因为他的理论
> 往往来自实际经验过程，而不是抽象的程序。毛泽东明确的理论是他 35
> 经验的反映，他在实践中酝酿的概念，为他更多的理论陈述提供了参照对象和内涵意义。[62]

沃马克继而提出：“注意理论与实践的统一是毛泽东政治思想的基本原则……因此，理解毛泽东思想的主要任务是把握它的政治背景。”[63]

沃马克的“有机体”方法一直受到斯图尔特·施拉姆（可能是西方研究毛泽东最有影响力的学者）的强烈支持，他说：“好像对我适合的方法正是布兰特利·沃马克所倡导的那个。”[64]因此，虽然沃马克最自觉地尝试了他概括的方法论，但下面的评论还是可以针对这两个研究毛泽东的学者。第一，也许是最重要的，是这个问题：一个人怎样“把握”政治背景？沃马克没有提供问题的答案，尽管该问题似乎来源于他重建毛泽东思想发展的可能性背景的尝试，他赞同许多经验主义历史学家坚持的假设，即“显示出它的真正样子”［利奥波德·冯·兰克（Leopold Von Ranke）的格言］是可能的。然而，由于之前提到的理由，“显示出它的真正样子”是非常不可能的。因此，那种认为分析毛泽东文本的主要任务是“抓住”

其政治背景的建议，不能解决主要的理论困境，而只能产生一些新问题：这个背景是否应该通过毛泽东文本自身的视角而被重构（沃马克经常使用的方法）？如果这样，重构受限于有利的观点、价值观、毛泽东自己的动机，而排斥其他的当代观点，是不是就没有危险呢？即使广泛地审视关于“政治背景”的其他可选择的、可追溯性的当代观点，历史学家还是别无选择，除了在某种程度上介入以及对“真相”做出个人决定，而且这种介入会直接带入假设、价值观和世俗的研究视角——总之，这个理论框架属于历史学家。我们永远不能“认识”任何决定性意义里的历史或政治环境，我们重构过去时不可避免地把很多都归功于假设和问题。目前我们组织起这些问题来重新审视一系列文献，这些文献可能掌握着理解毛泽东写作背景的关键。

第二，沃马克“有机体”方法是以这一理念为前提，即理论与实践统一是毛泽东思想的核心。虽然我不想怀疑这个判断，但它与沃马克“理解
36 毛泽东思想的主要任务是把握其政治环境”的嘱咐相冲突。事实上，沃马克把实践作为对立统一的主要方面是很清楚的；理论重要性减弱的前提是，把毛泽东的政治观点更多地归于近代政治语境的“现实”，而不是理论的影响。这种方法有效地纠正了那种认为抽象的马克思主义概念或中国传统价值是毛泽东思想的唯一源泉的观点，但它对实践的过分强调又犯了反方向的错误：它不希望解释毛泽东思想发展中的重大变化，似乎这些变化由于受到的理论启发而都处于非常抽象的水平。例如，对“政治背景”再多的关注也无法揭示是什么原因使毛泽东在 1920 年转向马克思主义的历史观——把阶级分析和阶级斗争作为革命的主要功能。从 20 世纪 20 年代早期开始，毛泽东分析中国社会的术语大部分被认为是源于马克思主义范畴，从阶级的角度理解历史源于理论的转换，而不是产生于实践的启示。同样，尽管毛泽东对政治统一战线（例如工农联盟）的应用建立在民粹主义倾向之上，这在他的前马克思主义著作中比较明显，但它无疑受到了列宁著作和共产国际指示中重要理论构想的影响。毛泽东的政治组织方式和活动方式（如党的建设、苏联和群众路线等概念）所主要利用的大量主题都强有力地根植于马克思主义理论中。因此，在研究中注意到“政治背景”虽然可以使人们洞察毛泽东的观点形成的方式，但是由于忽略了理论导向功能的重要性，最终将会忽略理论与实践相统一中非常重要的一个方面。毛泽

东公开支持列宁的名言“没有革命的理论，就没有革命的运动”[65]，这表明毛泽东思想中对理论的强调与对实践的强调相比，即使不是更多的话，也是同等的。

第三是认识论的问题。毛泽东经常被认为是一个经验主义者；他的认识论在《实践论》中和其他地方显现出来。[66]他似乎认可用经验主义的方法来获取知识，把经验作为所有知识产生的原始路径。沃马克顺从毛泽东的自我感觉，有时会涉及毛泽东“农民导向的民粹主义经验论”[67]。但是，尽管毛泽东自己对认识论（就像对任何其他问题）的理解是重要的，但根本没有理由解释为什么我们非要把毛泽东所主张的作为他自己行为的有效根据和一般理论来接受，尤其是这种自称的经验主义情况。[68]就像我 37
们从上文中所看到的，经验主义是不合逻辑的知识生产方法，对现实的观察总是依赖理论；它只是一种理论或价值中立的现实观察。在获取知识时，我们从来没有从现实开始，而是开始于那种关注某些现象而忽略其他现象的理论倾向。因此，经验主义的“事实”内在于观察者的理论框架，它绝不是独立的理论。[69]由此一来，太过容易接受毛泽东“经验主义”的表面意义并把认识论作为评估他行为和思想的范畴，将会落入具有逻辑缺陷的认识论圈套，一个人就会不可避免地过分强调“实践”和“政治背景”在毛泽东思想发展中的作用。事实上，这种方法与其说是要揭示毛泽东生产知识的过程，不如说更多的是告诉我们那些使用它来研究毛泽东的学者们的认识论假设。

因此，由沃马克创建、施拉姆认可的“有机体”方法受到一系列问题的困扰。此外，两位作者对它的使用也是不一致的，因为他们对毛泽东思想的分期和概括都超越了文本（以及以此推测具体的“政治环境”）。[70]大多数研究毛泽东的学者都是这样做的，因为直接这种或那种形式的分期的做法已非常普遍，这样可以避免创建和使用分期产生的理论问题。对分期的使用出于对毛泽东思想和政治生涯不连续性发展的认识，尽管这个证据可以从毛泽东的文本或者其他文本中获取，但仅仅是因为学者的理论假设，这样的证据才是相关的。周期在历史中不是自主地存在的，是历史学家创造了它们。决定使用分期以及分期所采用的方法都对解释有重要影响。米歇尔·福柯很好地抓住了历史研究中不连续概念问题的本质，如下所示：

> 不连续性……现在已经成为历史分析的基本要素……对历史学家
> 而言，不连续性意味着他们需要采用更为详细复杂的处理方式（而并
> 38 非仅仅处理一定量的材料）：即使是一个系统性的假说，历史学家也
> 必须区分分析的可能性层次、适应于不同层次的方法以及它们的最佳
> 分期…… 因为它使历史学家得以划分出不同的领域，但同时它只能
> 在这些领域的相互比较中建立起来。或许还因为，在最终的分析中，
> 它并非历史学家话语中所简单呈现出来的一个概念，而是他暗中想要
> 表达的东西。[71]

使用分期的决定是理论上的，把毛泽东文本作为超时空作品（这种作品的主要特征是连续性）的决定（如斯塔尔的）也是如此。这两种选择都具有固有的理论性，都将对毛泽东的文本进行不同的“阅读”并产生明显不同的解读。因此，阅读这些不同的“解读”时应该与每一个建立其上的理论假设结合起来。

让我们看看研究毛泽东的学者所运用的必不可少的分期小样本，以及建立在分期之上的、可用的明确假设。在《“中国”在马克思、列宁和毛泽东中的作用》（*The Function of “China” in Marx*，*Lenin and Mao*）一书中，唐纳德·劳（Donald Lowe）把作为马克思主义者的毛泽东的思想发展分为五个“大周期”：最初的马克思主义时期，从他 1920 年的转变到大约 1926 年；马克思主义形成时期，开始于 1927 年他对农民革命的重视到 1935 年他对中国共产党领导权的巩固；成熟的毛泽东主义时期，从 1935 年到 20 世纪 40 年代初他的“新民主主义”概念的完成；内战时期，从 1940 年到 1949 年；革命胜利后，1949 年以后的时期。[72]劳在脚注中解释了他对这种分期的使用：“所有的分期都是任意的；没有一个能完全与过去相适合。毛泽东的公众生涯以及一直与他紧密相关的中国共产主义运动可以用其他方法来划分周期。该方案旨在强调毛泽东知识发展的主要阶段。”[73]他在随后的解释中提出了这种分期的证据。然而，他在脚注中随口说“所有的分期都是任意的”，便提供了用来证明分期这一决定的理论争论的范围。就像不连续性的假设是成立的、是明显正确的，不需要进一步讨论一样。

劳的分期是重要的，因为熊玠（James Chieh Hsiung）在他的《意识形态和实践：中国共产主义的演变》[74]中采用了它。然而，熊玠增加了后

来的一个阶段——从 1962 年到“文化大革命”时期。他解释道，自己的这种周期划分选择与劳所使用的非常相似：“虽然有一些武断，但这种分期的设计作为一种便利，可用来帮助追踪作为中国马克思主义者毛泽东的知识的发展。”[75]另外，和劳一样，他没有详细阐述支撑这个周期划分的 39
理论假设；即使进行这种特殊分期的原因是“方便起见”，也没有人告诉我们。斯塔尔反驳说，周期划分会导致“清晰度上的损失”，主题分析会不方便，这种观点同样令人信服。然而，这两种观点都没有包含在理论假设的广泛表达和论证中。如果它们完全被表达出来，那么这一领域的实践就一直仅仅是在顺便主张理论假设。

另一部研究毛泽东思想发展的长篇著作是雷蒙德·怀利（Raymond Wylie）精研细作的《毛主义的崛起》。[76]怀利集中关注从 1935 年到 1945 年这段时期，因为在这期间毛泽东掌握领导权，并发展出了作为党的正统思想的马克思主义的解释。因此，怀利这个时间划分的标准是党内生活的意识形态争论和政治发展。这些标准没有事先表达出来，尽管读者随着研究的展开可以看到它们。与熊玠一样，便利因素也作为一个理由被提出来：“这十年正好与中国共产党史学中的‘延安时期’相重叠。”[77]怀利也将“这十年”细分为九个亚周期，并通过每一个亚周期全力追踪这些主题。

本章涉及的几位毛泽东研究者其代表作已经有了中译本。

最后值得注意的是，有几个冗长的研究没有任何理由地采取了比较详细的分期。一个是罗斯·特里尔（Ross Terrill）的毛泽东传记。特里尔将毛泽东的一生分为不少于21个时期，并赋予它们能引起共鸣的标题例如“斗争”（1927—1935）、“正在成熟的桃子”（1945—1949）以及“乌托邦的愤怒”（1965—1969）。[78]另一个是克莱尔·霍林沃斯（Clare Hollingworth）的《毛泽东及其反对者》，它将毛泽东的一生分为三个主要阶段：掌权时期，1893—1965年；“文化大革命”时期，1966—1971年；衰落时期，1971—1976年。其中，每个时期都被细分。例如，掌权时期又被分为五个较短的时期：1893—1920年，1920—1935年，1935—1949年，1949—1959年，1959—1965年。[79]对把这一研究领域划分成不同时期的相关理论问题，特里尔和霍林沃斯都保持沉默。但是，这种分期在他们实质性的解释中起着至关重要的作用，这是显而易见的。

我自己回应毛泽东思想发展的连续性与非连续性问题的前提是：分期不是源于正在调查研究的材料的任何内在特质，而是源于我的研究得以建
40 立其上的理论假设——特别是我想对毛泽东文本提出的问题。[80]我接受如下观点：不诉诸经验数据从本质上验证了一个分期超越其他分期的正确之处，或者验证了最初的分期决定。我接受福柯的告诫，即对某个分期的验证取决于划分该分期时的先验假设，这指向了一个循环推理。不连续的概念在各种历史研究中如此普遍，它本质上是有问题的。但它并非没有用途。在后面的章节中“探索”毛泽东的思想时，我时常将“分期”作为组织材料的方法，以证明特定主题发展中的连续性与非连续性。读者不再仅仅是被迫接受这些分期以及由此带来的大量的解释。在这方面，就像所有其他维度的阅读一样，读者是独立的。

结论

思考毛泽东不仅需要考虑毛泽东本人，也需要考虑毛泽东研究领域构建其对象的各种方法。其中有几个特点比较突出。第一，（通常是隐含的）经验主义认识论的认可和应用，它们理所当然地认为毛泽东的知识是通过体验“现实”纳入文本的，不管是毛泽东的文本、其他人撰写的关于毛泽东的文本，还是旨在捕捉“政治环境”的毛泽东文本。那些没有被研究毛

泽东的学者的价值观和理论观点稀释过的经验，才是实现“真相”的特有途径。我认为，这样的一个假设是没有逻辑基础的。第二，与接受经验主义相关的就是，不愿探讨毛泽东研究里出现的理论和方法的问题。结果就是该领域以理论贫困为特征。

毛泽东、他的思想及其在历史上的地位现在不会、将来也不能得到明确的判断。我们对毛泽东的理解从来都不一致；将来还会有解释以及进一步的解释。当我们离毛泽东所处的时间越来越远，随着政治和社会环境的变化，研究毛泽东的学者的价值观和观点都不可避免地会改变。对“真实的”毛泽东的探索是一种幻想，但对毛泽东——20 世纪最重要的历史人物之一——保持活跃的讨论的可能性不是幻想。正是基于这种精神，我把在本书中记录的对毛泽东思想的探索提供给读者。

第三章

方法论问题二：毛泽东的马克思主义观

47 毛泽东研究领域存在的一个突出主题就是，在毛泽东思想与“正统的”马克思主义之间缺乏统一性。有人认为，关于毛泽东马克思主义观的非正统性假设可以得到证明，因为它并不符合一些不言而喻地存在于马克思主义理论核心中的基本原则。一是经济决定论（参见第六章）。毛泽东对经济基础和上层建筑关系的理解是非正统的，人们一般认为，毛泽东强调上层建筑的发展和斗争，而不是像“正统的”马克思主义那样强调历史变迁中经济基础的首要性。毛泽东经常被打上“唯意志论者”、“理想主义者”、“乌托邦主义者”等烙印，因为他的思想偏离了所谓的“经济决定论”的马克思主义。正如白鲁恂所说，毛泽东“开始通过赞扬唯意志主义和人类意志力在历史发展过程中的作用，来把马克思主义颠倒过来”[1]。二是“正统的”马克思主义将农民看作本质上保守的阶级，认为他们没有革命潜力；认为工业无产阶级不仅能够领导现代的社会主义革命，并且是最主要的组成力量（参见第四章）。毛泽东不认同马克思主义关于农民力量贫瘠的观点，“从而同正统的马克思主义及其基本逻辑明确地分离开来”[2]。他在革命策略构想中对农民的充分信赖以及在革命中赋予农民阶级领导角色的做法，被认为是“异端行为”[3]。三是对马克思主义哲学的理解。毛泽东对“正统”马克思主义哲学的理解和忠诚度，从某些方面来
48 说，确实不具有正统性。[4]正如斯图尔特·施拉姆认为的，毛泽东制定的马克思主义哲学法则，引发了“他的思想能否与马克思主义和列宁主义的基本逻辑保持一致的严重问题”[5]。

那些认为毛泽东的马克思主义观是正统的或非正统的等各种评判，都有着不同的理论支撑，而且它们的解释往往与“正统的”马克思主义极不

相容。这是许多毛泽东研究者所存在的问题，要么是没有表达清楚他们对“正统”马克思主义者的理解，要么只是提供少量的细节。“正统”是如何形成的，它的核心概念有哪些，它们之间的关系又如何，以什么样的方式来区分“正统”和非正统，这些都是毛泽东研究者所面临的问题，但很多人拒绝将它们提升到理论层面上来处理。“正统”是如此重要以至于被看做评估毛泽东的马克思主义观的试金石，但它在本质上只是一种温和的假设。[6]结果便是，这一研究领域被打上了理论水平较低的标记。更进一步的结果是，大家不愿意接受毛泽东思想中存在理论一致的可能性[7]，因为分析目标总是去估量毛泽东思想对“正统”的偏离距离，而这种对异端性的不断强调在很大程度上削减了系统分析毛泽东思想中的马克思主义概念的可能性。对“不同性”的研究本身不一定没有作用，但如果缺乏寻找马克思主义传统中的概念、关注点与毛泽东思想中那些证据的相似性这一平衡意识的话，这种研究就是有问题的。但是这两项研究都需要一个估量的基准，这个基准便是一个被清楚表达的“正统”概念。这反而需要对马克思主义做出比迄今为止大部分毛泽东研究领域的学者的论证更富有见地的理解。[8]

因此，我的观点是，“正统”观念在毛泽东思想研究中占据着极其重要的或是中心位置。但是我们如何去理解这个观念、这一观念在分析毛泽东思想时又如何得以展开？对于这个问题有着多种明显不同但都合理的解答。毛泽东研究者最明显的一个反应是（如果没有明确清晰地表达），仅有一个基于卡尔·马克思和弗里德里希·恩格斯经典文本的正统马克思主义，它可以从大量毫无疑问的经验主义式的阅读中被收集。这个“正统”观念的最显著特征是它的静止性。如果马克思主义被当做一个内在包含有大量的敌对理论和政治思潮且发展着的传统，那么人们将很难相信其中存在着固定的和一成不变的“正统”观点；事实上，这在历史上是站不住脚的。因此，但凡正统观念对研究毛泽东思想有任何效用，它就必须承认定 49
义正统的标准本身存在着历史性和诸如此类的变化。在这一章中，我认为正统是一个理论的建构，和所有的理论一样，受时间的侵蚀，受不稳定的政治世界和权利世界的腐蚀，以及知识浪潮变化的腐蚀：今天的正统也许会成为明日的非正统。关于毛泽东思想正统性的判断需要建立，这里的正统是应用于“比较”的目的；如果这些比较是有意义的，上述对正统的理论重建便是有必要的。

存在一个“正统的”马克思主义吗？

1960年到1970年，马克思主义理论在欧洲复兴，这是因众多新马克思主义者反对约瑟夫·斯大林建立的正统马克思主义模式而引起的。[9]这同时引发了大量的理论尝试，它们的目的都是为了绕开这种正统性，回归到马克思本身。那种在斯大林主义统治时期占据了统治地位的马克思主义理论形式，被视为对马克思思想的一种讽刺，马克思主义理论的完整性只有通过回归马克思的方式才能得以恢复。对一些左翼理论家而言，基于唯理论或经验论的认识论之争强化了对人们的启发，我们可以用一种不受正统或教条的死亡之手干扰的阅读方法阅读马克思的文本，来收集马克思的“真实”意图。[10]路易·阿尔都塞——马克思主义复兴者中影响最为深远的一员，对必须要回到马克思作了如下表述：

> 一丝不苟地阅读《资本论》是很必要的。完整地、一行一行地去阅读全部四卷，将第一章反复读十遍……阅读《资本论》十分必要，不仅要读它的法文版译本……更要阅读德文原版，至少要读基本理论的章节以及马克思的关键概念浮出水面的所有地方。[11]

虽然阿尔都塞承认自己对马克思的阅读并不是“完全不带先入之见的阅读”，然而他将他的“有先入之见的阅读”建立在理性主义认识论的基础之上，通过精确描绘在马克思文本研读工作中遇到的问题来寻求真相，他通过读出文本表面的“沉默”和“失误”以及蕴含在其中的更深层次的矛盾来实现这种做法。[12]其他左翼学者如巴里·辛迪斯和保罗·赫斯特在让自己远离阿尔都塞的同时，也同样远离了认识论领域。这样，他们认为
50 实现对马克思“真正的”（因此也是科学的）解读是可能的；不同的读者会产生对马克思文本的不同认识。[13]对马克思和马克思主义的多重理解不仅是合理的，而且是不可避免的（参见第二章）。

在这种理论和政治氛围中，很难想象一种正统马克思主义能以广泛的认可度被坚持下来，它凭借自身统一和包罗万象的世界观，否定了其他解读存在的任何合法的可能性。然而，多重解读马克思的可能性和与之相伴的对教条的拒斥，并没有从逻辑上排除一个版本的马克思主义被广泛接受

的可能性；这种广泛认可的获得，不仅仅通过宣称自身忠于马克思的本真意愿来表现，还通过政治上的强制执行和意识形态上的游说来表现。从历史上看，我们很清楚在斯大林时期发生了什么，尤其是在第三国际全盛之时。19 世纪 20 年代末及 30 年代，在国际共产主义运动的时代背景下，斯大林通过对苏联共产党的控制，利用纪律制约着第三国际中的列宁主义政党。对列宁主义政党的成员来说，党性规定要接受党的纪律；它同时催生了一种组织的氛围，一种服从的文化，这种氛围使得人们更加容易接受党所支持的正统思想。[14]在这一背景下，一种由斯大林所认可的马克思主义以“正统”的名义浸染和传播开来，并作为对马克思主义唯一合理的解读得到广泛认可。几乎所有的共产党都因此接受只有一个马克思主义，以此来反对对正统性的考证。无论对错，总存在着一个“正统的”马克思主义。否认存在“正统”马克思主义的可能性，不仅忽略了国际共产主义运动内部存在的不平等权力关系，同时也忽略了一部分共产主义者个人的心理需要，这种需要来自对他们各自的共产主义政党所定义的马克思主义的真理性信仰。然而，这恰恰是左翼学者们所忽略的地方，在他们可理解的批判斯大林和斯大林主义的激流中，坚持（正确地）多可能性地解读马克思，同时（错误地）拒斥所谓“正统”马克思主义的概念。如若可能，放弃“正统”概念，将使得人们很难理解和评价一种马克思主义的特殊理论形态是怎样又是为何会在类似中国这样的国家扎根的，为什么人们——不论是党内领导者，还是理论工作者抑或是普通个人——都能够不加质疑就接受外来的马克思主义。

在拒斥“正统”的马克思主义方面，保罗·赫斯特表述得最为直白。在其对爱德华·汤普森（Edward Thompson）的《理论的贫困》的批判
中，他做了以下带有挑衅性的表述：“根本不存在所谓的‘正统马克思主 51
义’。所有的‘正统’——卡尔·考茨基的，格奥尔格·卢卡奇的，斯大林的——都是在马恩复杂的整体性论述中挑选出可能性的特定理论建构。”[15]断言所有的“正统”都只不过是“特定的理论建构”，这是赫斯特在早期放弃认识论的前提下，合理又合乎逻辑的理论延伸。它基于对马克思主义理论复杂性、多样化本质的有效识别，基于由马克思主义所引发的多样性解读。赫斯特的立场暗示着，如若用“正统”来评估某个马克思主义理论，那么同时必定伴有一个“理论结构”上的“正统”。“正统”不会

也永远不可能被给定，就像所有的理论体系一样，它自身也包含着解释的过程。

然而，更令人信服的是赫斯特赤裸裸的建议：“根本不存在所谓的‘正统马克思主义’。”20 世纪 70 年代末，当赫斯特可能未接受“正统马克思主义”的存在之时，很多的马克思主义理论者（包括中国的理论者们）的确在用他们的行动和信仰去迎合“正统理论”。他们一直这样做，因为只有“正统理论”的独一无二才能保证政治、策略的正确性和意识形态的协调一致。[16]赫斯特在拒斥“正统马克思主义”时的不足之处是，他承认了“正统理论”在政治和心理层面上的作用。“正统理论”需要被认可，要实现这一目标，它必须通过联合政治力量、社会压力和意识形态，并依据它的基本原则而得以施行。因此，在谢尔登·沃林（Sheldon Wolin）和托马斯·库恩（Thomas Kuhn）眼中，“正统理论”被理解为一种解读范式。[17]对于谢尔登·沃林和托马斯·库恩而言，一种范式不仅仅包括理论建构，不管它们声称自身有多科学；理论要被植根于现实世界中，由社会和政治的关注所引发，并通过胁迫的手段或通过权力机构的处罚来让人们接受它所宣扬的真理。一种解读模式不能仅仅依靠口头方式宣称自己代表着真理——但伴随着相关机构的有效游说，信徒们会更加相信它。这种解读模式的目标就是要实现绝对控制，如果这种解读模式的理论主张达到了其欲实现的接受程度，通过强制方式来胁迫信仰者的做法会降至最低。[18]在理论推广的过程中，对信仰者鲜用强制胁迫的手段，是理论被广泛内化的标志，也标志着理论在受众群体间有重要价值。不过，最终的制裁手段始终是推行理论施行的保障力量，在必要时还是要利用明显的政治和社会制裁手段。

52 “正统”的概念对于我们理解为什么特殊的理论体系能取得支配地位是极其有用的。保留“正统马克思主义”这一概念的第二个相关原因是，对正统性原则的翔实论证将会增加它的合法权利，并能声援它。[19]这么说并不意味着要做任何判断——尽管当权者或谋权者以正统思想来表达自己的见解，但他们未必真正地信仰正统思想；我们只需要意识到，他们对正统理论的拥护可以帮助他们提高在党组织成员及其追随者眼中的合法性。中国的马克思主义概念和“正统”的马克思主义概念之间的关系成为一个重大的政治问题，同时也是一个理论、意义问题。在中国政治中，虽然

“正统思想”的建构花样繁多是为了迎合当权者的主张，但已有很多人展现出能够证明自己思想和正统思想相一致的能力。对正统思想的理解可能有助于人们更容易地理解政治领导人的思想，例如毛泽东的思想。

最后一个保留“正统”概念的原因是，人们在马克思主义传统中找到并评估概念谱系的尝试受到了如下认知的帮助——上述所提到的原因中所蕴涵的概念取得了主导地位。这些概念是否代表了对马克思思想的“真正”解读，这不是重点。承认目前某个特定理论在马克思主义中占据主导地位，意味着同意如下参考意见，即它允许人们比较和评价那些从众多马克思主义经典文本中发掘出来的、其他大量难以处理的概念中的某些突出概念。对目前占主导地位的理论进行聚敛或发散性的评价，并不必然形成赞同或是反对的行为，但是它确实构成了一种可行的方法，用来揭示存在于多维的、复杂的、共进的马克思主义思想中的概念关系。例如，中国化马克思主义中的特定主题至今还在继续被证明与20世纪30年代“正统”的苏联马克思主义间有很强的概念联系。[20]正统性出现以前的历史，被中国马克思主义的领袖和知识分子当做正统而接受，其随后在中国的阐释和传播对人们了解中国共产党的意识形态历史和发展具有重大意义，而毛泽东思想正是其中一个具有重要意义的部分。如果不保留“正统的”马克思主义的概念，研究毛泽东思想的起源和发展将因此变得非常困难。 53

这些因为要保留“正统理论”概念所展开的争论是十分必要的，这不仅是对赫斯特之类新马克思主义者的回应，也是对那些对毛泽东思想非正统性横加指责的理论工作者的回应。这看起来似乎是合乎逻辑的建议，即要判定异端就需要一个在本质上与之相反的概念：正统。然而，颇具影响的毛泽东研究者施拉姆在一篇关于毛泽东的马克思主义观的论文中提出，我们不能没有它：“这暗示着，如果毛泽东在特定时间关于特定问题的立场，与正统的马克思主义观念不相容，这就等于是说，他的想法是错误的，他的政策是误导的。作为一个一般命题，这从来不是我的观点，但‘正统性’这个术语有时会给人造成这种印象，这个词最好是被抛弃。”[21]具有讽刺意味的是，这一有着迎合意味但又缺乏诚意的陈述正是施拉姆的独到之处，在同一篇文章中，他对毛泽东思想和“马克思主义、列宁主义基本逻辑的关系做出重大判断”[22]。施拉姆对“正统”概念的“抛弃”明显是一种空洞的修辞手法，这对他后来关于毛泽东的马克思主义观的实质性分析——其中充满着对毛泽东思想和马克思主义是否相容的判断（其中一些具有极端的说教性或负面性）——有着微乎其微的效果。[23]不能以如此傲慢的态度来对待“正统性”这个概念，它在分析毛泽东思想时扮演了重要角色。这实际上已经是毛泽东研究领域所存在的问题，在对一些辩论的分析中可以很容易地发现，“正统性”这一概念一次又一次地被提出，用于判断毛泽东的马克思主义观的本质，不论是积极的还是消极的。通过分析这些辩论人们可以明显地发现，毛泽东研究者们已经开始用颇具吸引力但又不被对手所能接受的论据，从不同的角度分析什么是“正统的”马克思主义；因此，这些争论有可能不会被解决。然而，虽然这些辩论的结果不过是从不同的角度复述毛泽东的马克思主义观，但辩论本身是有趣和有意义的，在阐释毛泽东思想时，非马克思主义的观点往往会做出一些含糊不清的解释，如果没有其他的原因，这些地方就要被迫变得明朗化。这并非是件坏事，因为由这些辩论所引发的问题架构起了过去半个多世纪对毛泽东及其思想的讨论话语。我们下面就开始详细分
54 析这些论证。

毛泽东是马克思主义者吗？如果是，又是哪种？

在 1957 年发表于莫斯科的一次演讲中，毛泽东提出：“其实有各种各样的马克思主义者：有百分之百的马克思主义者，有百分之九十的马克思主义者，有百分之八十的马克思主义者，有百分之七十的马克思主义者，有百分之六十的马克思主义者，有百分之五十的马克思主义者，有的人只有百分之十、百分之二十的马克思主义。”[24]两年后，毛泽东承认自己“并未掌握马克思主义学习的所有领域”[25]，从而质疑了那种认为他可被当做“百分百的马克思主义者”的可能性。当研究毛泽东思想的学者尝试对毛泽东的马克思主义理论水平和类型进行定性时，诸如此类的论述加剧了他们所面对的困难。另一个难题在于，就毛泽东的马克思主义观争论不休的学者们很少意识到，诉诸马克思或其他马克思主义者的著作，不能先入为主地或理论先行地对毛泽东的马克思主义进行特定的解读。尽管他们对马克思和马克思主义的解读十分不同，研究毛泽东思想的学者们却固执地追求自己关于毛泽东的马克思主义观的解释，因为他们认为仅有一种

“正确”的解释是可行的，所有其他的解释都是错误的。

第一个关于毛泽东马克思主义观的主要论战是发生于卡尔·魏特夫（Karl Wittfogel）和本杰明·史华慈（Benjamin Schwartz）之间的“毛主义传说”之争。[26]在这次激烈的交锋中，魏特夫抨击了史华慈的观点。史华慈认为，中国和欧洲在社会和历史方面的差异，致使毛泽东构建出一种具有代表性的马克思主义理论，这一理论相对于正统马克思主义而言被视为“异端”。对史华慈而言，“毛主义”被视为一个思想体系——包括政治理论和军事战略、组织原则以及经济方案，这与主流的马克思主义大相径庭，“毛主义”的出现反映了马克思主义“消解”或“分崩离析”的总趋势，因为它所应用的社会环境与马克思本人所关注的截然不同。魏特夫强烈反对这种解释，因为这种理论的言外之意是国际共产主义并不是一个整体性的运动，同时中国的共产主义很大程度上也不是苏联共产主义的翻版。魏特夫的论点是，根本不存在所谓的“毛主义”一说，相反，中国共产主义者的马克思主义理论实际上就是其庇护者苏联的马克思主义。

这两位学者是如何论证他们对于毛泽东的马克思主义观截然不同的解释的？不出所料，我们发现，每种解释都各自诉诸对毛泽东著作以及马克思主义传统的不同解读，来为自己的观点进行辩护。魏特夫指责“毛主义者”，因为他称他们（史华慈、康拉德·布兰特、费正清）的观点是“对政治和理论中的马列主义背景的一种片面理解，这种缺陷导致了对文本选择的不全面……导致了对事件的一种不全面解读”[27]。因此，为了反驳那 *55*
种认为毛泽东在中国革命中依靠农民为“主力军”的做法代表了“异端行为”的观点，魏特夫回归到马克思、恩格斯、列宁的著作以及共产国际的指示中去，以证明毛泽东的策略“并非不正统”[28]。不出所料，魏特夫能够从这些巨大而又繁杂的著作中检索出充足的引证来弄明白到底什么才是合理的解释：正统的马克思主义理论传统已经觉察到了在革命过程中团结农民阶级的重要性，这就构成了毛泽东依靠农民阶级斗争，游击战以农村为依托，以及建立农村苏维埃策略的合法性基础（更多关于毛泽东的农民观见第四章）。魏特夫随后将目光转向了毛泽东的论著，特别是他发表于1927年的《湖南农民运动考察报告》，借此来说明毛泽东思想与“正统”马克思主义之间的密切关系。

为了回应这种批评，史华慈采用了和魏特夫同样的手段：他也回到马克思主义经典著作中，来证明魏特夫对这些著作的解读都是错误的，并且着重关注那些能够驳斥魏特夫论点的引文和原文。然而，史华慈又超越了这条路径，抨击了魏特夫对毛泽东“湖南报告”的依赖。他说，魏特夫的解读过于有选择性，即便在他对该文献的关注中，他也穿凿附会了毛泽东的意图；他的错误在于没有展开分析以使人们弄明白，为了应对 1927 年及以后的危机，毛泽东的策略是如何发展的。“湖南报告”并“没有包含毛泽东策略的全部，因为部分策略代表着对某些特定状况的应对，而这种特定状况在当时并不存在”[29]。为了实现对毛泽东马克思主义观的正统解读，他们对这一特定文本意义的界定产生了分歧。

对马克思主义本质理解的显著差异是这场论争得以升级的基础。魏特夫承认，在革命进程中，即便是在 19 世纪的欧洲这样的历史背景下，正统马克思主义并未赋予工人阶级以专属角色，而将农民阶级当做会做出非凡贡献的阶级。然而，史华慈坚称，他从未否认马克思、恩格斯给予了农民阶级以一定的历史角色[30]，他对“毛主义”和“毛泽东的异端行为”的解释是以对马克思主义的解读为依据的，这种解读着重强调无产阶级的历史角色以及资本主义工业化的社会和经济条件是现代化革命的先决条件，
56 件，这种观点从逻辑上排除了在农村和封建环境中开展现代化社会主义革命的可能性。

这次辩论中出现了重要的一点：两个学者都“读”了马克思主义经典以及毛泽东的著作，寻求了不同种类的证据来为他们的解释树立正确性依据；二者都诉诸不同的原文和引文来巩固自己的地位。问题随之出现：这些解释中的哪一个才是正确的？读者如何去判定哪种解读毛泽东的马克思主义观的方式才具有效性？如果人们不相信那些体现在文本中的全部中性“事实”可以用来最终仲裁这些矛盾性解释（参见第二章），那么答案必然是不存在“正确的”解释，评价阅读特定文本的有效程度并没有绝对的标准。决定要偏向于魏特夫的立场而不是史华慈的，或是相反，或者对二者都加以否定，应以这场辩论的读者的理论和思想视角为前提，而不是双方学者在论战中的经验主义“正确性”或精心论证。正像魏特夫和史华慈认为有必要调动特定的假设来“阅读”马克思和毛泽东的文本一样，辩论的读者们的特定假设也需要调动起来。因此，魏特夫和史华慈之间的较量会陷入一种知识的僵局，任何一方学者都不承认对方立场的有效性，都不理

会他人所提供的“证据”，而是以读者的身份、以自己的假设为基础做出判断。

1976 年到 1977 年，一场在《近代中国》杂志上展开的、关于毛泽东社会变革理论的更为激烈的论战引发了同样的僵局。这场论战以理查德·普费弗（Richard Pfeffer）首先向“中国领域”（以史华慈、施拉姆和莫里斯·迈斯纳为代表）的代表人物挑起战火为开端。他指责这个流派严重曲解了毛泽东的社会变革理论及其与正统马克思主义间的关系。他辩论道，为了“达到对毛泽东思想的深入理解……我们必须要努力地理解马克思的工作并且突破我们所处领域的绝对观念的限制”[31]。普费弗继续抨击史华慈对“马列主义传统中‘关键要素’的随意分类”[32]，因为这产生了一个错误的前提，并引出毛泽东不是一个正统的马克思主义者的结论。施拉姆也曾错误地强调中国传统对毛泽东的影响，宣称毛泽东的“唯意志论”代表了对“马列主义逻辑”的背离。[33]迈斯纳也因强调毛泽东的“乌托邦主义”而遭到痛斥。[34]为了超越这些“我们领域中的绝对观念”，普费弗的 57
“主要主张是……要想在理论和实践上理解毛泽东思想，就要将其视为一个内在包含着马列主义传统，并以在中国实现马克思的共产主义目标为目的的革命发展战略”[35]。他进一步强化他的论点，宣称马克思在面对相同的挑战和困境时必会采取和毛泽东一样的行动，认为毛主义代表着对马克思主义的灵活运用，并通过参阅、引用马克思主义经典著作以及中国当代理论家的著作来论证“在马克思和毛泽东之间有着惊人的相似之处”[36]。

安德鲁·魏昂德通过相当多的细节阐明了他们的错误路线，并且提供了大量的马克思的分析记录来证明马克思和毛泽东理论间的密切关系，从而延续了普费弗对“中国领域”的批判。[37]魏昂德认为，“中国领域”错了，他们错在用一种对马克思主义的“经济决定论”解读去阐述毛泽东的“唯意志论”，并将二者对立起来，这种做法夸大了毛泽东与马克思在智慧上的差距。他指责道，“中国领域”对马克思“决定论”的解读仅停留在非常肤浅的学术水平上，它未能对马克思的著作做出严谨的分析。正如魏昂德所指出的，“缺乏对马克思本人著作的基本研读并没能阻止这些作者们评定毛泽东与马克思主义传统间的关系”[38]；这导致了对马克思社会变革理论的讽刺，使得人们对毛泽东“唯意志论”的指责更为可信。这种讽刺包括两个相互独立却又密切相关的主题。第一个主题是：

> 通过歪曲他对经济基础和意识上层建筑二者因果关系的理解，马克思的经济决定论被夸大了。由此，一个庸俗的、极度决定论者的观点便呈现出来，在此观点中，经济基础总处于因果关系的首位，上层建筑只不过是对经济基础毫无生气的反映，就历史主动性而言毫无自主能力。这种解释源自一种对马克思主义过于正统甚至可以说是“庸俗”的解读，歪曲了马克思思想中经济基础和上层建筑的关系。马克思从未将经济基础和上层建筑视为两个相互分离的范畴；相反，他提出了一个关于社会“有机体”的概念，在这个概念中，经济基础和上层建筑被描绘成在某些方面是紧密相连的、动态的结构。[39]

然而，魏昂德承认在社会“总体性”的范围内，经济基础占有一定的
58 因果优势[40]，他强调，经济基础和上层建筑间的关系应是一种辩证的相互作用（或者说是“内在作用”）。因此，他将上层建筑描绘成一个复杂的社会机构和社会行为的综合体，它们的运行对经济基础而言至关重要；法律和各种国家统治工具由此在历史作用方面获得了有形的潜能。此外，他还认为，生产关系、整体的阶级结构和社会实践活动，或许不应当被视为彼此分离的概念性范畴，它们的轨迹总是处于经济基础的范围之内；阶级关系与经济基础和上层建筑的虚拟边界相重叠，并推进它们之间的辩证因果关系。

魏昂德接着又证明将社会视为一个“整体”的观念，其中蕴涵着大量的经济基础和上层建筑的相互关系，这也同样是被毛泽东所采纳的观点。因而，毛泽东在特定历史紧要关头对上层建筑的强调，不能被当做对马克思主义“基本逻辑”的背离（施拉姆语）[41]，亦不能被看做毛泽东的“极端唯意志主义”（同为施拉姆语）[42]。

魏昂德认为，由“中国领域”所造成的对马克思的讽刺的第二个主题是，马克思的历史发展进程阶段理论被机械地理解为五段式（原始部落—奴隶制社会—封建社会—资本主义社会—社会主义社会），在此理论中，社会主义的实现必须以工业资本主义社会所释放出的生产力大发展为前提。那些亚洲的革命家们包括毛泽东在内，他们在前工业化和前资本主义社会中寻求革命爆发的力量并建设社会主义的行为，因拒绝等待能促成社会彻底变革的“客观”条件的出现，而背负上了历史激进主义的罪名。毛泽东对马克思主义的偏离是这样形成的：他不仅过分强调上层建筑在历史

变迁中扮演的角色，还拒绝被动服从正统马克思主义中所暗含的禁令。正如人们所期望的，魏昂德质疑那种将历史进程五段式的见解当做马克思主义正统理论的合理性："就像资本主义社会的发展一样，即便在西欧的部分地区，也没有一条直线发展或按既定路线发展的道路，那些在马克思的著作中所预设的非欧洲国家的命运也是。"[43]如果五个既定历史阶段的理论代表了对马克思历史理论的误读，那么以此为基础而为毛泽东打上"非正统"和"唯意志论者"烙印的行为则是无效的。当然，"理解毛泽东与马克思之间关系的关键，是要研究毛泽东是如何运用那些常被人误解了的马克思主义分析方法的"[44]。在此前提下，魏昂德像普费弗一样，相比于 59
"中国领域"的研究者而言，觉察到了毛泽东和马克思之间更加深远的理论和思想联系。

魏昂德打算如何论证他的立场，在他的分析中又遵循了怎样的理论方法呢？人们能够在魏昂德对马克思的解读中看出，他受到了来自 19 世纪六七十年代欧洲新马克思主义者写作主题的影响。在这种将社会理解为一个社会共同体的倾向中，因果关系不再是某一阶层拥有的不合格的特权；这种倾向的灵感源自新马克思主义者对经济基础与上层建筑传统范式中固有观念和政治困境的处理，在传统范式中，经济基础总是在与上层建筑的关系中发挥主导优势。[45]相应地，这种倾向在早期欧洲马克思主义者的著作中也有根源，例如安东尼奥·葛兰西、卢卡奇和赫尔曼·哥尔特，他们不允许在历史进程中赋予经济基础以压倒性的因果优势，他们把意识形态看做在工人阶级中发起有效革命斗争的重要角色。[46]在这种意义上，魏昂德以一种相对较新的马克思主义解读方式与"中国领域"的其他研究者对立起来。但是，魏昂德是以何为基础来宣称这种马克思解读模式要比对手的解释更为有效的呢？他的回答是含混不清的。一方面，魏昂德承认，引用马克思的著作本身并不能构成一种特定解读模式的证据[47]；另一方面，他却从未公开承认过，他那有着翔实的材料、精心的论证的解读，仅仅代表着对马克思的另一种解释，一种反映了他自身前提和假设的解释。魏昂德所持态度的含混不清在以下表述中得到了展现：

> 正如在"中国领域"的论证中马克思主义所遭遇的一样，几乎所有的立场都很容易就能找到一些引文来论证，这些立场都是关于马克思原本说了些什么。问题的关键却在于，要将这些文章编撰成对马克

> 思分析方法的另一种解读，详细说明在他的辩证分析法中是如何运用这些概念和定义的。[48]

这里为我们提供了线索，即魏昂德对马克思的解读仅是“一种可供选择的解读”，而非完全正确的解读，是作为他那与众不同却又令人印象深刻的分析的缩影而出现的。魏昂德为我们留下的深刻印象是，他的目的是为了将他的（正确的）解读与“中国领域”的（错误的）解读对立起来。然而，魏昂德并没有揭示他自身解读策略的认识论基础，也没有表明他的
60 实质性解读要比“中国领域”的解读有更强的实证效度。这代表了魏昂德的方法中存在一个重要而又令人惋惜的缺陷；因为未能解决这些问题，他将自己暴露于本可用来瞄准他的竞争对手的指控之中，他的竞争对手据此指控他同样陷入了推理和教条主义的怪圈。为什么相较于施拉姆、史华慈、魏斐德和迈斯纳对马克思和毛泽东的解读，我们应该偏向于魏昂德的解读？在最终的分析中，这个问题仍旧没得到解答，魏昂德试图向“中国领域”中注入一个对马克思更为“柔性”的解读的勇敢尝试，却沦为仅是“另一种解释”（因为所有的解读的确都是如此）。

然而，魏昂德在理论上的缺陷，乃至对那些对他的批判的回应，恰恰体现出其独特之处。施拉姆的回应采用了一种受伤的语调。[49]施拉姆的论辩不是正式重申他自己对马克思和毛泽东的解读，或是通过提出“另一种解读”来否定魏昂德和普费弗认为他是错的的可能性，而是反诉道：他们的批判不仅误读、曲解了他对马克思和毛泽东的解读，还误读了马克思和毛泽东的著作。在某种意义上，施拉姆因此被迫建立他的防御体系，正如他的著作（参见第二章）中提供了大量的关于经验主义阅读方法的证据。如果施拉姆能够承认关于毛泽东的马克思主义观的“知识”来自除“对现实的客观考察”外的其他根源，他也将不得不承认，就像魏昂德对毛泽东和马克思的解读一样，他自己的解读也只不过是“一种解释”，一种可以说没有特殊地位、不具内在有效性的解释。然而，尽管在他的著作中偶尔有些误导性的说明[50]，施拉姆仍然坚持那种在毛泽东研究领域广泛存在的观点，即通过毛泽东学者“构形的目光”的确可以“纯粹”地解读毛泽东的著作，从而揭示出作者的真正意图。该领域中所存在的争论的程度和强度都证明了事实并非如此，这一点可以《近代中国》中的辩论为证。毛泽东的著作本身不会说话；它们被每一种新颖的解读所重新激活，以各种

各样的方式被激活，从而产生不同的侧重点，有时甚至是尖锐对立的解释。一种解释（例如施拉姆的）之所以会在一个领域中变得占据统治地位，原因并不在于它具有某种先验的有效性，而在于一系列其他的因素：作者的创造力、来自制度的支持、历史与社会科学领域的文化运动、社会性质以及政治变革。[51]这些或其他因素比起解读自身的内在质量而言，更能影响一种解读，使其具有主导性的发展趋势。但是，经验主义的读者可能并不赞同这种说法。 61

其他对“普费弗—魏昂德在中国研究领域的革命”的回应，也没能察觉到这场论战已经在对手们的著作中上演，没有解决的可能。例如，魏斐德建议，回归到原始的德语版本才能考察魏昂德对马克思文本中特定关键词的解释。[52]但是这样做就一定能证明魏昂德对或错吗？当然不能。德文版本同任何其他版本一样都需要解释；语言及其用法天然就是理论性的，归结于每个单词、概念、段落中的意义都源自读者的阐述，而非源自那些被认为是依附于它们之上的意义。同样地，迈斯纳一边抗议他因将毛泽东评为“一个侵犯了永恒真理和正统的‘异端分子’或‘异教徒’”而被错误指摘[53]，一边在下一页中坚称：“很难想象还有比（毛泽东的）‘经济越是落后，越容易……过渡到……社会主义’的命题能够更加根本性地修订马克思主义理论的”[54]。抛开迈斯纳辩护中的自相矛盾，这里再次诉诸引用毛泽东的文本，仿佛它能独立地仲裁普费弗—魏昂德与迈斯纳之间的不同，并且裁决迈斯纳的解释是正确的。即使是约翰·格利（John Gurley）——他关于《近代中国》论争的结论性意见基本是支持普费弗和魏昂德的立场的——也以自身对马克思的解读作为其在专题研讨会的论文摘要的开端，来反对那些对于不同意见的评价。[55]其中没有涉及对理论要素的认可或讨论，而正是这些要素产生了对文本的不同解读，或是一种思想传统，或是社会和政治“现实”。

现在问题的关键不是由论辩双方所展示出的实质性解释（虽然在接下来的章节中我会回到他们所关切的问题上），而是缺乏对认识论问题意义的理论争论，缺乏对阐释毛泽东思想的文本的阅读。这场论战的贡献者们依据大量的经验主义者的立场，假设可能从阅读中获取正确的解释。这种理论上的天真导致了毛泽东思想研究领域的教条主义；学者们采纳各种大相径庭的对马克思和马克思主义的解读，斥责对手所解读的毛泽东的马克思主义观，却未停下来想一想这场运动的理论合法性和实用性。这些批判与反批判的事例除了揭示出所涉学者之间的分歧之外，收效甚微；诉诸互相排斥的理论假说和不同的经验现实，无法构成卓有成效的辩论的基础，
62 反倒会引发对立意见间的冲突。此外，对“我们所处领域中的统治思想”的激进批判在很大程度上与经验主义者的假设是相同的：对马克思著作做字面上的解读就足够了，仅是通过对照对方的引文就可以证明一种解释相较于其他解释的有效性，那些“事实”构成了一个中立的范围并等待公正的观察者们的审视，对理论假设的认可和详细阐释是不必要和不可取的。以上这些天真的经验主义假说使毛泽东思想研究领域呈现出理论贫困的特征。

结论

评价毛泽东的马克思主义观是一项固有的、不确定的实践，它涉及对各种理论假设的动员。这其中包括对马克思主义的内涵及发展的决断，制定一个基准并据此来评价毛泽东式马克思主义的“正统性”的问题，在阅读过程中毛主义学者和毛泽东著作之间的关系问题，毛泽东著作创作的政治背景的重要性及这种背景何以重建，环境在解读毛泽东文本过程中所扮演的角色问题，等等。这些决断并非不言自明，那些在审视文本时会面临的问题也不是不言自明的。

正是出于这些原因，在下面章节中出现的对毛泽东思想的解读都被称作“探讨”而不指望得出任何绝对真理，但是希望它（至少在目前）是值得思考的。我通过这些探讨所得出的结论当然不是暂时性的，因为我强烈地感觉到自己对毛泽东思想的理解是恰当的，因为它基于对毛泽东著作认真而又长期的接触；然而，我不会声称自己的理解就代表着对上述问题的定论。因为我非常清楚，无论我多么勤奋地积累引文和参考资料来支持我的解释，其他人也可能不会赞同我的假设——关于毛泽东思想的起源和他对马克思主义的理解和信仰程度——并由此发现我的结论缺乏说服力。假如事实确实如此，我的回应将是泰然接受，这就是“顽固者”的本性，人文科学和社会科学领域的研究并不是通过对现实的逐步接触，而是通过辩论、通过观点的删减以及扩展来深入下去的。正是基于这种精神，我提出

了以下的“探讨”，并且但愿它会被接受。

在下一章中，我将会转向毛泽东思想研究史上最重要的辩论之一——他对农民和工人阶级在中国革命中的作用的理解。毛泽东是一位农民革命家吗？对农民阶级的依赖是否使他脱离了“马克思主义基本逻辑”？我们现在开始详细回答这些问题。

★第四章

毛泽东思想中的工人阶级与农民（1923—1945）

67 和任何其他单独的话题相比，“毛泽东开始关注农民”，这或许是中国共产主义运动史上被人们讨论最多的话题。[1]

在阿亚拉计划中，墨西哥革命者埃米利亚诺·萨帕塔（Emiliano Zapata）主张收回地主从墨西哥农民手中掠夺走的“土地、木材和水”[2]。他要求归还“被那些不守信用的压迫者夺走的”农民的财产权，并且要重新分配土地，以便“使所有贫穷的墨西哥人的福利获得全面的改善”。这是一份简约而朴素的计划，它代表着在被骚乱困扰的墨西哥社会中，人们吹响了激动人心且有力的革命号角。它的各项条款，正如萨帕塔的传记作家所说的那样，在后续的革命进程中都得到了严格的实施。[3]这项计划所描绘的景象实质上是农业的景象。它梦想建立起公平而正义的社会，在这个社会中，传统的权利获得尊重，尤其是墨西哥农民对于土地的权利。但是在这项计划中，对于这一社会与以往的社会或者与以往可能存在的社会有何不同，并没有任何说明。这项计划没有提到革命的目标是从根本上改变墨西哥社会的传统特征，更没有提到通过工业化和现代化来改造它，没有提到要从根本上改变墨西哥的阶级特征，事实上，也严重缺乏把革命视为阶级斗争手段的认知。萨帕塔关于美好社会的设想深深地根植于传统的墨西哥社会，并且受到其小农经济生产实质的制约。

68 从典型性上来看，萨帕塔代表了农业或农民革命者的品质和局限性：为了追随他的农民而被强烈的正义感所驱使，但是运用“复古”的方法来解决他们的问题；他向往过去的社会并期望通过未来而实现，他相信革命行动会产生一个和想象中的过去相符合的未来。从这个角度来说，萨帕塔提供了与其他革命者的有益比较，这些革命者都对农村中的愤恨和动荡进行了回应。其中的一些人如 19 世纪俄国的民粹主义者，同萨帕塔一样对农民有深厚的感情，理解农民的生存状况尤其是他们与土地的关系，认为农民的品质没有受到城市的影响，没有被资本主义、现代工作和行为方式的侵蚀性传播所污染。另一些人则不同。他们承认农民是悲惨的并从他们的愤怒中找到了革命力量的源泉，他们可能对农民的阶级特性和他们的乡村生活环境保有赞美的态度。但是，他们已经切实地估计到农民的局限性，尤其是认识到农民无法超出他们狭隘的土地视野而想象出一个新世界。

在这些关于农民及其革命潜力的观点中，毛泽东站在哪一方呢？他是一个对农民及其品质有浪漫主义依恋情结的农民革命者，还是一个既看到了农民对中国革命的作用，又意识到需要从外部找寻领导者来实现现代革命的胜利的务实的马克思主义者呢？毫无异议的是，在毛泽东革命战略的形成和中国革命的过程中，中国的农民成为主要的依靠。如下观点存在争议：毛泽东主要是（如果不是绝对是）一位农民革命者，他对马克思主义的公开信仰并没有使他进而尊重工业无产阶级的领导权及其革命潜力。持上述观点的代表性人物之一莫里斯·迈斯纳曾多次极力强调，毛泽东认为“革命创造力的源泉和社会发展的动力在于农村，农民是真正的革命阶级”。毛泽东充满了对“农民与生俱来的‘智慧’的欣赏”，以及对“农村群众革命创造力的热忱信任”。毛泽东的革命希望建立在对“农民创造力的信任”上，他相当不看重“城市工人阶级的革命能力”，事实上，他对作为革命阶级的城市工人阶级“几乎”没有兴趣。他的思想表现出“强烈的反城市中心论”的特征，厌恶城市的腐蚀性影响，对农村的“相对纯洁”坚信不疑。[4]因此，迈斯纳指出，毛泽东根深蒂固的反现代化和空想 69
社会主义的冲动巩固了他的革命观——一种源于他与中国农民的密切关系以及他对农民的赞美的革命观。同样，伊萨克·多伊切（Isaac Deutscher）指出，毛泽东在为 1927 年从城市撤退辩护时声称他“越来越明确地认识到农民是革命唯一的积极力量，到此，他放弃了城市工人阶级”[5]。本杰明·史华慈也得出同样的结论：“毛泽东不管所有理论上的考虑放弃工业无产阶级，是为了充分利用好他在农村中所发现的基本力量。”[6]

认为毛泽东转而依靠农民阶级的观点具有启发性，因为它暗示着毛泽东自愿放弃了城市斗争，他无视城市工人阶级的革命潜力，认为农民的革命潜力是中国革命的唯一希望。这样一来，毛泽东很可能表现出对马克思主义理论边界明显且有意的轻视，并且完全准备好做出史华慈所谓的“离经叛道”的行为——依靠农民来建构他的革命战略。用斯图尔特·施拉姆（或许称得上是最具影响力的认为毛泽东属于非正统马克思主义的学者）的话来说，“毛严重偏离了正统观念和马克思主义的基本逻辑，他既赋予农村绝对的重要性，又认为农民具有自我组织的能力且可以清楚地认清自己的历史使命”[7]。施拉姆认为，毛泽东逐渐相信“在革命的进程中，农民不仅有能力成为领导力量，而且实际上成了唯一的力量”。由此，人们推测毛泽东开始相信“中国革命的命运最终取决于农村所发生的情况”。伴随这种认识而来的是“对工人和城市的漠视，这一漠视远远超出了身处莫斯科的列宁的任何原则所能容许的范围”[8]。

将毛泽东归为“农民革命者”不仅仅是一个学术观点。毛泽东在中国革命期间表现出来的所谓对工人阶级的忽视和拒绝，也成为其政治对手攻击他是一个失败的马克思主义者的理由。例如，苏联领导人尼基塔·赫鲁晓夫在回忆毛泽东对“真正的马克思主义的偏离”时谈道：

> 70 毛泽东一直以来依靠农民而非工人阶级。这就是他 1949 年为什么没有选择上海的原因。他不愿意对工人的福利负责。斯大林曾经正确地批判过毛泽东对真正的马克思主义的偏离。但事实是，忽视工人阶级而依靠农民的毛泽东依然取得了胜利。这种胜利不能说是某种奇迹，但是它的确是马克思主义哲学的新转折，因为它在没有工人阶级的情况下获得了胜利。简言之，毛泽东是一个小资产阶级分子，他的兴趣和工人阶级的兴趣格格不入，一直都是格格不入。[9]

同样，在李德（Otto Braun）——共产国际代表，在 20 世纪 30 年代成为中国共产党的一分子——的回忆录中，充满着对毛泽东的攻击，尤其是攻击了他所谓的毛泽东对革命重要性和农民角色的强调以及对工人阶级的忽视。[10]

然而，其他一些研究中国革命和毛泽东作用的历史学家并不这样认为。例如，黄宗智（Philip Huang）就不接受把毛泽东看做具有浪漫主义农民观的农民革命者的观点。他指出，“毛泽东并不是浪漫主义者。毛泽东肯定农村革命、与陈独秀‘农民是小资产阶级’的观点决裂，但他并没有坚持相反的、浪漫主义的观点：所有的农民都是天然淳朴和善良的，所有的城市居民都是天然堕落不堪的，回归乡村等于回归善”[11]。当然，毛泽东在看到大规模农民运动的巨大潜力时，也看到了农民之间关于生存的阶级环境、支持革命的意愿以及一般思想观念的明显差异。正如黄宗智指出的那样，毛泽东意识到小资产阶级意识的确反映了某些农民的思想特征，他们并非无条件的革命支持者。由此，毛泽东对农民总体上积极性的看法通过对以下两方面的实际评价得到了限定：其一，农民在社会经济、政治和思想方面的差异；其二，这种差异致使一些农民的革命运动具有局限性。另外一些学者同样反对这样的观点：在毛泽东的革命战略里，他对农民的依赖是出于对农民的浪漫主义情感，而不是出于历史环境的迫使——中国共产党和城市运动在 1927 年遭到残酷镇压。[12] 正如塞奇（Tony Saich）所指出的，1927 年之后，毛泽东和中国共产党从未停止强调工人阶级对农民的领导权，而且“一旦时机成熟，共产党将把城市工作重新确立为超越农村工作的首要任务”[13]。从这方面可以看出，毛泽东对待农民的方法比一般传统所认为的更接近马克思主义的正统观念。正如范 71
德克鲁伊夫（Justus Van der Kroef）提出的，“毛泽东在农民问题上的基本观点完全源自马克思和列宁，显然他尝试用马克思列宁主义的阶级分析法来分析中国的农民阶级”[14]。同样，苏达马（Trevor Sudama）认为，“总的来说可以得出如下结论：……在分析农民阶级及其在革命中的积极作用和潜力时，毛泽东沿用的是马克思列宁主义的范式”[15]。

哪种观点是正确的呢？毛泽东是一个农民革命者吗？如果是的话，他又是哪一类？他赋予农民何种特征？在他的革命战略构成中，特别是在谈到中国革命中农民和其他阶级的关系时，他如何定义农民的作用呢？正如我们所看到的那样，这些问题并不新颖，但是它们在理解毛泽东的政治思想和中国革命特征时的核心地位使其获得了持久性关注。除此之外，促使我们重新评价毛泽东关于农民及其在革命中作用的观点的另一个因素是，毛泽东在 20 世纪 20 年代到 40 年代期间的著作我们能获取的越来越多——这是毛泽东革命观形成的关键时期。这些扩大的文献库会给这一具有争议性的话题提供新鲜的见解吗？本章的目的就是为了重新探讨毛泽东和农民这一话题，通过审视各种新旧文献从而在毛泽东自己的言辞中获得证据，以对上文提到的各种截然不同的解释做出评判。为了完成上述任务，需要审视毛泽东在他的革命战略发展的四个阶段中关于农民特别是关于农民与工人阶级关系的观点。这四个阶段如下。

第一阶段：联合农民（1923—1927）；

第二阶段：农村革命（1927—1930）；

第三阶段：工人阶级力量与建立政权（1931—1934）；

第四阶段：抵抗与改革（1937—1945）。

正如人们所期待的那样，尽管四个阶段各自的侧重点不同（有时每个阶段内部也有不同侧重点），但是仍然有一个潜在的主题，这一主题肯定了毛泽东不是一位追随萨帕塔模式的不折不扣的农民革命者。他虽然非常尊重农民的革命潜力并打算加以利用，但他的欣赏是非常冷静的，他认识到农民对中国革命的贡献是有限的，由于其历史局限性，农民无法认识到中国的未来是工业化、现代化和社会主义。正是这一主要原因使得农民需要工人阶级的领导；工人阶级拥有现代工业和资本主义经历从而具有组织能力，他们摆脱了农业循环的狭隘性，因此能够带领
72 中国走向一个崭新的现代化的时代。正如施拉姆所指出的，毛泽东的确赋予了农民组织自身的能力，但是他坚信这一能力是有限的。农民需要工人阶级和共产党的领导，在共产党的思想中，工人阶级被看做“普遍阶级”——他们的历史任务是在革命斗争中领导其他受压迫的阶级，从而建立一个最终所有的阶级差别都将消失的社会。因此，尽管中国的革命注定主要在农村进行（农村的大量人口必定是农民），但是毛泽东仍然坚信，工人阶级是中国革命的领导阶级。虽然历史环境迫使毛泽东和他领导的运动与城市（工人的主要居住地）相分离，但是只要条件允许，他都会努力扩大工人阶级在革命运动中的组成部分，尤其是增强他们的领导地位和作用。

那么，此时的问题是毛泽东关于中国革命中的阶级关系的认识。事实上，这不是工人阶级是否领导了革命的问题。更确切地说，我感兴趣的是，毛泽东自己关于工人阶级和农民阶级特征及品质，以及二者之间关系的观点。为了研究这一主题，我认真阅读了毛泽东在 1923 年到 1945 年间分析工人阶级、农民阶级以及中国革命的领导阶级的所有著作。通过阅读毛泽东的著作，我们发现，以上各种学术的、政治的结论（和非难）都是严重的误解，它们声称毛泽东“不顾所有理论上的考虑，而乐意放弃工业无产阶级”，从而抛弃了马克思主义正统观点的核心。

联合农民（1923—1927）

亨利·戴伊（M. Henri Day）在1975年研究他所能得到的20世纪20年代早期毛泽东的文本时指出，毛泽东的“联合农民”开始于1923—1925年的某个时间。[16]显然，毛泽东在1923年开始意识到“农民的贫困化”[17]及由此产生的对中国革命的意义，尽管很值得怀疑的是农民是否曾彻底从毛泽东的意识中消失，甚至在他所谓的“‘工人’时期”（1921—1923）——那时他的主要活动是组织工人。[18]在1923年7月的中共三大上，毛泽东提出了《关于农民问题的决议案》，其中谈到，由于军阀连年混战以及“地痞劣绅”日益沉重的经济剥削，“农民生活愈加困难”。因此，“农民自然发生一种反抗的精神，各地农民之抗租抗税的暴动，即其 73
明证”。《关于农民问题的决议案》号召党“结合小农佃户及雇工以反抗牵制中国的帝国主义者，打倒军阀及贪官污吏，反抗地痞劣绅，以保护农民之利益而促进国民革命运动”[19]。根据张国焘的回忆（未必可靠），在三大会议的辩论中，毛泽东主张“农民问题是一切革命的首要问题”，并敦促中国共产党重视和动员农民群众。[20]

这种积极的评价代表了后来毛泽东在革命战略形成中对农民的态度。另一个不太积极的评论也很典型，但是研究毛泽东的学者们似乎没有注意到，它由毛泽东写于三大之后的几周里，标题是《省宪下之湖南》。其中这样说道：“小农的想法几乎没有改变，他们的政治要求仅仅是诚实的官吏和善良的统治者。”[21]这样一来，在毛泽东“联合农民”的开端就出现了两个不一致的主题，它们都典型地反映了毛泽东在20世纪20年代到40年代整个时期内对农民的态度。一方面，他认识到并尊重农民的革命潜力，主张中国共产党应该发掘农村的潜力以获取革命的胜利；另一方面，他也认识到了传统烙印在农民思想上的局限性，它阻碍农民去设想一个政治、经济都和过去时代完全不同的新世界。毛泽东的农民观中这一矛盾是通过以下方式解决的：坚持宣称在革命过程中和革命后的政权建设问题上，农民阶级都需要工人阶级的领导；因为是工人而非农民阶级经历过现代化生产而获得的组织能力和洞察力，使其形成了现代化和社会主义的世界观，而农民由于历史的局限性则无法形成这一世界观。由此一来，毛泽东对农民革命作用的正面论述经常被以下观点所平衡，即坚持工人阶级对农民以及整个革命的领导权的重要性。这些正面的论述也常常伴随着不太乐观的论述，即农民在思想、政治和组织上的缺陷，以及这种缺陷给革命的成功带来的问题。

74

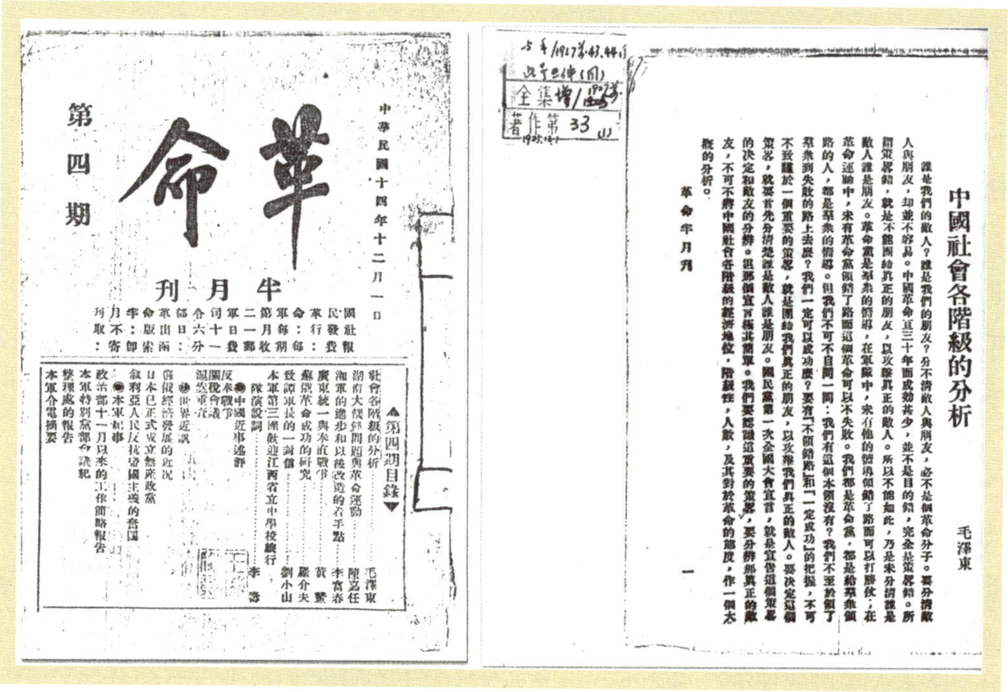

第四期

革命

半月刊

中華民國十四年十二月一日

國民革命軍第二軍司令部革命半月刊
社發行：每月一日十六日出版：不取
報費：每期收郵費一分：函索即寄：

第四期目錄

社會各階級的分析……毛澤東
湖南大規模問題與革命運動……陳嘉任
湘軍的進步和以後改造的着手點……李富春
廣東統一與奉直戰爭……黃繁
蘇俄革命成功的研究……羅介夫
致譚軍長的一封信……劉小山
本軍第三團歡迎江西省立中學校旅行隊演說詞……李濤
●中國近事述評
反奉戰爭
關稅會議
湖南省憲
●世界近訊
蘇俄經濟發展的近況
日本已正式成立無產政黨
敘利亞人民反抗帝國主義的奮鬥
●本軍紀事
政治部十一月以來的工作簡略報告
本軍特別黨部命令紀
整理處的報告
本軍介電摘要

中國社會各階級的分析

毛澤東

誰是我們的敵人？誰是我們的朋友？分不清敵人與朋友，必不是個革命分子。要分清敵人與朋友，卻並不容易。中國革命亘三十年而成効甚少，並不是目的錯，完全是策略錯。所謂策略錯，就是不能團結真正的朋友，以攻擊真正的敵人。所以不能如此，乃是未分清誰是敵人誰是朋友。革命黨是羣衆的嚮導，在軍隊中，未有他的嚮導領錯了路而可以打勝仗，在革命運動中，未有革命黨領錯了路而這個革命可以不失敗。我們都是革命黨，都是給羣衆領路的人，都是羣衆的嚮導。但我們不可不自問一問：我們有這個本領沒有？我們不至於領了羣衆到失敗的路上去麼？我們一定可以成功麼？要有「不領錯路」和「一定成功」的把握，不可不致謹於一個重要的策略，就是團結我們真正的朋友，以攻擊我們真正的敵人。要決定這個策略，就要首先分清楚誰是敵人誰是朋友。國民黨第一次全國大會宣言，就是宣告這個策略的決定和敵友的分辨。但那個宣言極其簡單。我們要認識這重要的策略，要分辨那真正的敵友，不可不將中國社會各階級的經濟地位，階級性，人數，及其對於革命的態度，作一個大概的分析。

革命半月刊 一

毛泽东在《革命》（半月刊）上发表的重要文章《中国社会各阶级的分析》。

这些明显不一致的主题在1925年至1927年毛泽东的几篇涉及农民阶级和工人阶级的重要文献中是非常明显的，同时这些文献也揭示了毛泽东对于中国革命中不同阶级力量权力分配的思想。在《中国社会各阶级的分析》（1925年12月）中，毛泽东意识到了农民阶级中的差别，并将农民问题“主要”看做半自耕农、小手工业者和贫农的问题。由于这三个“半无产阶级”中的每一个阶层的经济条件都非常艰苦，极少甚至没有土地所有权，因此他们比拥有土地的农民更具革命性；而其中的贫农又“极易接受革命的宣传”[22]。毛泽东在分析中国农村的阶级和阶层时的一个重要维度是依据土地的所有权问题，因为这是决定农民阶级各阶层革命态度的一个关键因素。因此，贫农是中国农村中最革命（或最具革命潜力）的阶级和阶层；他们“是农民中极艰苦者”，因而能够为革命勇敢地斗争。

在 1925 年 11 月，毛泽东写道：“我相信共产主义，提倡无产阶级的社会主义革命。”[23]在《中国社会各阶级的分析》中再次转向了这一主题，他赞美中国工人阶级的革命能力，尽管他们数量很少：

> 中国因经济落后，故现代工业无产阶级人数不多。二百万左右的产业工人中，主要为铁路、矿山、海运、纺织、造船五种产业的工人，而其中很大一个数量是在外资产业的奴役下。工业无产阶级人数虽不多，却是中国新的生产力的代表者，是近代中国最进步的阶级，做了革命运动的领导力量。我们看四年以来的罢工运动，如海员罢工、铁路罢工、开滦和焦作煤矿罢工、沙面罢工以及“五卅”后上海香港两处的大罢工所表现的力量，就可知工业无产阶级在中国革命中所处地位的重要。他们所以能如此，第一个原因是集中。无论哪种人都不如他们的集中。第二个原因是经济地位低下。他们失了生产手 75
> 段，剩下两手，绝了发财的望，又受着帝国主义、军阀、资产阶级的极残酷的待遇，所以他们特别能战斗。[24]

这些话说的是农民革命吗？显然，莫里斯·迈斯纳是这样认为的，他以堂吉诃德式的方式解释了上述文字：“如果这四百万潜在的反动的‘中层资产阶级’可以牺牲的话，那么也就暗示着城市无产阶级的成员也只有这么多，说到底他们只占了当时 3.95 亿人口中极少的一部分。”[25]迈斯纳直接驳斥毛泽东自己的话，其目的是为了贬低工人阶级在毛泽东所理解的中国革命阶级力量中的重要性，他的论据是工人阶级在数量上的不足——这一点毛泽东自己明确承认过。然而，很明显，在这篇文献以及 20 世纪 20 年代到 40 年代的其他文献中，毛泽东在看待革命中的领导阶级问题时，并非依据工人阶级人数规模的作用，而是工人阶级具有要求变革的意识，这种意识随着资本主义阶级关系的萌芽以及工人阶级所遭受的剥削而产生。工人阶级在经济上的遭遇使其成为“有组织的集中的”和“特别优秀的战士”。

在 1926 年 1 月向国民党二大提出的《农民运动决议案》中，毛泽东重新回到农民阶级在中国革命中的重要性这一话题上。他指出：“中国之国民革命，质言之即为农民革命。为要巩固国民革命之基础，亦唯有首在解放农民。”[26]1926 年 9 月，在一篇具有争议性的文章《国民革命与农民运动》中，毛泽东更强烈地回归了这一主题。他以一个直接的断言开头："农民问题乃国民革命的中心问题。"由于中国落后的半殖民地经济的广泛性特征，农村中的封建阶级构成了统治阶级的基础。要使中国摆脱四分五裂的军阀压迫，首先必须摆脱地主阶级的统治。地主阶级对农民的"残酷剥削"要比买办资产阶级对工人的剥削严重得多，确切地说，是因为买办资产阶级集中在中国主要的沿海城市，而地主阶级则遍布于中国农村的每
76 一个村庄。而且，如果农民想要组织起来的话，他们立即就会遭到地主阶级的残酷镇压。因此，农民的处境比城市工人更加严酷，而他们所遭受的压迫和剥削也深重得多。在两种不同处境下的政治斗争由此会到达不同的阶段。正如毛泽东所言：

> 它又使我们懂得中国农民运动的性质，使我们知道中国的农民运动乃政治争斗、经济争斗这两者汇合在一起的一种阶级争斗的运动。内中表现得最特别的尤在政治争斗这一点，这一点与都市工人运动的性质颇有点不同。都市工人阶级目前所争，政治上只是求得集会结社之完全自由，尚不欲即时破坏资产阶级之政治地位。乡村的农民，则一起来便碰着那土豪劣绅大地主几千年来持以压榨农民的政权。[27]

农民运动因此在国民革命中占据了中心地位，如果没有它的成功开展，革命就无法取得成功。然而，尽管在事实上农民所受的压迫相对工人阶级更为广泛和深重，尽管农民的数量大大地超过了工人阶级，工人阶级仍然是"一切革命阶级的领导"，正如他所说：

> 故我总觉得都市的工人、学生、中小商人应该起来猛击买办阶级，并直接对付帝国主义，进步的工人阶级尤其是一切革命阶级的领导，然若无农民从乡村中奋起打倒宗法封建的地主阶级之特权，则军阀与帝国主义势力总不会根本倒塌。[28]

根据施拉姆的观点，毛泽东是如此沉醉于农村释放出的革命力量，以至于在这个文献里"他明显地将工人阶级的领导权这一原则置之脑后"[29]。虽然说毛泽东沿着提升农村相对于城市斗争的重要性的方向越走越远，但不等于说他把坚持工人阶级领导权这一长期信念"置之脑后"。施拉姆宣称，毛泽东的工人阶级是"一切革命阶级的领导"的观点的提出
77 仅仅是"出于形式"[30]。如果是这样的话，就无法想象它会在毛泽东 20

世纪20年代到40年代的著作中反复出现。但是，毛泽东坚信，由于中国革命主要建立在农民的愤怒和怨恨之上，因此不仅需要一个能在组织方法和历史观上领导革命走出现状的阶级，同时“农民问题”的解决也成为一项最紧迫的任务凸显出来。

毛泽东坚持认为农民运动是革命胜利的关键，这一观点强有力地体现在他最著名的那篇文章里，即写于1927年2月（3月至4月初发表）的《湖南农民运动考察报告》。这篇文献中的很多部分被用来支持或否定这样一种观点：毛泽东用对中国农村农民及其斗争的关注取代了对城市工人阶级及其斗争的关注，因此他已经放弃了马克思主义的正统观点。[31]尽管这篇文献不应该以任何方式被低估，尽管它是公认的毛泽东关于农民运动的观点的热情表述，但是把它放在更为广阔的毛泽东文献创作背景（同时期或大致同时期）中看待是极为重要的。这样一来，可以说，我们就“消除”了对毛泽东很多关注点的直接性认识，转而去理解支撑其思想的更深层和更长期的冲动，这种推动力使毛泽东能够将其对特定革命时期的认识置于整个革命这一更大的时间框架中。如果我们审视一下1926年11月之后的两篇文献的话——在那一时期毛泽东显然已将农民视为中国革命的“主要力量”，就会更加意识到上述提醒的重要性。[32]第一篇文献的题目是《湖南的农民》，它提供了大量关于湖南各县农民协会活动及力量方面的统计及组织数据。这是一篇务实的工作文献，毛泽东显然注重发现农民阶级现实的、经验的本性，以及特殊地区农民的组织和抵抗水平。[33]毛泽东做了如下有趣而相似的观察：

> 农民的经济和政治要求，可说都还是非常幼稚。县长民选等口号农民固然没有感到，就是乡村的政治要求，也还只有消极的；至于反动派所造的“没收土地”“组织工农政府”这类谣言，更是连影子也没有。[34]

在另一篇写于1926年的类似文献中，毛泽东描述了江苏和浙江许多 78
县的农民所遭受的苦难和进行的反抗。毛泽东说，在慈溪县，一次因饥荒、高租、高税引发的农民暴动被镇压了，尽管这些农民具有“无畏”的品质且多次展开斗争。毛泽东总结道：“这次失败的原因是广大群众完全缺乏组织且没有领导，因此成为一场自发的革命而最终失败。”[35]

在阅读《湖南农民运动考察报告》时有两个问题不应该被忽视，一是该文献提到了农民的幼稚和被动，二是提到了农民缺乏组织和领导。因为在这篇文献中，毛泽东关注的焦点确实在农村，他确实关注由贫苦农民掀起的革命浪潮；他的目的是要在党内领导层抵制的情况下赞扬农民运动，而不是暗示农民会失败（正如我们所看到的，他已经敏锐地认识到了这一点）。这篇文献的笔调几乎是热情洋溢的，因为毛泽东清楚地认识到了湖南农民运动释放出来的巨大能量。[36]对于革命而言，这是一个光明的前景，毛泽东对此抱有极大的期望：

> 因为目前农民运动的兴起是一个极大的问题。很短的时间内，将有几万万农民从中国中部、南部和北部各省起来，其势如暴风骤雨，迅猛异常，无论什么大的力量都将压抑不住。他们将冲决一切束缚他们的罗网，朝着解放的路上迅跑。一切帝国主义、军阀、贪官污吏、土豪劣绅，都将被他们葬入坟墓。[37]

毛泽东再次提到了贫农对这个革命浪潮的重要性。他们是农民中“最革命”的群体，是“打倒封建势力的先锋”。他们对农民协会的领导权“是非常之需要的。没有贫农，便没有革命。若否认他们，便是否认革命”[38]。毛泽东也清楚地感觉到了，截至民主革命这一特殊阶段，贫农已经取得了比城市革命者更大的成果：“论功行赏，如果把完成民主革命的功绩作十分，则市民及军事的功绩只占三分，农民在乡村革命的功绩要占
79 七分。”[39]但是，这不能被解读为毛泽东思想中可能存在反城市的偏见的表现，而应该被看做毛泽东对城市和农村革命不同步骤与强度的战略评估。正如我们所见，他仍然相信，城市斗争的成功对于革命的最终胜利是必要的。

除了这一评论之外，毛泽东在这篇文献的其他地方并没有提到工人阶级的领导角色。但是，在1927年5月的另一篇文献中他又对工人阶级在中国革命中的领导权的观点确定无疑。《在太平洋劳动会议代表欢宴会上的开会词》中，毛泽东这样说道：

> 中国农民运动，是革命过程中主要的力量。尤须与全世界工人阶级携手前进，深赖工人运动之影响与指导。这证明是工人天然成为农民之领导者。[40]

正如我们所见，不只是因为正式场合促使毛泽东说出了马克思主义的

正统观点。长期以来，毛泽东自身信念的特征就在于坚持工人阶级领导农民运动的必要性。在白色恐怖时期，即在他形成和实施农村革命战略时期，毛泽东更加明确地坚持这一信念。

农村革命（1927—1930）

在1927年中期统一战线瓦解之后毛泽东被迫撤退到农村的前夕，他对中国革命阶级力量的认识明显建立在这一前提上，即农民问题构成了革命的核心问题，农民尤其是贫农组成了革命的“主要力量”。他提出，相比城市而言，革命会在农村中得到更迅速的发展，中国共产党应该认识且充分抓住农民掀起的迅速而广泛的革命浪潮所代表的重大机遇。他赞扬了农民革命斗争的能力，认为他们的要求是对其生活和劳动所遭受的“层层残酷剥削”的正确回应。[41]但是，他对农民的看法并非纯粹的赞扬。他认识到了农民的缺点和局限性：他们的思想和要求具有复古倾向，他们的组 80
织能力也无法与处在工业资本主义强制、严格纪律下的工人阶级相比。毛泽东意识到，产生于资本主义固有压迫剥削机制下的工人阶级意识，包含着以社会主义、工业化和现代化为导向的根本性社会变革的要求。正是由于这一原因，毛泽东感觉到，一方面存在着工农（尤其是贫农）联合的可能性，另一方面，这种联合必须建立在工人阶级领导的基础上。在毛泽东1923—1927年期间的文献中，没有一处提到农民会领导革命或者革命的最终目标与农民的直接需求相一致。

如果还有更强有力的表述的话，这些观点在1927—1930年的文献中又得到了回应，在此期间，毛泽东被认为“放弃”了工人阶级和城市斗争。显然，毛泽东从来不是自愿地接受与城市及中国工人阶级的主体相脱离，他还经常为工人阶级在党、军队和群众组织机构（他一直努力把这些组织整合为一支团结有效的革命力量）中的代表性不高而惋惜。毛泽东并没有选择他的革命战略赖以形成的广大农村，只是环境迫使他做出了选择。之前他已经承认，中国革命的主战场在农村，但是必须由城市、工人阶级及为工人阶级利益代言的政党来指挥。然而随着1927年5月21日的“马日事变”和之后标志着中国共产党和国民党左派合作最终瓦解的镇压活动的出现，毛泽东形成了如下观点，即党有必要建立依靠农民和农民协会的独立军队，并依靠这支军队“上山”，这是不可避免的。[42]保留城市并试图在那里建立军事力量，便会招致共产党和它的支持者已经遭受过的屠杀和报复。就当时而言，只能放弃城市和大城镇中的群众斗争；秘密活
81 动可以继续存在，但是群众斗争的中心应该转移到农村。如果还有其他选择的话，毛泽东很有可能不会选择“上山”，脱离革命领导阶级所居住的城市。其实毛泽东1939年回忆道：“我过去住在汉口，你们（国民党）坚持打仗，所以我没有其他的选择，只能上井冈山。如果你们现在要跟共产党打仗而且又攻击我们的话，我们会立即上山。尽管我认为大家都生活在城市里更好。”[43]毛泽东没有“放弃”工人阶级，现实环境要求依靠农民，但他并没有抛弃在可能的情况下坚持工人阶级领导权的原则和事实。就在这时，毛泽东开始实施他的农村革命战略，他帮助起草了一份文件，其中重申了这一观点：“这个过程（土地革命）的发展需要工人、农民和小资产阶级在无产阶级领导下拥有民主权力，同时需要工农武装。”[44]这仍然是毛泽东的观点，尽管他十分信赖农民。

在1927年到1930年间，毛泽东形成了一个明确的革命战略，因为他开始了解在绝大多数人是农民的农村环境中进行军事斗争所面临的挑战和机遇。尤其是毛泽东完善起来的游击战，深深依赖于当代农民给予军队的支持。正是他们提供了物资和智慧，正是他们报名参军去打土豪、分田地、减轻沉重的地租和税赋。毛泽东希望利用农民在运动中的愤怒和怨恨去进行武装斗争，建立农村苏维埃，这不是机会主义行为。机会主义是在没有朋友和联盟时寻求一切可能的支持；恰恰相反，毛泽东真正地把农民和农民问题视作当时中国革命的核心。他从农民遭受的“残酷剥削”中感受到了他们的愤怒，并真诚地承诺革命的现阶段要满足他们的要求。在革
82 命的长期愿景问题上，毛泽东与农民的期待是不同的，因为在他看来，古代的“大治”——由“贤君良吏”组成传统的政治集团来监督小农对土地的所有权，并不符合中国的长期利益。

毛泽东对农民的信任和对中国革命的关注，既没有使他无视农民的缺陷，也没有使他改变要超越农民的历史局限性而进行现代革命的承诺。通过考察20世纪20年代后期毛泽东对于农民阶级特点的评论，上述观点可以进一步得到证实。因为，很显然毛泽东已经认识到了，许多在组织上和思想上困扰着中国共产党及其军队的问题都是由大量的农村新兵不可避免

地带进组织中的。在针砭“严重的组织错误”时，他以极力反对的方式反复评论了这些问题。[45]在1928年10月的《湘赣边界各县党的第二次代表大会决议案》[46]中就有一个很好的例子。在这篇文献中，毛泽东抱怨道：“过去，每个县的党都深深地打上了农民党的印记，而且呈现出了要向非无产阶级领导演进的趋势……过去，党几乎不重视城市工作和工人运动。”[47]紧接着，在同一篇文献中，他又着重强调了这一点：“工人阶级是劳苦大众的先锋，是所有劳苦大众的领导者。过去，我们不关心工人运动，不关心工人阶级的领导。因此，出现了农民党的趋势。这对党来说是个非常严重的危机。”[48]在接下来的一系列建议中毛泽东提出了克服这一“严重危机”的策略：

> 尽最大努力推动尽可能多的工人同志加入到领导机构中。每一级的执委会和常委会应该有超过半数的工人和农民同志参加……在改造党的过程中，我们必须采取完全无产阶级的观点……同时，应该特别关心城市地区的支部工作，也应该促使优秀的工人同志成为乡村地区党支部书记和党委成员，从而增强工人阶级的领导并严密警惕农民党的趋势……各级党委和苏维埃应尽力发动工人，让他们能够占据领导地位并能领导斗争……当前，应努力消除机会主义、封建主义和小资产阶级的思想，树立起无产阶级的革命观。[49]

毛泽东相信，只有拥有诸如此类的组织战略，“我们才能使党不走非 83
无产阶级道路……只有这样，我们才能增强无产阶级的领导能力”[50]。

针对农民在党内和军队中代表人数过多以及由此带来的“错误倾向”，毛泽东在1928年11月再次着重强调：

> 无产阶级思想在党内的领导地位问题非常重要。几乎可以说，在边界地区所有县的党组织完全是农民党。如果他们不能够接受城市无产阶级的领导，他们势必会形成错误的倾向。除了纠正先前的错误、积极关注工人在乡村各县和其他大的乡镇的席位外，发展苏维埃中的工人代表也是非常必要的。[51]

此外，1929年12月，在毛泽东关于纠正“党内的错误思想”[52]的一次最激烈的评论中，他详细说明了党和军队中存在大量由农民带来的各种弊端：“极端民主化”与“小资产阶级的自由散漫性”相关[53]，“绝对平均主义”“只是农民小资产者的一种幻想”[54]，“个人主义的社会来源是小资产阶级和资产阶级的思想在党内的反映”[55]。正如毛泽东所指出的：

> 红军第四军的共产党内存在着各种非无产阶级的思想，这对于执行党的正确路线，妨碍极大。……四军党内种种不正确思想的来源，自然是由于党的组织基础的最大部分是由农民和其他小资产阶级出身的成分所构成的……[56]

1930 年 10 月，毛泽东再次抱怨“（共产党的）无产阶级基础相当薄弱”[57]。

对于毛泽东来说，解决党和军队中存在的这些组织和思想上的问题的途径非常清楚，那就是：工人阶级的领导权。1928 年 10 月，他曾指出，“这次革命（资产阶级民主革命）只能在无产阶级的领导下进行”[58]。同年 11 月，他又回到了工人阶级是中国革命的中心这一观点上：“当前，中国明显处于资产阶级民主革命阶段……只有在这一民主革命过程中，才能形成
84 工人阶级真正的政治权力基础，进而向社会主义革命推进。”[59]在 1928 年 12 月，他又重复道：“（资产阶级）革命的领导者是无产阶级。”[60]

1929 年 3 月，毛泽东以如下的号召口吻写出了《告全国士兵弟兄书》：“同志们！快来努力建设我们的劳动共和国。劳动阶级要做世界主人翁，人类才能进入大同，……”[61]同样，在 1929 年 4 月，在一封给中央委员会的重要信件中，毛泽东对城市和农村革命斗争的关系以及工人阶级和农民的相对重要性做出了如下重要评价：

> 无产阶级领导是革命的唯一关键，党的无产阶级基础之建立，大区域产业支部之创造，正是目前党在组织方面的最大任务，但同时农村斗争的发展，小区域苏维埃之建立，红军之创造与扩大，亦是帮助城市斗争、促成革命潮流高涨的条件。所以抛弃城市斗争沉溺于农村游击主义是最大的错误，但畏惧农民势力发展，以为将超过工人的领导而不利于革命，如果党员中有这种意见，我们以为也是错误的。因为半殖民地中国的革命，只有农民斗争不得工人领导而失败，没有农民斗争发展超过工人势力而不利于革命本身的。[62]

从这段文字可以清楚地发现，毛泽东在强调农民斗争重要性的时候，更强调的是工人阶级对农民斗争领导权的重要性；正如他所指出的，如果

农民没有了工人的领导，革命只会失败。这段文字对于我们从中辨别城市斗争与农村斗争的平衡模式也很重要，毛泽东对这一模式非常满意，如果他不是被迫采取极其重视农村斗争的革命战略的话，他将可能积极地坚持这种平衡模式。对于毛泽东而言，在中国革命的那个阶段，城市斗争和农村斗争之间存在着组织上的联系，这种联系在国民党及其同盟的压制措施下已经被削弱了，但是它又必须得到维持和加强，以防农民斗争蜕变为“农村游击主义”。 85

在同一篇文献中，毛泽东提到了他已经使用过的地下工会的策略。[63]这与他关于必须加强城市工人斗争以便让无产阶级领导农民斗争的观点是一致的：

> 此一年中，要在上海、无锡、宁波、杭州、福州、厦门等处建设无产阶级斗争的基础，使能领导赣浙闽三省的农民斗争。江西省委必须健全，南昌、九江、吉安及南浔路的职工基础须努力建立起来。[64]

在毛泽东领导的党和军队的组织中，工人的数量虽然不能说是微不足道，但也实在太少了，因此必须加强和扩大工人运动。1929 年 6 月，在给中央委员会的一份报告中，毛泽东披露道，在红军第四军第一、第二、第三方面军和其他直接隶属于党领导的军队单位中，所有的党员数是 1 324 人。其中，工人 311 人、农民 626 人、商人 100 人、学生 192 人、其他 95 人。[65]在 1929 年 6 月写给林彪的信中，毛泽东用这些数字做出了以下这番具有教育意义的评论：

> 我们是唯物史观论者，凡事要从历史和环境两方面考察才能得到真相……我们千万不要忘记红军的来源和它的成分，五月份统计，全军一三二四名党员中，工人三百一十一，农民六百二十六，小商人一百，学生一百九十二，其他九十五，工人与非工人的比例是百分之二十三对百分之七十七。讨论到个人思想时，不要忘记他的出身、教育和工作经历，这是共产主义者的研究态度。四军党内显然有一种建立于农民、游民、小资产阶级之上的不正确的思想，这种思想是不利于党的团结和革命的前途的，是有离开无产阶级革命立场的危险。[66]

在 1930 年 1 月写给林彪的另一封信[67]和 1930 年的一篇文献中，毛泽东重申了红军和农民苏维埃中无产阶级领导权的重要性，他评论道：“共

产党必须建立起无产阶级意识的领导权……而且不能陷入到贫农的思想意
86 识里。”[68]

同样重要的是，毛泽东开始认识到，对城市状况的调查自1927年以来没有得到足够的重视。在1930年5月的《反对本本主义》中，他总结道：“我们从前的调查还有一个极大的缺点，就是偏于农村而不注意城市……我们要了解农村，也要了解城市，否则将不能适应革命斗争的需要。”[69]在1930年10月的另一篇文献中也出现了相似的主题，他号召要加强对城市工作的重视：“今天，无产阶级的暴动已经成了夺取大城市的必不可少的基本力量……现在我们应该纠正悲观主义和对城市工作的忽视，应该克服开展城市工作所遇到的一切困难。”[70]他号召加强工会运动并使其加入到武装暴动和罢工中去。[71]

由此可见，在1927—1933年的毛泽东的文献中，有足够的证据可以证明毛泽东并没有“背弃”工人阶级，并且他的思想也没有受到“强烈的反城市偏见”的驱使。如果受到了驱使，情况则会相反。在毛泽东以农村为根据地的革命战略形成的关键时期，他仍然相信工人阶级领导农民的重要性，以及城市斗争对革命胜利的重要性。在随后的几年里，即大家经常说的江西苏维埃时期，他拥有了一个创立社会主义国家制度的机会，这将把他关于坚持工人阶级领导的信念变成现实。

工人阶级力量与建立政权（1931—1934）

毛泽东的革命战略经常被人们用非常有限的方式进行阐释。通常的研究不仅过于狭隘地关注毛泽东对农民的重视，并且也很少考虑他在国家形成中的贡献。后者是内含于毛泽东革命战略中的一个维度，因为毛泽东清醒地认识到，国家政权的夺取只是漫长的社会转变过程的初级阶段。需要创立和管理能适应这一任务的机构，这些机构的本质以及由谁来行使这些
87 机构的权力，对于长期革命目标的实现来说是至关重要的。因此，审视毛泽东思想中的这一维度，对于评估工人阶级和农民在其革命战略中的作用是必不可少的。

我们已经发现，毛泽东在重视农民阶级的革命力量且将其设计为革命的“主力军”的同时，并没有准备把革命的领导权让给它。领导权的角色

被保留给了工人阶级。在1931—1934年毛泽东致力于建设共产主义领导下的江西苏维埃政府时期，他已经打算在新的国家（他是名义上的领导者）中配置阶级力量。[72]而且在1933年8月，毛泽东极其清楚地表明了需要由工人阶级来领导这个新国家的观点："在中国历史上第一次，工人和农民控制了他们自己的国家，工农已成了统治阶级，工人阶级是领导力量。"[73]

毛泽东是如何将关于工农阶级在江西苏维埃机构中拥有相应权力的观点制度化的呢？很显然，毛泽东继续把农民和解决农民问题特别是土地再分配问题看做江西苏维埃政府要考虑的核心政策。同时，他也继续重视农民协会的工作，试图通过把政策和实践落实到位来促使其有效运作。然而，毛泽东充分认识到，通过一系列的制度和政策措施，尽管农民阶级可以成为工人阶级最可依赖的同盟军，但它不会成为控制国家机构的杰出阶级；那个角色留给了工人阶级。由此可见，金一平（Ilpyong Kim）的主张是错误的，他声称"毛泽东的（江西苏维埃）概念一贯地强调了农民阶级和工人阶级在新政治体系的形成和运行上是平等的"[74]。这可以从很多不同的方面找到证据：工人阶级的力量和农民阶级的缺点都说明了任何这样的平等都是不可能的，它们之间非常不同的历史角色也证明了这一点。

在转向审视江西苏维埃时期毛泽东关于工人阶级代表以及国家领导权问题的观点前，需要先了解毛泽东所处的环境以及那些有他的署名的著作的本质。从1931年到1934年，毛泽东在中国共产党内的领导权是很弱的。事实上，有一个学者曾经将这段时期称作毛泽东的"在野"时期。[75] 88
毛泽东已经发现，从1927年之后（他的革命战略形成时期），他对于很多问题的认识经常与党中央不一致，例如依靠农民阶级、他的游击队观点以及农村苏维埃的建立与运作。在1931年1月的六届四中全会召开之后，新的领导集体——王明领导下的所谓留苏派（也被叫做"二十八个半布尔什维克"）开始在党内执政。他们都在苏联受过培训，对毛泽东的路线及其本人"不感冒"。这次会议着手通过削弱毛泽东的权力和影响的方式重新改组党的领导机构。会议在苏区建立了中央局和附属的军事委员会，这些组织的成员由上海的党中央来决定。[76]虽然如此，在1931年的大部分时间内，作为中央局的代理书记以及总政治部（归属于军事委员会）的主任，毛泽东继续行使着相当大的权力。但是，在1931年11月初在瑞金召开的中央苏区第一次党代会上，毛泽东的政策尤其是他的游击战政策受到了全面批判，他也被除去了中央局代理书记的职务。正如韦思谛（Stephen Averill）所指出的，“在1931年秋天到1932年秋天，他逐渐被剥夺了在党和红军组织中最具影响力的职位”[77]。但是，他仍然是任政府要职的一员。尤其是他被推选为苏维埃政府中央执行委员会主席和人民委员会主席。

随着中央苏区第一次党代会的召开，毛泽东在党内的权力受到了严重削弱，尽管他所承担的建立和管理新的苏维埃中央政府的责任扩大了。[78]的确，正如一个学者曾总结的那样，“毛泽东在新创建的国家机器中获得了强势地位”[79]。除此之外，虽然毛泽东和党的领导者在党和军队政策总方针的问题上存在争议，但是对于在苏维埃政府的建立和运行中应该采取何种策略的问题，他们并无争议。正如金一平所推论的，“有证据显示，党中央权力的掌控者——在苏联接受培训的党的领导者和中央苏维埃政府的领导者毛泽东，对于一些基本的组织方法达成了必要的共识，并且在实施的过程中相互合作”[80]。

1931年11月，中共苏区中央局成员在江西瑞金。右起：王稼祥、毛泽东、项英、邓发、朱德、任弼时、顾作霖。

以上两点——毛泽东在政府管理中的责任扩大了，以及他与党的领导阶层内的反对者关于基本的组织方法达成了“必要共识”，对于接下来的讨论产生着实质性影响。一些文献将被作为证据来证明毛泽东坚持工人阶 89
级在新的国家组织中的主导地位，这些文献是他以中央苏维埃共和国主席的名义发表的，有的也以副主席项英和张国焘的名义发表。项英与党的领导阶层中的留苏派紧密结盟，张国焘同样是对毛泽东的处境无动于衷的党内领导层的右翼。因此，这些文献并不总是代表毛泽东一个人的观点。然而，有学术观点支持以下看法：毛泽东并不是被迫将自己的名字附在文献上的，他是从根本上同意的。尽管毛泽东和那些人之间在党和军队政策的总体问题上存在争议，但是他从根本上同意他们关于江西苏维埃“萌芽政权”形成中应该采取何种策略的观点。[81]而且，他以极大的热情投入到这些策略中。正如韦思谛总结的，“考虑到国共内战和封锁导致的压力和不确定性，政治制度建设和经济建设工作在毛泽东总体的行政监督下所取得的进展是令人印象深刻的”[82]。

关于共产国际对江西苏维埃成立和国家建设可能的影响，同样产生了保留意见。在理查德·桑顿（Richard Thornton）看来，“中国苏维埃政权的形式和内容直接源自共产国际的政策”[83]。这些政策是共产国际要使中国共产党“布尔什维克化”的整体决定的一部分，旨在抑制中国革命发展中出现的非正统倾向（据推测）——在农村革命中过度依赖农民阶级的领导。共产国际的策略包括在中国共产党内安插苏联培养的领导同志，由于留苏派在意识形态上和共产国际的思想保持一致，他们很有可能执行共产国际的指令。1930 年 6 月，共产国际坚持要建立“中央苏维埃政府”——其基本任务是“确保无产阶级的领导权是牢固的且得到一贯的实践”。1931 年 8 月的共产国际决议明确提出了中国革命中无产阶级领导权的重要性。为了确保工人能在所有的领导机构中发挥作用，党必须吸收“无畏的、有组织的、作为先锋队的、工人中最优秀的分子”[84]。

这样问题就产生了：在江西苏维埃的建立和发展时期，由于存在共产国际对中国共产党的强大影响，那么，毛泽东关于工人阶级领导权的话语和政策是否仅是他对共产国际的一种战略妥协，而并非是其观点的真正表达呢？情况并非如此，通过审视毛泽东在江西苏维埃建立之前的几年内关 90
于工人阶级领导权和农民问题的观点便可得到论证。正如我们已经看到的，从1927年到1930年，在毛泽东的革命策略形成的那些年间，他不断地强调工人阶级领导权在党和中国革命中的重要性。同时，他把那些迫于需要吸收进党和军队中的大量农民看做政治、组织和意识形态弊病产生的根源。因此，虽然毛泽东赞美农民的革命潜力，但同时他评估了农民阶级的缺点并认为农民迫切地需要工人阶级及其先锋队的领导。他那时的这些话绝对不是出自一个沉醉于农村革命且不加批判地崇拜农民革命潜力的革命者之口。相反，说出这些话的人发现自己是被迫与城市和工人阶级相分离的，并且不得不通过一些策略利用农民的不满情绪，并将其革命动力引向现代革命的方向。因此，毛泽东并没有忘记在中国革命中需要坚持工人阶级的领导权，而且他在江西苏维埃时期的话语和政策与他在1927—1930年间的观点具有一致性。正如我们所观察到的那样，这些话语和政策与他在1937—1945年延安时期的观点也是一致的，在那一时期，毛泽东在中国共产党内获得了不容置疑的权力。

正是长时期内话语和政策的一致性，使我们能够信心坚定地来审视毛泽东在江西苏维埃时期的著作。我们的目的在于从这些著作中发掘他对工人阶级和农民的认识，包括它们的领导潜力和角色，发掘他所实施的、用以强化工人在中国第一个羽翼未丰的共产主义政权中的领导权的制度机制。如此以下观点将变得更加明显：对于毛泽东而言，工人是现代革命的中心，这意味着，从领导和意识形态层面来讲农民和工人都不是平等的。

在大量的制度和政策领域都可以看出毛泽东对工人阶级相对农民阶级的重要性的认识。他强化工人阶级权力的首要之举是在苏维埃政权的不同
91 等级实施基于阶级的选举制度，这些等级构成了这个新国家的基础框架。
苏维埃政权的等级以“乡”为基础，一个乡管理着由几个村庄共同组成的区域，其人口从几百到几千不等。[85]在1931—1934年间，乡级苏维埃的结构以及它与基层群众组织的关系是有些许变化的。但是，从理论上来说，代表大会是乡组织的顶点，它负责在代表会议中监督政策的实施。[86]从毛泽东关于工人阶级领导权的观点出发，乡级代表大会最显著的特点在于它的选举方式。在1932年元月的一份指示里，毛泽东要求参加乡代表大会的代表应从不同阶级的选民中选出，这些选民占有不同的权重。每50位贫农、中农和独立劳动者有权选1位代表，而每13名工人、苦力和雇农可以选1位代表，并从1933年起有权举行独立于农民的选举大会。

这种有意支持工人的失衡的选举制度对乡代表大会的阶级构成了重大影响。在一些乡代表大会上，差不多有半数的代表被规定为“工人”，而当时的情况是工人（即便是毛泽东谈到的广义上的工人[87]）仅占了人口很小的比例。[88]

这种从阶级上“不公正划选区”的做法出现在苏维埃政权的每一层级上。在镇级苏维埃选举中，每 20 位“工人、苦力和雇农”中就可选出 1 位代表，而剩余阶级中每 80 位才能选出 1 位代表。同样的选举比例也适用于隶属省苏维埃的市苏维埃。在这里，每 100 位“工人、苦力和雇农”可选出 1 位代表，而每 400 位城市贫困者和当地农民只能选出一位代表。在乡以上的区苏维埃中（它的代表来自乡和镇苏维埃），“工人、苦力和雇农”总共应占代表数的 20%。毛泽东规定，“和区、县级大会一样，乡村和城市苏维埃都必须重视工人、苦力、雇农和红军在其中的构成”[89]。

在县级苏维埃层次上，“工人、苦力和雇农”的数量提升到 25%，来自城镇的县级代表中“工人、苦力和雇农”占 50%。同样的原则也适用于 92
省级苏维埃大会，它受中央苏维埃政府的直接领导。在省级大会的选举中，每 5 000 名农村居民可选举 1 位代表，每 2 000 名城市居民可选 1 位代表。[90]这一比例在 1933 年发生了改变，提高了城市居民的代表人数，每 1 500 名城市居民可选举 1 位代表，与之相应的是，每6 000 名农村居民才可选举 1 位代表。这种选举上的不公正有利于城市居民（因此暗含着对工人阶级的支持），从乡级苏维埃到全国苏维埃大会，每一个层级都是如此。在全国苏维埃大会中，每 10 000 名城市居民可选举 1 位代表，而每 50 000 名农村居民才可选举 1 位代表。[91]

1933 年 8 月的《苏维埃暂行选举法》（经毛泽东签署颁布）很明确地表达了巩固工人阶级领导的意图。它并没有考虑到每个选民的投票权应该和其他所有选民的投票权平等或者近似平等的建议。正如其第三条条款所指出的那样：

> 无产阶级是苏维埃的先锋队，它领导农民去推翻地主和资产阶级的国民党政权，并且领导农民去建立工农民主专政的苏维埃政权。为了加强无产阶级在苏维埃机构中的领导地位，就代表数相对于居民数量来说，工人应该拥有区别于其他居民的优势。[92]

1934 年 1 月，在毛泽东向第二次全国苏维埃大会所做的中央执行委员会和中华苏维埃共和国人民委员会的报告中，他就苏维埃选举机制的阶级意图及其在过去两年多来取得的成绩作了如下总结：

> 他们（苏维埃）应该在工人中发动阶级斗争、发展农民的游击战争、在工人阶级领导工农联盟的原则下激发工农群众的积极性……考虑到阶级结构的平衡：为了保证无产阶级成为苏维埃政权中的领导支柱，我们运用了这一方法，即每十三位工人及其家属可选一位代表，五十位贫农和中农可选一位代表，并用这样的结构去组织城镇和市级的代表大会。在所有从区到中央的各级代表大会和执行委员会里，建立起一个适当的工农代表的比例，这就保证了苏维埃政权组织中的工
> 93 农联盟，而且确保了工人的领导地位。[93]

因此，由从乡到全国的苏维埃大会构成的政府主要机构并不是平均地代表江西苏维埃人口的。相反，苏维埃得以产生的选举过程是以支持人口中的一个特殊部分即工人阶级而故意建立起来的。这在某种程度上是为了弥补工人阶级人数的不足，也符合苏维埃联盟的选举实践。[94]不过，这也与毛泽东强调工人阶级要在建立新国家方面发挥积极的领导作用相一致。除此之外，苏维埃内部也对确保工人阶级的成员被选进领导委员会给予了关注。正如毛泽东所强调的，“在选举执委会成员时，要特别关注工人的活动。应该把大量的工人选进执委会以增强无产阶级在苏维埃中的领导力量”[95]。这将有利于巩固“工农专政的苏维埃政权、加强无产阶级领导”[96]。

毛泽东着手强化工人阶级权力的另一项途径是，确保在可能的情况下工人阶级的成员可以领导群众组织。群众组织是江西苏维埃政权机构传达和接收信息的渠道，促进了国家和社会之间的连接。在这些群众组织中，贫农团特别重要。尽管它的名字是贫农团，但是它并不局限于贫农。正如毛泽东在 1933 年 7 月所指出的那样，“贫农团不是一个纯粹由单一阶级组成的组织，而是一个在镇苏维埃管辖权限之内的贫农的群众组织”[97]。引申开来，重要的是这个组织的领导权不应该在贫农自己手中，而应在工人阶级手中；毛泽东强调说，如果有的地方还没有这样做，则必须采取措施确保工人阶级的领导权。他指出，“贫农团不是一个纯粹由单一阶级组成的组织，而是一个在镇苏维埃管辖权限之内的贫农的群众组织，乡村中的工人必须加入贫农团并组成一个工人的小团体，发挥其在团中积极的领导

作用，并把广大的贫农群众团结在无产阶级的领导之下，使贫农团成为苏维埃政权最可依赖的支柱”[98]。

在江西苏维埃时期，贫农团虽然只是众多苏维埃组织之一，但它最重 94
要的功能就是开展查田运动。正如金一平所指出的那样，查田运动不仅仅只是从 1930 年开始在苏维埃地区开展的一项土地革命战略。它的目标当然是运用阶级分析法和阶级斗争解决土地问题，它的目的也在于重新组织和改革政府结构和群众组织以促进群众动员。因此，查田运动是一项极其重要和具有广泛基础的运动，它拥有社会经济方面和组织方面的双重目标。[99]但是，贫农团对于查田运动的成功非常重要，毛泽东要求通过加强工人阶级和工会在贫农团中的代表性，来确保贫农团在这一运动中采取正确路线。1933 年 7 月，毛泽东极其清楚地表达了他对于贫农自身领导下贫农团的局限性的认识。在这里，毛泽东说得非常明白，在这一可能的农民组织中坚持工人阶级的领导权是绝对必要的：

> 只有在共产党和苏维埃的领导下，贫农团才能够正确地完成它的全部任务，并且避免受到富农的影响或者被各种各样落后的农民意识所支配，例如绝对平均主义和地方主义……农业工人和工匠的联盟应该努力在自己的代表大会上通过行动使其成员作为整体加入贫农团，以便在贫农团中经常性地发挥无产阶级的领导作用。[100]

毛泽东坚定地认为，贫农团对于查田运动的成功至关重要，而如果贫农团由贫农自己领导则无法成功。他感到，尤其重要的是鼓励“农业工人”，即“城市无产阶级在农村中的兄弟”加入贫农团，并在其内部建立起独立的工人小组。这些工人小组“应该是该组织积极的领导者”，它们的存在将会对团结贫农活动家和普遍地发展贫农团产生影响。[101]他以山河镇为例做出说明。在那里，贫农团根本无法开展查田运动，直至农民协会和手工业者协会加入并在运动中发挥领导作用。毛泽东认为，山河镇的经验应该应用在全部农村地区。所以，工会领导人应该“将对查田运动予以 95
指导看做工会的一项重要使命”[102]。事实上，在查田运动时期，让工人加入贫农团的目的是“建立起工人阶级在乡村的领导”[103]。因此，就像毛泽东所坚持的那样，在贫农团仍是查田运动的“中心力量”的情况下，他也在敦促农村的工人加入贫农团“以领导查田斗争的发展”[104]；因为“工会有望成为农村阶级斗争的领导者，而贫农团有望成为斗争的支柱”[105]。

这一公式——农民作为“主要”或“中心”的力量，且坚持工人阶级的领导权——是毛泽东对中国革命中农民阶级和工人阶级的关系及其各自角色的典型理解。即使在农村地区经常变换的政策环境里，正如查田运动表现出的那样（尤其是消灭封建的阶级关系），毛泽东也没有准备将其领导权留给农民。只有“无产阶级对贫农团的长期领导”才能确保它不受“各种落后的农民意识的支配”[106]。

江西苏维埃时期，工人阶级在毛泽东的国家建设策略中的重要性还体现在他扩大和巩固工会（对党的长期目标至关重要的另一个群众组织）的做法中。毛泽东认为，工会是“动员群众的支柱”，尤其是农民群众。[107]毛泽东非常重视工人的权利，因为这不仅与党的意识形态相一致，而且还将对在党和政策的支持下动员工人发挥作用。这将会“加强无产阶级的领导权”[108]。因此，党要大力实施《劳动法》（1931 年 12 月发布，1933 年 10 月修订）[109]。1932 年 3 月，毛泽东在一封长信中告诫闽西苏维埃政府执行委员会的同志，要特别重视确保《劳动法》的实施。《劳动法》涵盖的基本条款有八小时工作日、提升工资、最低工资、改善工人工作条件、集体合同等。毛泽东认为，这些是“最低限度的利益”，苏维埃当局实施这些条款会对动员“城市工人中的大多数”起到作用。苏维埃政府还要为
96 工人组织工会提供帮助。他尖锐地批判了那些既不积极贯彻《劳动法》也不调查工人现状、仅仅宣称工人的权利却不实施的政府。毛泽东认为，这种反面实践的影响在于，“抑制了斗争的热情，模糊了工人阶级的阶级意识”[110]。从另一个角度来看，坚定地实施《劳动法》“能够使工人的大多数积极迅速地参与到经济建设中，加强他们对农民的领导作用”[111]。

1934 年 1 月，毛泽东向第二次全国苏维埃大会做了长篇报告，在报告中，他提供的数据表明，积极贯彻《劳动法》、鼓励工会发展并鼓励其成员加入其他组织的领导层以提供有效的阶级领导这一战略已经卓有成效。毛泽东开头重申了如下观点：“在苏维埃统治下，工人是主人。工人领导着广大农民群众，已经担负起了巩固和发展苏维埃统治的伟大责任。”[112]毛泽东接下来指出了《劳动法》的影响。在苏维埃地区，已经“广泛”实行八小时工作日，城市和许多乡村中建立了劳动监察组织以确保雇主不违反《劳动法》。这些地区成立了劳动法庭来惩罚违反《劳动法》的雇主，成立了职业介绍所进行就业推荐。所有这些措施的结果就是，苏

维埃地区工人的工资得到了提升，城市和农村都是如此，并且他们的工作条件（包括伙食）得到了改善。很显然，对于取得的这些成就毛泽东非常骄傲。因为正是通过诸如实施《劳动法》等措施，“苏维埃地区工人的生活得到了巨大的提高”[113]。除此之外，失业工人也得到了福利，例如建立社会医疗体系并成立专门的监督局。

在苏维埃政府对工会的扶持下，工会的成员数大幅增加。根据中华全国总工会提供的数据，毛泽东披露道，中央苏区及相邻地区工会成员的数量达到 229 000 人。仅在中央苏区，所有工人中未参加工会的少于 5%，在兴国县——毛泽东通过自己对长冈镇的详细调查，获得了深入的了解[114]——工人中的 98%都是工会的成员。在毛泽东看来，工会力量的增强证明《劳动法》提高了大批工人的地位，也由此鼓励了他们的会员。毛 97
泽东总结道：“由于以上所有的原因，工人的生活得到了极大提高，工人的革命积极性获得了极大鼓舞，工人在革命战争和苏维埃的建设中发挥着巨大的作用。”[115]

在毛泽东看来，工会力量增强的另一个意义在于，工会成员被吸纳到政府、党或群众的组织中。例如，中央苏区的工会成员（70 580 人）中有 28%在苏区的红军、游击组织或其他群众组织中供职。他们的加入提高了苏维埃国家建设的那些中心组织中的工人代表的比例。毛泽东声称，这证明了“那些说自从革命以来工人一无所获、工人的积极性没有被唤醒的人，只是在胡说八道”[116]。

最后，毛泽东在江西苏维埃时期对军事政策的控制已经大大缩减，他还是尝试通过在任何可能的情况下都确保红军和民兵的领导权在工人手中，来保证工人阶级的权力。正如我们所看到的，对于工会的很多成员同样是苏维埃军事组织的成员，毛泽东感到欣慰。在 1932 年 9 月的一份关于扩充红军的指示中，毛泽东强调，在征募红军时做阶级地位的调查是很重要的。他宣称，那些成为红军战士的人，“必须是工人和农民群众中最健康、最热忱的分子。只有这样，红军才能在质量上得以提高”[117]。然而，当毛泽东在欢迎“健康”、“热忱”的农民加入红军队伍时，至少从思想上说，并不准备让他们去领导红军。领导红军是工人阶级的权利。为了达到这一目的，毛泽东指示，每个军区都要招募大量的工人干部，“以加强工人阶级在红军中的领导”[118]。1934 年 1 月毛泽东在向第二次全国苏维埃大会所做的报告中说道，他的政策已经取得了全面胜利："工人干部在数量上已经增加了（在红军中）；政治委员制度已普遍建了起来。这样，红军的控制权就掌握在了最可靠的指挥者手中。"[119]然而，还有更多的事情要做。毛泽东要求把红军进一步巩固在工人手中。他指出："应该让更多的工人出身的人加入到各级军队和政治指挥者的行列中去。"[120]这一点非常重要，因为如果不想犯错误的话，让那些有着明确的阶级意识和较强领导能力的人加入军队是完全必要的。[121]

98 总而言之，在1931—1934年江西苏维埃时期，基于对工人阶级优秀的组织和思想能力的信任，毛泽东坚持工人阶级的领导权。然而，这也是基于他对农民阶级局限性的认识。他认为，苏维埃政府经历的很多组织问题都源于农民。毛泽东抱怨道，官僚主义"遍布于苏维埃政府中"，他把这些与"农民的分散性和缺乏无产阶级组织和纪律"相联系。[122]毛泽东还认识到，农民由于深深根植于农村的封建阶级关系之中并已习惯于此，故不能也没有必要形成有效的阶级分析。他指出：

> 潜在的反革命不能一下子被农民识别出来。此外，鉴于乡村中各种根深蒂固的封建关系……要把农民的阶级意识提升到让他们都能认识到有必要消灭封建残余这个程度并非易事。要完成它，显然需要共产党和苏维埃政府向农民进行非常耐心的解释。[123]

农民不能辨别出农村阶级结构的性质，这是查田运动实施过程中的一个重大问题。毛泽东始终强调，只有在共产党和工人阶级的领导下，贫农团才能免受"绝对平均主义、地方保护主义等落后的农民意识的支配"。这些意识使他们不能形成有效的阶级分析。[124]显然，农民需要领导，而毛泽东相信工人阶级必须领导农民。

抵抗与改革（1937—1945）

1937—1945年通常被叫做延安时期，它以共产党的战时首都命名。在这一时期毛泽东的主要精力在于制定策略并领导抗日战争。这一策略的中心原则是要对社会矛盾进行重新排序，毛泽东认为这决定了共产党应该
99 采取何种政策。日本对中国的侵略成为对中国强烈而直接的威胁，这种威胁使毛泽东认为，"主要矛盾"（指在某个历史阶段中最急需解决的问

题）[125]是日本帝国主义和中华民族之间的矛盾。[126]在那个时候，民族的生存受到了威胁，这是最重要的，因此其他的政策诸如以社会主义为导向的中国社会改革等都必须做出让步，以最广泛地吸收一切可能的力量团结抗日。地主和资产阶级只要愿意致力于爱国战争，就应该被礼貌对待并受到尊敬，从而鼓励他们成为参加挽救中国于民族灭亡战争的积极分子。这些阶级之前曾作为“剥削阶级”受到惩罚，但现在不再是阶级斗争和征收财产的目标。正如毛泽东所坚持的，“现在不是实施土地革命的时候”。最多可以“部分减租减息……但是减少幅度不宜过大”[127]。由此可见，先前 15 年间革命的豪言壮语当时转变为改革议程，这种改革对中国共产党从前的敌人而言看起来威胁不是太大，这些敌人现在成为抗击日本侵略的联合力量中可能的伙伴。[128]

延安——抗日战争时期中国共产党中央委员会和中央军事委员会所在地。

考虑到从革命到民族斗争和改革的这种战略性转移，人们可能会希望看到毛泽东先前关于工人阶级和农民阶级的领导品质与角色的观点有所缓和，可能会允许增强农民的作用。毕竟，当时的中国共产党发现自己比以前更多地处于远离城市和大城镇（中国大量小型工人阶级的居住地）的农村环境中，因而会非常依赖中国农民的支持。但是，仔细阅读毛泽东在 1937—1945 年间的著作就会发现，在他对中国革命语境中工人阶级和农民阶级的评估中，这种改变并未发生，因为毛泽东坚信在中国社会的革命动力中，这一抵抗和改革时期只是暂时的，不管它有多“持久”[129]。毛泽东认为，在日本战败之后，中国应该重新开始它历史地注定的前进方向，即一个以现代工业和社会主义为特征的未来。毛泽东声称，这是一个“不可抗拒的法则”——“不可避免的历史进程”[130]。因此，毛泽东的思想继续受到现代化未来的观念的鼓舞——其中工人阶级在经济上、政治上都占据主导地位，而其他的阶级包括农民阶级的重要性相对较轻。

有充分的证据显示，在 1937—1945 年间，毛泽东仍然相信工人阶级

100 的领导作用。下面我们将对这些证据进行审视。下面这段话摘自 1937 年他最长的一段哲学诠释：

> 关于革命的领导权（中国革命），由于无产阶级的意识水平和彻底性与资产阶级的动摇形成了对此，因此无产阶级占据了主导地位。这将特别影响到中国革命的未来……在农民阶级和无产阶级的矛盾中，无产阶级是主要矛盾。在产业工人和手工业工人的矛盾中，产业工人是主要矛盾。[131]

尽管中国共产党抗战的环境是农村，毛泽东在 1939 年 4 月仍然将无产阶级指认为“抗日的先锋队”[132]，在 1939 年 7 月称其为抗日民族统一战线的“支柱”[133]。即使他很明显地意识到从数量上来讲，中国的工人阶级只代表了中国人口的小部分，产业无产阶级的人口则更少，但是毛泽东还是做出了上述判断。在 1939 年年末，毛泽东估计现代产业工人阶级只有 250 万到 300 万人，居住在城市的手工业工人多一些，为 1 200 万人。但是，这一较小的数量由于“农村的无产阶级（即雇农）及其他城乡无产者，尚有一个广大的数目”[134]而膨胀。在 1940 年 1 月，毛泽东重申了他的这一估计，“中国有产业工人数百万，有手工业工人和农业工人数千万”[135]。

毛泽东声称，尽管无产阶级的数量较少，尤其是与农民阶级相比，但是他们拥有很多“特出的优点”。第一，“他们在革命斗争中，比任何别的阶级来得坚决和彻底”，这是因为无产阶级受帝国主义、封建主义和官僚资产阶级三种主要的压迫。因此，无产阶级是中国革命中“最革命的”阶级。第二，无产阶级拥有中国共产党的领导，中国共产党帮助工人阶级成为“中国社会里比较最有觉悟的阶级”。第三，由于中国的很多工人是破产农民出身，无产阶级和农民有一种“天然的联系”，从而便于和农民结成革命联盟。[136]

毛泽东总结道，虽然无产阶级具有“不可避免的弱点”，但是他们的领导是中国革命胜利的基础：

101

> 虽然中国无产阶级有其不可避免的弱点，例如人数较少（和农民比较），年龄较轻（和资本主义国家的无产阶级比较），文化水准较低（和资产阶级比较）；然而，他们终究成为中国革命的最基本的动力。

> 中国革命没有无产阶级的领导，就必然不能胜利。[137]

毛泽东在别处指出：“没有各种工业工人，中国就不能生活，因为他们是工业经济的生产者。没有近代工业工人阶级，革命就不能胜利，因为他们是中国革命的领导者，他们最富于革命性。”[138]因此，中国革命不能“没有工人阶级的领导”[139]。

但是，毛泽东还是对农民在抗日战争中的贡献做出了非常正面的评价，尤其是“贫农”——他们被毛泽东看做“无产阶级的天然的和最可靠的同盟者，是中国革命队伍的主力军”[140]。“中国的革命实质上是农民革命”，“现在的抗日实质上是农民的抗日”。然而，过于依靠农民并不意味着将领导权转让给他们；领导权依然紧紧地攥在工人阶级及其政党手里，因为这是一场“无产阶级领导的农民战争”[141]。在抗战开展的环境中，工人阶级拥有领导权仍然是必要的；在“广阔的农村地区”，农民组成了“党员的大多数”，产生了各种各样的问题，尤其是“个人主义”——它与“无产阶级集体主义”的要求相矛盾。[142]因此，毛泽东再次意识到了农民作为一个阶级的缺点，正如他从20世纪20年代就认为的那样。

关于中国的未来的政治前提，毛泽东主张，共和国的真正建立，“只有在无产阶级领导之下才有可能”。在这个共和国内，社会主义的因素不断增长，“就是无产阶级和共产党在全国政治势力中的比重的增长，就是农民、知识分子和城市小资产阶级或者已经或者可能承认无产阶级和共产党的领导权”[143]。除此之外，毛泽东在他的一篇重要文献《论联合政府》（1945）中预言，中国工人阶级的数量将大幅增长，因为将有“几千万农民进入城市，进入工厂。如果中国需要建设强大的民族工业，建设很多的近代的大城市，就要有一个变农村人口为城市人口的长过程”。这一使中 *102*
国由一个农业国变为工业国的过程，应该在工人阶级的指导下完成，工人阶级“在政治上最觉悟因而具有领导整个革命运动的资格”[144]。

这一点在他之前阐明的观点中就有所体现，即“在城市与农村的矛盾中，城市是主要的”[145]。中国工业城市的重要性意味着，主要在农村环境中抗日并不会导致对城市抗日的放弃。正如毛泽东在1939年所指出的：

> 着重农村根据地上的工作，不是说可以放弃城市工作和尚在敌人统治下的其他广大农村中的工作；相反，没有城市工作和其他农村工作，农村根据地就处于孤立，革命就会失败。而且革命的最后目的，

> 是夺取作为敌人主要根据地的城市，没有充分的城市工作，就不能达此目的。[146]

同样地，在1944年4月，毛泽东强调“我们要……注意大城市……要把城市工作和根据地工作提高到同等重要的地位”[147]。在1944年6月，毛泽东向整个党中央发出指令强调城市工作的重要性。[148]

结论

我认为，从20世纪20年代早期到20世纪40年代中期，毛泽东一直都把工业无产阶级视为中国革命的领导阶级，并且赋予城市斗争以非常重要的意义。毛泽东认识到了与城市斗争和工业无产阶级的被迫分离对中国共产党领导农村斗争的能力所产生的严重负面影响，因为他清楚地意识到了农民作为一个阶级的局限性。在一切可能的情况下，他尽力增加城市工人阶级在政党和军队中的代表的人数，尤其是提高他们的权力地位，如提升为支部书记。因此，尽管毛泽东将农民看做中国革命的主要力量，将土地问题看做共产党农村政策的核心，但是他从来都没有放弃如下观点：农民需要工人阶级的领导，共产党是无产阶级的先锋队。

103 坚持这一观点的意义体现在三个方面。首先，如果我们承认毛泽东的确认为工人阶级必须成为中国革命包括农民革命的领导者的话，那么就彻底驳倒了史华慈的判断，同时也回应了很多其他中国学者的如下观点：“毛泽东不顾所有理论上的考虑而放弃工业无产阶级，以便能够充分利用他在农村发现的主要力量。”[149]同样也驳倒了迈斯纳的判断——他声称毛泽东“不相信城市无产阶级的革命能力”而视农民为“真正的革命阶级”[150]。我从毛泽东的著作中获得的证据表明，西方评论者关于毛泽东和他的革命策略的这些根深蒂固的观点是非常错误的。毛泽东没有决定“上山”，也没有选择使农民承担革命斗争的重担。这些都不是因为毛泽东具有关于农民和农村生活的浪漫主义情结而做出的心甘情愿的选择，它们甚至根本就不是选择。毛泽东是被迫的，在1927年的秋天，他纯粹是为了防止共产党全盘毁灭，为了自保，才匆忙撤退到农村的。没有证据显示，如果在上述不得已的状况不存在的情况下，毛泽东还会沿着他在1927年秋选择的道路走下去。事实上，反面的证据更为有力。正如毛泽东所言，因为国民党坚持战争，“除了上井冈山没有其他的选择”[151]。如果不是国民党在1927年的镇压使得城市地区的革命运动几乎变得不可能，毛泽东很有可能选择一条能更紧密地将城市和农村维度结合起来的中国革命道路，这条道路比工人阶级领导农民革命或者城市领导农村革命的结果更有效。

因此，毛泽东在1927年后严重依靠农民并非他所情愿的选择，而是他考虑到与城市斗争的强制性分离而被迫接受的。在这些看似恶劣的环境下，毛泽东形成了一套革命策略，这一策略强调大规模的农民的参与和支持，但他又明确指出农民不能领导革命。正如毛泽东屡次提到的那样，在农村革命的环境中，尽管贫苦的农民的确拥有组织和领导能力，但是他们的视野具有局限性，且无力承担起中国革命为之努力的长期历史目标（一个工业化的现代社会主义社会）。毛泽东认为他自己所处的广大农村环境 104
不能决定革命的最终目标，这些目标与农民阶级当然是不相符的。由此一来，他尽可能努力提升工人在政党和大众组织中的领导地位，鼓励工会发展在城市地区的斗争，因为现代工人阶级所具备的社会和经济特征使他们拥有组织和领导的特质，这些特质可以被动员起来完成以现代化和社会主义为目标的革命。正是这些领导特质和意识使得工人阶级成员成为，用毛泽东的话来讲，“特别优秀的战士”[152]。

所以，毛泽东关于农民及其在革命中的角色的观点不能脱离他关于工人阶级及其在革命中的角色的观点。在毛泽东革命战略的发展中，这两个阶级具有某种必然的联系，这种联系与一些毛泽东研究者的观点相反，它总是意味着农民对工人阶级的从属地位。农民的从属性不是指在数量上的劣势，因为他们显然是中国人口和革命力量中的绝大多数，也不是指他们在革命声音方面的犹豫，而是指他们无力领导现代化的革命以及他们对革命最终目标的狭隘理解。

其次，本章的主要目的还在于提醒读者注意：毛泽东坚持工人领导中国革命的必要性，即他坚持城市革命和农村革命的双重维度；同时，我们也必须认识到毛泽东关于中国愿景中的现代化维度，这一认识经常被那些评论毛泽东政治活动和思想的人所否定。毛泽东不是虚构的中国农民造反者宋江的化身，也不是追随墨西哥埃米利亚诺·萨帕塔的农村革命者。正如我们在本章开头所提到的那样，农民革命不仅以依靠农民为特征，也表现出明显的赞美农民和农村生活优点的倾向。谈到城市居民时，农民革命者表现出轻蔑的态度，因为他们将城市视为社会弊病的根源。他们的革命目标是要在农民失去土地和经常受到日益贪婪的地主阶级剥削的情况下，归还农民之前拥有的权利，这一目标从本质上来说是复古的。可见，农民革命者的视野以恢复传统秩序，至少是可设想的传统秩序为前提，在这种
105 传统秩序中，公平和正义建立在承认农民的合法要求的基础上。农民革命者在批判社会时所缺乏的是对完全不同于先前社会秩序的革命后社会的认知。他们对现代社会的阶级和阶级关系的认知，以及现代社会生成条件——工业化的认知，同样是缺乏的。

与像埃米利亚诺·萨帕塔那样的农民革命者不同，毛泽东是一个现代主义者，他认为中国走向工业化和现代化的未来是历史的必然，甚至是不可避免的。如果像很多毛泽东生活和思想的评论者描述的那样，毛泽东是一个浪漫的农村革命者，那么他为什么在 1930 年 6 月发表讲话时谈到，农业的社会主义化离开“城市中工人的指导和帮助”是无法完成的?[153] 为什么他在 1945 年谈到，“中国需要建设强大的民族工业，建设很多的近代的大城市”，中国需要“由农业国变为工业国”，大型工业要“在全国经济比重上占极大优势”?[154] 为什么机会一旦出现，毛泽东就会如此迅速地转向城市并着手推进中国经济的现代化呢?

的确，由毛泽东坚持工业阶级在革命过程中对农民的领导地位，可以预见他在接管政权之后会采取什么方法。从 1949 年年初，在毛泽东的领导下中国共产党开始将注意力从以农村为主、以获得中国农民的支持为前提的革命斗争，转向建设现代化、工业化的民族国家——从经济到政治上均由城市领导。正如毛泽东在 1949 年 3 月谈到的那样，“从一九二七年到现在，我们的工作重点是在乡村，在乡村聚集力量，用乡村包围城市，然后取得城市。采取这样一种工作方式的时期现在已经完结。从现在起，开始了由城市到乡村并由城市领导乡村的时期。”[155] 在毛泽东关于提高中国共产党中工人阶级的比例、降低农民在队伍中的比例的决定中，这种转向体现得最为明显。[156] 不加选择地吸收党员的行为被终止了，一些“无用的农民群体”被开除了。[157] 此时，工人阶级的参与和领导权在新中国政治和经济生活的多重维度中可谓获得了强调。这与毛泽东关于中国发展的远景规划是一致的，其核心是现代化，而这一过程的核心则是工业和工人阶

级。毛泽东同样认为，共产党的阶级组成要符合马克思主义列宁主义的本质，即共产党应该是无产阶级的先锋队，受无产阶级的领导并主要为了工人阶级服务。从这个角度来看，虽然在农村革命时期需要获得农民的支 106
持，但是它导致了党内存在大量的农民成员，这阻碍了共产党实现其建立拥有现代化和工业化经济的社会主义社会的意图。要实现这一目标，工业无产阶级不仅应该是新中国经济工作的核心，也应该是新中国领导者的阶级组成。

由此，进入 1949 年之后，毛泽东开始实施他关于建设现代化、工业化社会的长期愿景，将工人阶级推向历史舞台中央；同时，他也开始发起一场革命性变革，变革中国亿万农民的生活和工作环境，对于这场变革，那些 20 世纪二三十年代的农民追随者们几乎没人预料得到，也没人期望。但是，正如我们所看到的那样，有迹象表明毛泽东从来都没有隐藏自己的决心：革命是为了建立一个现代化工业化的社会主义中国，长久以来中国农村生活的标志——农民及其生活环境特别是所有权关系——都应该被推翻，从而建立起社会主义的农业。正如毛泽东在 1949 年之后几次所谈到的那样，这种改变是必需的；没有这种改变，农民“依然是农民”，因为他们依然保持着农民对于社会主义的两面性。可见，他关于农民的观点是始终如一的。[158]

最后，如果我们承认毛泽东一向认为坚持工人阶级在中国革命中的领导地位是必需的，那么毛主义者所广泛坚持的观点就应该受到质疑。这些观点将毛泽东描绘成本质上的农民革命者，即他愿意全神贯注地使自己置身于农村之中，那里的革命潜力使他拥有无限的自信和乐观，他乐于和产生有害、堕落影响的城市相分离。可以推测，毛泽东所领导的革命反映出他对农民和农村生活的偏好，革命的胜利巩固了以下观点：毛主义革命模式必须以农村为中心并聚焦于农民，因为农村的压迫和剥削使农民天生具有组织和领导能力。这便是普遍流行的观点。而毛泽东自己的著作则描绘出一幅完全不同的景象。正如我们所看到的那样，毛泽东不仅没有选择“上山”，而且继续强调工人阶级领导在中国农村革命中的重要性，他对于过多的农民代表给共产党和军队组织带来的有害影响表示遗憾。毛泽东强调大量增加党 107
和军队中的工人成员并使其掌控权力的重要性；同时，他也强调在城市与大城镇中发展革命斗争以及将城市与农村斗争相联系的重要性。

由此可见，毛泽东并不愿意领导一场纯粹意义上的农村革命，只要有可能他就会努力改变党和军队的社会组成以有利于工人阶级。在江西苏维埃时期，他便努力建设体现工人阶级权力的国家机构雏形。尽管毛泽东极为看重农民并将其视为中国革命的“主要力量”，但是他也坚定地认为，农民的意识不可能指向革命的长期目标，因为它只会从经济、政治和文化上阻碍中国社会实现现代化变革。从 20 世纪 20 年代中期到 40 年代中期，毛泽东时常提到中国革命坚持工人阶级领导权的重要性，这成为揭示他关于革命战略和未来进程以及中国未来观点的明显线索。这些线索足以使我们思考那些常见的关于毛泽东领导中国革命的解释以及那些解释的正当性。然而，那些制造毛泽东是农民革命者这一假象的人是否愿意注意到这些问题，从而重新思考毛泽东思想中的核心维度，我们将拭目以待。

第五章

政治和构想：毛泽东思想中的历史分期与未来思想（1937—1945）

毛泽东思想的渊源问题，一直以来就是困扰他的解读者的重大问题之 117
一。概而言之存在以下三种解读。其一，毛泽东思想是受中国传统思想和马克思主义这两大知识传统影响而形成的综合体。[1]其二，毛泽东是一位马克思主义者。因此，我们在理解他的思想时，应参照马克思主义传统的概念。[2]其三，毛泽东思想形成的决定因素在于中国的历史和哲学传统，以及强大的社会主义机构传播这些传统所借助的政治文化。[3]

大部分学者支持第一种解读。然而，在合成体解读中，对于中国传统与马克思主义传统各自的影响有多大，仍然存在重大分歧。例如，约翰·科勒认为，毛泽东思想不是这两种传统所蕴含的中心思想的简单结合，而是一个“创新合成体”。

> 毛泽东思想代表创造性的新生事物，其揭示的不仅仅是把马克思主义植根于中国的土壤，抑或把中国传统思想置于马克思主义新熔炉而做出的修正。相反，毛泽东思想是植根于这两种思想的理论，而其“独特性”则是中国传统思想与马克思列宁主义思想创新性结合的产物。[4]

与之相对，最有影响的毛泽东思想学者施拉姆却认为，毛泽东深受中
国和马克思主义传统的影响，并从中汲取灵感，但中国（本身的）因素对 118
毛泽东思想的影响占主导地位。

> 我一直认为，在毛泽东的思想和行为模式中，中国的和西方的成分都扮演了重要角色。问题当然在于：他的思想和行动最深层的源泉在哪里？……的确，可以争论的是，当毛泽东在马克思主义的基本范

> 畴中思考时，他最深刻的情结仍是中华民族的；而当他的着眼点是在尽可能短的时间内改进中国社会和经济，使其成为强大的现代化民族时——他认为她应该在世界强国中占有一席之地——在这个意义上，毛泽东的确一直在使马克思主义中国化。[5]

毛泽东“最深刻的情结仍是中华民族的”，这个观点不仅渗透在施拉姆大量的著作中，也是他坚信毛泽东思想，包括他对马克思主义的解读和马克思主义中国化，是建立在中国传统文化和中国国情基础上的原因。毛泽东最终把马克思主义的“本质”，一种“西方”的思想体，改造成为“适应中国国情的思想”[6]。对于中国国情和传统而言，马克思主义是一种外来思想，需要改造适应，需要文化的融通，才能最终成功地应用于中国的国情。[7]施拉姆承认马克思主义对毛泽东思想的影响，但是他认为“中国（因素）”本身影响更大。他由此提出“马克思主义”异化（思想），一种公认的欧洲马克思主义的域外分支。施拉姆认为，毛泽东对于马克思主义的依附逐渐变弱，20 世纪 60 年代早期，佛教和道教的辩证法与他思想的密切联系愈发明显。[8]

毛泽东思想的渊源是一个争议很大的问题，即使同时认同中国传统和马克思主义二者影响的学者也莫衷一是。毛泽东学者在研究毛的文本和其他证据时使用不同的理论假设，解读存在差异也不可避免（见第二章和第三章）。[9]毛泽东大量的文本证实：他的思想形成于并交织着中国传统思想，很多学者把这种模式作为研究的前提。他的著作引用了大量的中国古典文献、谚语，语言通俗，关涉的是当代中国“国情”。同时，他的文本又包含大量源于马克思主义传统的概念，如阶级斗争和阶级革命。毛泽东
119 学者研究各有所偏重，从毛文本中节选哪些“证据”，完全取决于他们的假设和特定的解读方法。确定的解读毛文本的方法是不可能存在的。

相应的分析还没有出现，因此想要结束对毛泽东思想渊源的争论，这也是不可能实现的目标。这种对毛泽东思想探索的前提是，假设存在研究这个基础性问题的一种全新角度，通过这个角度，可以考量毛泽东思想随主题和时期变化而变化的种种可能性。换句话说，把毛泽东思想渊源一般化是不可能的。在解读毛泽东思想及其渊源时，针对特定主题和它们的理论渊源需要给予特别的关注。毛的历史时间、未来概念，是本章将要分析的主题。本章分析的是抗日战争时期（1937—1945），而延安是共产主义

革命的中心，基于该原因，这一时期也被称为延安时期。研究这一时期的主题，对于阐明中国传统和马克思主义传统对毛泽东思想的不同影响是很有益的。当然，说它有益，还有很多其他原因。

第一，有种误解认为，在抗日战争时期，毛泽东的实用主义达到顶峰，而乌托邦主义处于低谷。战时危急的形势，需要对客观现实的制约做出冷静的认识；正是因为毛泽东思想与客观制约相适应而摒弃乌托邦主义，中国共产主义革命最终才能走向胜利。[10]下文的分析将对这一观点提出挑战，认为这一时期的毛泽东思想带有很强的乌托邦色彩。[11]他的思想中透露着一种希望——即将摆脱大规模的战争混乱、暴力和历史巨变，进入和平大同的终极时代，这些构想从中国传统和马克思主义的乌托邦主题中汲取灵感并被清晰地表达出来。

第二，毛泽东革命的政治策略，取决于一个人类渴求的历史性未来概念；而实现这一未来，必须以该策略为指引，寻求合理性和统一性。历史性未来对现时的政治事件影响巨大，是因为它提供了一个评价特定政治或军事策略是否成功的标准：是向未来迈进了一步，还是倒退了一步？因此，分析毛泽东对历史和未来的概念，有助于我们理解他在通向权力的重要岁月里，激发他政治活动的目标。

第三，对于马克思而言，历史分期是一个具有重大政治影响的理论问 120
题。因为一旦脱离对历史阶段的定性和分析，人们据此所实施的任何策略都注定是不合理的。毛泽东在延安期间对中国的分析可以被看作对马克思主义理论分期问题的必要回应。正如下文将要论述的，毛泽东对中国的历史、未来的分期，很大程度上受列宁主义影响，而又充满中国传统分期色彩。不管是马克思主义还是中国传统，都对毛泽东的未来导向性的乌托邦希冀产生了影响——历史将会实现他开创一个永久和平大同的共产主义时代的诺言。然而，延安时期，中国传统和马克思主义传统的对立影响，并没有形成科勒所言的“创新合成体”，而是处于一种两种时间角度的不稳定的冲突，差异无法很快调和，而且毛泽东也不愿调和。1949 年后，这种冲突以马克思主义的胜出而得到解决，我们将会在第九章看到，这种知识传统中的乌托邦主义本身对毛泽东思想的影响渐渐消亡。到 1966 年“文化大革命”爆发，毛泽东思想中有关乌托邦主义的渊源大部分已经消亡，只剩下一种以不懈斗争为特征的对未来的愿景。

为了在对抗性因素对毛泽东思想的影响这一情境中来分析问题，我们有必要先在中国和马克思主义知识传统中简略地重构历史、未来。历史源于何方？历史将走向何方？如何到达那里？这些都是毛泽东寻求回答的问题。处于两大对立知识传统的焦点，他得出的是自相矛盾的答案，而不是一个统一的有关历史和历史发展的观点。然而，不管是强调过去对现在和将来具有重大影响的知识传统，还是看起来富有历史延续性的强调革命的知识传统，在我们理解毛泽东的过程中都应该像他曾经对人说过的那样："深刻理解他的思想和政策。"[12]

中国传统中的历史分期和未来思想

对时间的敏感是历史意识所必需的，因为时间是一个事关人类及其所
121 属的社会产生、发展和消亡的范畴。反之，由于时间不是一个物质实体而能立刻为我们的感官所察觉，因此，时间概念本身就是人类偶然给出的一个定义。人类意识到这一点是源于外部环境明显的变化、演变和周而复始。历史地看时间，它的跨度远不是某一代人或者数千年。时间的"演进"经历了很长的时间段，这些"演进"也可以划分为历史上的各个时期，理解时间"演进"的方式、方向和划分的标准，则会因人而异。

中国传统的时间概念以季节和天体的规律运动而形成的自然变化的轮回为基础。[13]具体到人类社会，中国王朝的轮回看似更强化了时间轮回概念，就像所有其他生命周期，每个王朝都会经过成长、成熟和消亡时期，一个统治王朝取代另一个王朝，永无止境。中国传统历史著作中已经出现以各种形式表述的历史轮回概念。例如，荀子认为，历史就是一系列的圆圈，不断地经过相同或者类似的点；司马迁认为，历史的范式会不断地重复，但并非一定会回到时间的出发点。[14]这种历史轮回概念导致的结果，就是在历史编纂时产生明显超越时间的倾向，历史教训不会受时间的限制，或者受到事件发生时代特定环境的限制。结果就是，不管所提及的时期有何特定的、有差异的特征，根据中国历史著作的"褒贬"特征，总能找出恰当和不恰当的例证。这种超越时间的倾向，在很多历史著作中是非常明显的，如司马迁[15]、中世纪早期的儒学家荀悦[16]、刘知几和司马光[17]的历史著作，还有著名的清史学家章学诚[18]的著作。

历史轮回概念的另一重大影响就是渐渐缺失对宇宙进化的洞察。佛教传入中国前，中国传统的时间概念总体上并没有包含这种假设，即宇宙和宇宙中的人类朝任何预定的方向前行或是上升。[19]进化感相对缺失的另一原因在于中国人的信仰，他们认为存在一个辉煌的远古黄金时代，之后，所有的王朝都无法超越。[20]中国历史著作中的确有一种明显的倾向，即把 122
历史看做礼崩乐坏的过程。[21]而这两种倾向都与中国历史著作中乌托邦思想的相对缺失相关，这也是劳伦斯·汤普森（Laurence Thompson）所关注的。[22]正如内森·席文（Nathan Sivin）所指出的，如果“没有理由限制世界迈向未来”[23]，那么以理想社会的构建作为人类社会的最终结果，比起有着强烈末世论主题的犹太人和基督徒传统，将更不可能实现。

或许乌托邦思想只是中国历史著作中一个相对而言很小的主题[24]，但是在对毛泽东思想进行分析的情境中，乌托邦思想远不是一时的兴趣，因为在延安时期，乌托邦主题就对他关于历史时间和未来的概念产生了很大的影响。

正如提莫特斯·鲍格洛（Timoteus Pokora）所说的，乌托邦思想可能的确等同于一种激发了整个中国历史上的农民起义的、包含大量未曾直接呈现的主题的重要思想。[25]这些主题中的概念，如太平、大同和三世，毫无疑问都蕴含乌托邦的内涵，包含这些内涵的古代的文化遗产，甚至可以追溯到著名的《礼记》中的《礼运·大同篇》。[26]它和毛泽东在延安时期对历史时间和未来立场的讨论相关，其正文如下：

> 大道之行也，天下为公：选贤与能，讲信修睦。故人不独亲其亲，不独子其子；使老有所终，壮有所用，幼有所长，矜、寡、孤、独、废疾者皆有所养；男有分，女有归。货，恶其弃于地也，不必藏于己；恶其不出于其身也，不必为己。是故谋闭而不兴，盗窃乱贼而不作，故外户而不闭。是谓“大同”。[27]

梁启超对于这段文字的解读表明实现大同社会是有条件的，它不是取决于时间，而是更多地取决于人或每个人的“国民感”最大限度的彰显和发展；基于这些条件，这种社会会实现。[28]其他有影响的解读大多会把这 123
种社会的实现与一个历史概念——历史会经历三世，特征各异，最后一个时期便是大同社会——联系起来。在《礼记》中，历史被描绘成三个时代：乱世，小康之世，大同之世。历史时期的三分法，在董仲舒对儒家学说的解读和对《春秋公羊传》的评论中，也曾以预测的形式出现。直到何休（129—182）《春秋公羊传解诂》，“三世”的概念才被清晰地描述出来，详尽描述的第三世和“太平”的概念也才被等同起来。[29]在何休关于历史时间的概念中，这三世遵循社会运动的特征，即从衰败和混乱的时代，经过一个不断接近和平的时期，最终到达“永久和平”[30]的时代。

王夫之（1619—1692），世称“船山先生”，明末清初思想家、哲学家。

后来，“三世”的概念又出现在王夫之（1619—1693）的历史著作中。王夫之是一位湖南籍的哲学家和历史学家，毛泽东对他的著作了然于胸。[31]在王夫之的分期（理论）中，乌托邦的元素明显没有何休的评论强烈。[32]直到现代，康有为的《大同书》中才出现了对历史时间系统的乌托邦阐释，它基于《礼记》中勾勒的大同世界详细地描绘了大同社会。鲍格洛认为，康有为对乌托邦的阐述受到了19世纪中期的太平、大同思想的影响，但大部分基于公羊学派，这一学派整合了“三世”的概念和“太平”的概念。[33]康有为假设的大同世界的概念还吸收了西方的进化论，同样也包含中国佛教哲学丰富的来世论思想。[34]

康有为的乌托邦主义与我们分析毛泽东的历史时间和未来的概念有一些关联，因为有证据表明，毛泽东在延安时期受到《大同书》中某些思想的影响。正如我们所见，乌托邦概念，如大同、三世、太平都作为重要的主题出现在毛泽东对历史时间和未来的观点中。我们知道，毛泽东在形成自己思想的过程中是康有为的崇拜者[35]，在读弗里德里希·泡尔生（Friedrich Paulson）的《伦理学原理》[36]时所作的旁注（1917—1918）
124 中，他提及了“大同”的概念。再者，在延安时期早期，康有为的《大同书》很容易找到；1913年，《大同书》的前两部分就已经发表在《不忍》杂志上，1935年整本书就出版了。[37]20世纪30年代中期，毛泽东身边的知识分子，如陈伯达也向毛泽东提及此书，这更印证了毛泽东熟悉这本书的可能性[38]，而且毛泽东后来也在他1949年的重要讲话《论人民民主专政》[39]中提到了此书。

毛泽东思想中历史分期三分法的出现和“大同”概念有关联，这表明他在延安时期确实吸收了中国历史著作中的乌托邦主题，以表达由于暴力和混乱的战争形势而激发的来世论情怀。我们将审视毛泽东的著作中是如何出现这个主题的，审视他源于马克思历史理论而形成的其他分期理论，以及在使用这个历史分期理论时所出现的逻辑问题。

马克思主义传统中的历史分期与未来

在西方知识传统中，历史时间概念很早就很频繁地体现出关于未来乌托邦或末世论的情境。的确，《旧约》的预言就把未来的范畴引入人类思想，这和末世论的信仰有关，它认为未来人类事务会越来越多地受到上帝的彻底参与。[40]总体上，西方关于历史时间的概念有两种基本的观点：其一，时间做圆周运动；其二，时间做直线运动，历史事件不会重复。基督教产生以前的希腊哲学家大体上持前一种观点，认为历史在圆周的模式中运动，社会只是不断经历衰亡、成长的过程。例如，波利比奥斯（Polybius）坚持认为，建立一个适用于不同社会的圆周模式是可能的；希罗多德（Herodotus）也明确断言历史过程的圆周本质："如果你已经理解你是一个人，你统治人，就应意识到人类事务遵循一个周期，这是一个不会允许同一个人永远富有的圆周运动。"[41]

另一个持历史循环论的很有影响的典型人物就是意大利哲学家维柯 125
（Giambattista Vico）（1668—1744）。他认为，社会在成长和衰落的循环中进步。维柯通过分析过去的西方文明和古希腊罗马式文明经历的阶段的相似性以证实他的理论。有意思的是，维柯的循环理论对奥古斯特·孔德（Auguste Comte，1798—1857）的思想产生了很大的影响，后者在此基础上建立了历史时期三分法理论。与中国的"三世"概念相比，孔德的"三阶段法则"把人类智力的发展作为时间划分的标准，而不是以混乱或和平的水平为划分标准。[42]孔德并非西方唯一一位认同历史会经历三个阶段的理论的学者。12 世纪，基督徒神秘主义者约阿希姆（Joachim of Fiore，1130—1201）曾说道，三世是指圣父、圣子、圣灵。[43]然而，约阿希姆的历史哲学预测，基于时间的运动是直线而非圆周。历史时间直线运动的概念是许多西方宗教思想的特点，圣·奥古斯丁（St. Auguste）就是这一思想的伟大倡导者，他明确否定希腊哲学家关于历史圆周运动的理论。在奥古斯丁看来，圆周概念排除了任何历史事件的真正创新，然而，人类历史上的特定事件（尤其是耶稣的诞生）本身就是唯一的、不可复制的。他的结论就是，时间必须以直线的方式运动发展，从上帝的诞生开始，到上帝的陨落，直到最后的判决，最终完成上帝在人世间的任务。[44]

马克思的历史时间和未来概念与奥古斯丁的目的论有一些相似之处，二者都坚信，人类在时间的运动中都有一个目的。然而，马克思的立场并不能被简单地说成是直线运动或是圆周运动。在马克思看来，历史时间的方向、分期和目标源于社会内部的发展；历史发展的时间范畴必然受到社会制约。随着更高的不同生产方式的演进和不同社会关系模式的更替，社会不断进步，并经历特定的历史时代。因此，涉及时间演进的一种分期理论，就是建立在劳动工具复杂的程度以及社会关系和实践的属性的基础上的。

众所周知，马克思历史哲学认为，只有通过不同的生产方式，社会才
126 会进步。那么，马克思是否坚持认为这些阶段有固定的顺序呢？大家对此却看法不一。例如，艾瑞克·霍布斯鲍姆（Eric Hobsbawm）辩驳道："历史唯物主义的基本理论要求必须有一种不断连续的生产方式，不必是任意的特定方式，或许也不必是在特定先决的秩序中。"[45]的确，深入研究马克思文本会发现，他并没有阐明历史必然经过固定的、不离正道的一系列阶段，所有的社会都会经历各种生产方式。[46]马克思对于俄国社会的分析就是很好的例证，他并没有坚持俄国必须经历像近邻欧洲已经发达的资本主义社会那样的历史发展模式。相反，他的分析反映了一种在俄国农村社区的土地所有权形式中的二元论（土地共同所有，但是各自耕种），表明集体制能优于所有权私有制的可能性；俄国因此可能避免资本主义的未来。马克思在给维·伊·查苏利奇（Vera Zasulich）的信（1881）中写道，"一切都取决于它所处的历史环境"[47]。同样，在给俄国《祖国纪事》杂志的信中，马克思回应了一个批评家的观点，该批评家在他对西方欧洲的历史分析中提出一个方案，以求对历史发展具有普遍适用性：

> 关于原始积累的那一章只不过想描述西欧的资本主义经济制度从封建主义经济制度内部产生出来的途径……但是这对我的批评家来说是太少了。他一定要把我关于西欧资本主义起源的历史概述彻底变成一般发展道路的历史哲学理论，一切民族，不管它们所处的历史环境如何，都注定要走这条道路，——以便最后都达到在保证社会劳动生

产力极高度发展的同时又保证每个生产者个人最全面的发展的这样一种经济形态。但是我要请他原谅。他这样做，会给我过多的荣誉，同时也会给我过多的侮辱……极为相似的事变发生在不同的历史环境中就引起了完全不同的结果。如果把这些演变中的每一个都分别加以研究，然后再把它们加以比较，我们就会很容易地找到理解这种现象的钥匙；但是，使用一般历史哲学理论这一把万能钥匙，那是永远达不到这种目的的，这种历史哲学理论的最大长处就在于它是超历史的。[48]

尽管马克思否认自己是“一般历史哲学理论”的创始者，但事实上，很多他的追随者还是认为马克思主义中蕴含着这一理论。例如，列宁领导 127
下的布尔什维克采用了一种历史发展的观点，认为总体上所有的社会都会经历五个固定阶段。列宁很早就在他的革命生涯中做出结论，正如一些他的孟什维克反对者宣称的，俄国的生产方式不是亚洲式的；而承认上述观点，则必然导致俄国在近期可能爆发社会主义革命的观点受到威胁，这也增加了孟什维克关于在俄国生产力走向成熟的漫长时期，耐心和克制是非常重要的这一观点的可信性。因此，列宁坚持，19 世纪下半期俄国要从一个基本封建的社会转变为一个生产方式和阶级关系不断资本主义化的社会。[49]俄国虽具有自身的特性，但是俄国社会仍可以适用公认的马克思主义的历史发展的方案。对于公认的五阶段方案，列宁曾不加辨别地拥护，这一方案还出现于 1919 年他在斯维尔德洛夫大学的讲演中：

世界各国所有人类社会数千年来的发展，都向我们表明了它如下的一般规律、常规和次序；起初是无阶级的社会——父权制原始社会，即没有贵族的原始社会；然后是以奴隶制为基础的社会，即奴隶占有制社会。……在历史上继这种形式之后的是另一种形式，即农奴制。……后来，在农奴制社会内，随着商业的发展和世界市场的出现，随着货币流通的发展，产生了一个新的阶级，即资本家阶级。[50]

所有社会的历史发展都会经过五个固定的阶段而不断进步。这个公认的观点也成为斯大林在 20 世纪 20 年代掌权后的信条，“五阶段”的理论最终得以出版，出现在他写于 1938 年的《辩证唯物主义和历史唯物主义》中：

> 随着社会生产力在历史上的变化和发展，人们的生产关系、人们的经济关系也相应地变化和发展。历史上生产关系有五大类型：原始公社制的、奴隶占有制的、封建制的、资本主义的、社会主义的。[51]

这个公认的关于历史发展的马克思主义分期理论，在很大程度上也被
128 毛泽东解读并吸收。20 世纪 30 年代早期，在中国倡导“亚洲式生产方式”概念的人最终败下阵来，他们断定中国就是一个典型的亚洲式社会，而不是一个难以辨别的欧洲封建制的变体。[52]毛泽东并非这些倡导者之一（虽然在他的历史思想中，有一些与亚洲式生产方式相一致的主题），其历史时间和分期观点的渊源大部分都是公认的马克思主义，也大部分遵循了列宁主义的方案。

毛泽东的未来概念也源于马克思主义传统，并趋向正统。在这个公认的“目的论”概念中，人类历史目标的实现需要经过一个辩证的社会过程。在这个过程中，占统治地位的生产方式和社会关系，会受到新的生产力和与之相适应的阶级结构的挑战；这种交锋通常带有革命的特征，最终将会导致一种更先进的生产方式代替现有的生产方式。社会经由各种生产方式，以一种上升的、辩证的、目的导向的方式不断进步，这种观点认为未来会有这样一个最终的历史阶段：工业化推动社会生产力高度发展，历史进步中固有矛盾产生的冲突也将会消亡。阶级对立的消失将会导致对辩证法的否定，因为在历史发展的最后阶段，共产主义的最高阶段，社会将会没有阶级划分，需求（而不是工作或者所有权）将会成为决定社会丰富资源分配的标准。在这种平等主义原则的基础上，冲突将会从总体上消亡。

尽管正统的马克思主义很自信地预测了这种未来，马克思本人对于做全面的未来预测却是很谨慎的。一些散落在他的著作中的，有时是隐晦的或是令人费解的参考资料，提及了一些关于未来共产主义社会的到来和特征的内容。[53]这些参考资料既不能单独也不能综合起来构建一个完全可行的未来理论。在列宁看来，马克思主义所做的预测根本没有想隐藏这种想法。列宁在《国家与革命》中勇敢地提出，共产主义的最高阶段不可避免地将会实现，那时国家将会“灭亡”；国家是阶级压迫的工具，只有在国家和阶级都灭亡的情况下，真正的自由才能实现。国家的“灭亡”是不可
129 避免的，这也是马克思主义的核心信条。正如列宁断言：“马克思从社会主义和政治斗争的整个历史推断，国家必将灭亡。”[54]在将来这种后政治

的工业发达社会，阶级剥削和政治压迫将不会存在，那些基本由阶级诱发的战争和冲突也将不复存在。

正统马克思主义传统预测的不可避免的历史未来——物质充裕、平等、没有压迫、没有剥削、和平——对毛泽东的政治和行为，就像对毛泽东那一代的很多人一样，影响非常大。[55]马克思主义提出的历史目标建立在对历史科学的解读的基础上，为推翻和最终废除阶级社会的政治尝试提供了方向和道路。从这个角度来看，过去、现在和将来是相互联系的，将来为现在提供构建政治的选择。

影响延安时期的毛泽东思想的两大知识传统，都包含着对和平大同的未来社会的愿景，虽然马克思主义和中国传统明显源于不同的历史角度，但意义仍然是重大的。随后的分析中，我们将审视毛泽东如何阐述他的历史和未来概念，并会特别关注他如何解决他的思想中两大历史框架的冲突。我们也将关注毛泽东关于未来的愿景是如何影响他的战略，以实现战

毛泽东在抗日战争时期撰写的主要著作。为指导中国革命，统一全党思想，他在延安大力从事理论著述，系统地阐明中国革命的理论、路线、纲领和政策，标志着马克思列宁主义普遍原理同中国革命具体实践相结合的毛泽东思想达到成熟。

争时代所产生的紧迫的政治和军事目标的，在那个时代以及他对和平与和谐的渴望以及实现它们的自信达到了前所未有的程度。

毛泽东思想的双重分期："三时代"和"五阶段"

延安时期，毛泽东的著作对时间的本质几乎没有哲学的论述。1937年毛泽东的《辩证法唯物论（讲授提纲）》[56]中有一小部分关于时间和空间的论述，然而它们大部分是从苏联20世纪30年代的哲学著作中吸收而来。在这时，毛泽东把时间纳入了他的唯物主义本体论框架中，认为时间是不以人的意志为转移的客观存在：

> 运动是物质存在的形式，时间和空间也是物质存在的形式。运动的物质存在于空间和时间中，并且物质的运动本身是以空间和时间这两种物质存在的形式为前提的……空间和时间，都不是独立和非物质的东西，也不是我们感觉性的主观形式，它们是客观物质世界存在的形式，
> 130 它们是客观的不存在于物质以外，物质也不存在于它们以外。[57]

比用传统唯物主义解释时间的本质更为有趣的问题，便是历史分期的角度以及由此产生的对未来的构想。颇让人称奇的是，毛泽东使用两种时间体系而不是一种来评价时间的经过，并将其分割为非连续性的历史时期。首先，或许可以被称作对《公羊传》历史分期理论（如前所述）的改进，毛泽东运用和平（就像何休所做的一样）作为标准划分历史时期，提出历史三分法理论。其次，他根据历史的发展进步对远古的原始社会到未来的共产主义社会进行分期，简而言之，分为五个阶段，而这已在列宁和斯大林倡导下成为马克思主义的正统思想。对于后一种分期，毛泽东需要根据中国国情，对资本主义阶段的模糊性进行一些梳理和调整。这种调整并不是对分期的完全改变，毛泽东也明确接受，这种分期仍然坚持了正统马克思主义历史时期的立场。在这种分期（可能毛泽东继列宁后称之为"官僚民主革命"的时期除外）中，生产方式的所有者是划分时间界限的基本标准。

正如人们所料，两种分期形式的标准存在很大差异，同时使用这两种形式，必然产生调和历史分期与时间分期的难度，随后这种难度会变得更加明显。毛泽东自己并不认为这两种时间体系存在矛盾，而是仅把公认的"五阶段"的马克思主义分期添加到内含"三时代"的中国方案中罢了。

在认真审视毛泽东文本是如何使用这两种时间框架的方式前，非常有必要强调的是，中国传统中进行的另一种历史分期，即王朝的序列，在毛泽东思想中没有多大适用的空间；他理解和划分历史时期的经过并不包括王朝的更迭。

在《中国革命战争的战略问题》（其中大部分内容在1949年后的官方 131
文本中被删除）的某一章节中，毛泽东把人类历史划分为三个时代：

> 人类的生活是由三个大时代组成——人类和平生活时代，人类战争生活时代，与再一个人类和平生活时代。我们现在是处在第二个与第三个时代的交点，人类战争生活时代将要由我们之手而结束，我们所做的战争，毫无疑义的是最后一次战争。[58]

1938年，毛泽东在《论持久战》中重申了关于人类历史三个时代的划分，而且坚持第三个时代“永久和平”即将实现。这个文本的大部分内容，在1949年后的官方文本中被删除：

> 中国抗日战争的持久性与争取中国及世界的永久和平，是不能分离的。没有任何一个历史时期像今天一样，战争是接近于永久和平的。几十万年的人类生活已经过去了两个时代——人类的和平生活时代与人类的战争生活时代。[59]

与何休的构想相比，毛泽东的“三时代”理论没能体现社会从第一个时代到第三个时代的不断发展进步。然而，根据毛泽东的设想，第一个时代到第二个时代的更替必然会伴随着社会本质的巨大变化——曾经具有鲜明和平特征的时代将给战争让路。这种更替并不代表进步，相反，这标志着历史的倒退，人类摒弃和平，退回到无休止的、可怕的战争时代。

毛泽东在《论持久战》中运用马克思主义的构想来解释这种倒退，指出第一个和平时代其实是马克思主义分期的第一个阶段，即原始社会。在这延续了数十万年的第一个时代，人类生活在一种原始的氏族社会，没有阶级的共产主义社会。由于这个时代的生产“极为贫乏”，唯一的战争便是“向着自然作战”[60]。这种社会没有阶级，博大的“人类之爱”便成为
可能。[61]大约五千年前[62]，随着生产力的发展与社会阶级的出现，原始的 132
共产主义社会开始瓦解，人类社会被迫进入以战争为特征的第二个历史时代。[63]遗憾的是，毛泽东并没有扩展这些因素的内涵，而忽略了原始社会

内部蕴含着推动生产力发展与而后出现的对抗社会阶级的动力。然而，我们从他对这种更替粗略的描述中仍然可以发现，他认为这是一种从和平社会到战争主导的社会的骤然而剧烈的转变。

毛泽东认为，第一个和平时代与原始社会吻合，第二个战争时代包括马克思主义分期的几个阶段。在中国，第一个阶段是奴隶社会，奴隶主阶级产生，历史上第一次他们有闲暇时间研究哲学思想的抽象形式。[64]然而，由于奴隶主阶级促进了生产力的发展[65]，周朝开始经历奴隶社会到封建社会的更替。中国社会在转变中“停顿起来”[66]。在封建时期，经济、政治和文化的发展仍然迟缓甚至停滞。[67]这种迟缓甚至可以忽略的原因在于，“由于地主阶级这样残酷的剥削和压迫所造成的农民的极端穷苦和落后”[68]。由此，农民不断起义反抗，甚至有些起义推翻了一些王朝。然而，王朝的更替并没有针对现有的社会经济体系提出切实可行的新方案，而只是旧的封建制度的延续。农民的起义虽然无法引入进步的生产方式，但毛泽东仍称之为“中国历史进化的真正动力”[69]。概言之，在毛泽东看来，封建时代是中国社会很长的一段停滞期，渴求一种新的生产方式，却没有出现，究其原因，在于没有新的生产力与新的生产方式，没有新的阶级力量，没有先进的政党。[70]如此长期的封建停滞期，更使毛泽东倾向于把阶级社会的历史看作一个长期的低谷期，社会没有实质的发展，战争是主导这一时期的主题。

《中国革命和中国共产党》的原稿并没有揭示封建停滞期蕴含着新的
133 生产方式的胚胎即资本主义，并终将取代封建主义。相反，清王朝时期，西方帝国主义形式下的外国资本主义却引发了变革的开始，并最终导致传统封建经济的瓦解，出现新的经济政治形式以取代封建主义。此时，毛泽东可能还没有明确地把“亚洲式生产方式”这一概念运用到中国的国情中，事实上也没有文本证据表明他对于“帝国主义是引发中国社会结构质的变化的催化剂”的说法有更深入的看法。正如施拉姆所言，毛泽东随后对“中国封建经济本质上缺乏自发性的发展”进行了重新检讨[71]，1939年的文本又加了一句：“中国封建社会内的商品经济的发展，已经孕育着资本主义的萌芽，如果没有外国资本主义的影响，中国也将缓慢地发展到资本主义社会。”[72]延安时期，毛泽东认为帝国主义的入侵与逐步渗透成为中国后来社会变革的动力和工具；他认为“1840年西方帝国主义的入侵，标志着中国进入了一个新纪元”，便是有力的事实证明。

毛泽东对于历史分期的另一种划分——一种源于中国传统的三分法——把整个近代时期直至延安时期都划入第二个战争时代，大量的历史阐述更强化了毛泽东的信念，“自 1840 年以来，战争是中国社会的主要特征”。然而，马克思主义分期（理论）看来在近代时期却呈现了某种困境：中国既不是一个预示着会向社会主义转变的资本主义工业化社会，也不是一个完全的封建社会。那么，中国与马克思主义的历史方案的结合点在何处呢？在马克思主义“五阶段”的目的论框架里，时间定位对于未来又有什么预示呢？毛泽东运用生产方式对立统一的解释方式，对中国这种经济极度不平衡的社会困境做出了回应。[73]虽然在半封建半殖民社会，封建主义仍占统治地位，但在中国社会构成因素中已经存在很多其他的生产方式：买办资本主义、民族资本主义，甚至社会主义。通过把自 1840 年后的中国历史整合进列宁主义的“资产阶级民主革命”的范畴，毛泽东解决了这种经济复杂性的问题。反帝反封建是这一历史时期的基本特征。 134

在他的马克思主义分期理论中，毛泽东采用的认定“资产阶级民主革命”这一时期的标准，与界定其他历史时期的标准是不一样的。在其他历史时期，生产方式的所有权是主导标准。然而，由于“资产阶级民主革命”时期的所有权类型不易区分，毛泽东采用革命对象（帝国主义和中国封建主义）作为主要的标准，以区分和界定这一特殊时期。当然，毛泽东的分析并没有摒弃所有权因素，但是和他的中国历史分期的标准还是存在一些不一致，这种不一致在很大程度上是近代中国社会日益增多的四分五裂、不稳定特征的结果。

毛泽东认为，资产阶级民主革命分为截然不同的两个阶段，五四运动便是这两个阶段的分水岭。从 1840 年到 1919 年，中国革命由资产阶级领导，在旧民主主义革命（毛泽东定义的术语）阶段，军事斗争如太平天国起义、1911 年革命，都伴随着文化交锋的斗争，尤其是教育；五四运动的爆发，“资产阶级民主革命”的领导权从资产阶级转移到工人阶级和他们的领导者中国共产党。旧民主主义革命向新民主主义革命的转变是国内国际形势变化的结果，尤其是第一次世界大战及其对国内的影响，还有俄国 1917 年革命。这些事件（尤其是中国共产党的出现）释放的种种力量标志着革命新的阶段的到来。正如毛泽东在《新民主主义论》中指出的，

"革命亦有新旧之分，在某一历史时期是新的东西，在另一历史时期就变为旧的了。在中国资产阶级民主革命的一百年中，分为前八十年和后二十年两个大段落……各有一个基本的带历史性质的特点"[74]。

随着1919年五四运动领导权的转变，"资产阶级民主革命"进入"新民主主义革命"阶段。从那时起，毛泽东便密切地参与到中国革命中来，
135 并亲身见证了中国共产党政策频繁、重大的变化。回顾1940年中国共产党取得有利地位前，毛泽东把新民主主义时期分为四个不同的阶段，1919—1921年、1921—1927年、1927—1936年、1936—1940年，各个阶段都根据不断变化的战略战术和中国共产党的命运而定义。[75]毛泽东对新民主主义时期建立如此细致的分期，主要是缘于适应快速变化的政治现实与制定政策所需要的敏感度；一个特殊历史时期的鲜明特征变化可能很大，之前适应的政策也应被全面重新制定。政治环境的重大变化（如1927年早期的事件）和党的政策的快速变化足以终结一个历史阶段而催生另一个历史阶段。由于要准确界定各个特殊历史时期或阶段特征的迫切政治需求，毛泽东反对那种在中国传统编史中超越时空的倾向。每一历史时期或阶段都有它自身的"特点"[76]，正是由于这些特征，我们才能从时间上区分不同的时期和阶段。毛泽东在1938年说道："中国方面呢？它已经不能和别的任何历史时期相比较。"[77]

显而易见，毛泽东把历史的"经过"分为非连续性的时代、时期和阶段，它们的特征需要贴切的定义，它们之间的划分需要细致的标准。他坚信，混淆历史分期只会导致错误的政治和军事战略。在这种意义上，毛泽东对于历史分期的敏感性，与他坚持党的政策应当建立在充分理解各个阶段面临的"实际情况"的基础之上，是非常吻合的。在这一点上，毛泽东在延安时期的理论有一条明显的实用主义的脉络。再者，为夺取抗日战争长期斗争的胜利，需要耐心，而获得耐心又需要坚定的信念。的确，他的耐心和实用主义表明他是一个不为乌托邦式的遐想所动摇的领袖，一个渴望和平、和谐、物质充裕和平等世界"美好愿景"的领袖。[78]在延安时期，毛泽东的著作中充满很强的实用主义主题，与之并列的主题便是这种愿景，作为对当时危急现实的政治回应，明显带有很强的未来导向性色彩。毛泽东的历史感着眼于未来，未来的实现至少部分取决于以公正解读过去和现在为基础的现实政治斗争。[79]

历史性未来：永久和平时代，共产主义时代

136

鉴于毛泽东在延安时期的实用主义倾向，让我们有点意外的发现是，他的著作中还提及大量关于来世论范畴的未来。毛泽东认为，未来是有形的且必将实现。1938 年，他曾提及抗日战争的时代是“中华民族历史上最进步的时期”，正因如此，“未来光明世界”[80]也即将到来。鉴于当时毫无希望的政治和军事形势，保持如此乐观真是令人称奇。这种保持乐观的自信从两大知识传统汲取灵感，而这两大知识传统都包含着对于未来的乌托邦愿景。作为中国传统之一的乌托邦主题，在毛泽东看来，揭示了第三个时代即永久和平时代很快实现的可能性。毛泽东认为，社会已处于第二个时代即战争时代和永久和平时代之间的“焦点”。[81]对于即将从第二个战争时代解放出来的确定性，也体现在毛泽东其他的实用主义哲学随笔如《实践论》（1937）中：

> 这种根据科学认识而定下来的改造世界的实践过程，在世界、在中国均已到达了一个历史的时节——自有历史以来未曾有过的重大时节，这就是整个儿地推翻世界和中国的黑暗面，把它们转变过来成为前所未有的光明世界。[82]

战争引起社会剧变和混乱，这一时期出现这种来世论思想非常典型，这也将是人类迎来千禧之年的前一历史阶段。最后的阶段将会充满更大的混乱和剧变，代表最后的考验，信徒必须传递净化之火，新时代才能到来。在毛泽东的著作中，来世论的思想也非常明显，他在 1936 年预言，“我们所进行的战争，毫无疑义地是属于最后战争的一部分。但是我们所面临的战争，毫无疑义又是最大的和最残酷的战争的一部分”[83]。毛泽东断言，永久和平时代之前的暴力战争是激烈的，这是必然的，但他也向自己和他的追随者承诺，未来将会补偿现在的苦难，这也是促使他们斗争的动力所在。

1938 年，毛泽东在延安窑洞撰写《论持久战》。这篇著作是指导全国抗战的纲领性文献。

当我们探究第三个时代的特征时，毛泽东的来世论思想与他进行分期
137 时所包含的永久和平时代之间的关系，便变得显而易见。毛泽东更注重运用中国传统的乌托邦主题来描述它的特征，这散见于他提及未来（假设即将到来）黄金时代的参考文献中。首先，最重要的特征是和平，这种和平不是暂时的而是永久的。毛泽东在《论持久战》（1938）中用充满热情的来世论话语，谈及这个永久和平的时代：

> 人类一经消灭了资本主义，便到达永久和平的时代，那时候便再也不要战争了。那时将不要军队，也不要兵船，不要军用飞机，也不要毒气。从此以后，人类将亿万斯年看不见战争。[84]

毛泽东在同一篇文章的其他部分也强调，和平时代指日可待："永久和平和永久光明的新世界，已经鲜明地摆在我们的前面"[85]。他吸取中国"太平"千禧之年信条，对未来和平时代进行了刻画和描绘。如我们所见，这正好与何休《春秋公羊传解诂》关于第三世的再解读相关联。传统的乌托邦思想和毛泽东"三时代"中来世论的知识源泉都建立在康有为使之普遍化的"大同"社会概念的基础上，康有为运用传统的乌托邦主题，并将其糅入和平、大同社会的愿景中。事实上，毛泽东把"大同"描绘成共产主义运动的基本目标。1937 年，在回答艾格尼丝·史沫特莱（Agnes Smedley）的问题时，毛泽东指出，"中国共产党人是国际主义者，他们主张世界大同运动……只有中国的独立解放，才有可能去参加世界的大同运动"[86]。

永久和平与和谐代表人类历史第三时代的基本特征。毛泽东并没有把第三时代的特征局限于此；但不管他提出多么深入的看法，都是以马克思主义无阶级的共产主义社会为前提的。这体现出毛泽东对于历史和未来的两个重要方面的认识。其一，他的未来概念显然有个悬而未解的困惑，即第三时代与马克思主义分期中社会主义和共产主义阶段的界限问题。毛泽
138 东认为，和平时代即将到来，但这并不能完全把它与共产主义社会等同，因此，他强调总体上共产主义会在将来合适的时候实现。例如，在《新民主主义论》中，他强调实现社会主义（更别提共产主义）是中国共产党的最大目标，但只有当实际条件满足时，才能实现。[87]毛泽东曾多次表达并急于预测和平时代即将实现，认为抗日战争的胜利是战争时代和和平时代的分界线。他的确在一个场合曾预测战争将会在"不远的将来"[88]被消

灭，而在另一个场合又预测 1945 年 4 月 25 日在旧金山召开的联合国大会将会是“和平的起点”[89]。

要区分毛泽东对未来的历史观中的这两部分是不可能的，而只能揭示这种矛盾。因为这两种时序表在毛泽东思想中是不能完全分离的，两者会有重合部分；分开界定是可能的，但是界定后两者却变得非常模糊。马克思主义认为，阶级是联系这些时间表的因素。所有社会的弊病，如剥削、压迫、对抗，都可以归因于阶级。然而，以阶级为媒介来进行历史分期的问题也很明显：我们对共产主义社会特征的预测是在阶级消灭之前，而共产主义社会是不会立即实现的；和平时代的大部分特征也是以阶级的消灭为条件的，但和平时代是即将实现的。因此，和平时代看似至少包含马克思主义分期理论有关社会主义和共产主义的某些特征；当然，这会让我们对社会主义社会的地位和特征产生困惑，因为它已表明社会主义社会本身就是无阶级的，而这些并不为正统马克思主义理论所赞同。马克思主义理论认为，社会主义是一个资本主义到共产主义的过渡阶段，在此阶段，阶级和阶级斗争将会消亡。然而，情况是这样的，毛泽东不相信社会主义社会无阶级，似乎这也是由于他对两种历史分期理论的界限不能清晰界定而产生的困惑。

其二，毛泽东坚信，阶级的消灭对于实现和平时代和未来共产主义社会是必要的，毛泽东借鉴列宁有关“国家灭亡”不可避免的逻辑来阐释：由于阶级的消亡，未来共产主义社会或永久和平时代也将会消除很多负面 139
的社会现象，包括由于阶级而产生的战争。[90]这种推理形式——一种本杰明·史华慈所称的“假设式乌托邦主义”——使得毛泽东很自信地宣称了阶级社会的所有不利后果的消亡。[91]当我们审视毛泽东赋予未来社会的具体特征时，这会变得非常明显，他的功利主义方法就是一个很好的例证。在延安文艺座谈会（1942）上，毛泽东提及，“世界上没有什么超功利主义，在阶级社会里，不是这一阶级的功利主义，就是那一阶级的功利主义。我们是无产阶级的革命的功利主义者，我们是以占全人口百分之九十以上的最广大群众的目前利益和将来利益的统一为出发点的”[92]。1943 年，在给彭德怀的回信中，他又否定了阶级社会中存在真正的功利主义的可能性。在这封信中，毛泽东批评了彭德怀在《关于民主教育的谈话》中提出的把“己所不欲，勿施于人”（《论语》）的孔夫子信条作为政治口号的主张。他并没有含糊其辞，因为在阶级继续存在的条件下，孔夫子式的功利主义非常不合时宜：

> 在政治上提出“己所不欲，勿施于人”的口号是不适当的，现在的任务是用战争及其他政治手段打倒敌人，现在的社会基础是商品经济，这二者都是所谓己所不欲，要施于人。只有在阶级消灭后，才能实现己所不欲，勿施于人的原则，消灭战争、政治压迫与经济剥削。[93]

由于阶级等级仍然存在，不管是社会还是个人层面，对功利主义的考量都有必要服从阶级利益。毛泽东急于运用对立原则来创造一个真正（即无阶级的）功利主义可行的社会——毛泽东曾在1941年引用朱熹的话说道：“我党的方针便是‘即以其人之道，还治其人之身’，以打对打，以拉对拉”[94]。

阶级消灭之后，未来社会的相关特征才可能是“整个的人类之爱”。在延安文艺座谈会上，毛泽东批判了那种把社会分为许多阶级的观点，因为这种原则根本无法适用：

> 至于所谓“人类之爱”，自从人类分化成为阶级以后，就没有过这种统一的爱……真正的人类之爱是会有的，那是在全世界消灭了阶级之后。阶级使社会分化为许多对立体，阶级消灭后，那时就有了整
> 140 个的人类之爱，但是现在还没有。[95]

正如每个人都向往的充满统一的人类之爱的社会，未来共产主义社会将会永久和平，将会是“全人类最美满最愉快最幸福的社会”[96]。毛泽东在其他场合也指出，“幸福”是这种社会的特征之一。[97]共产主义社会也将通过“合理性”区别于以前所有的社会：“共产主义是无产阶级的整个思想体系，同时又是一种新的社会制度。这种思想体系和社会制度，是区别于任何别的思想体系和任何别的社会制度的，是自有人类历史以来，最完全最进步最革命最合理的。”[98]

从毛泽东关于和平以及共产主义未来时代的论述中可以看出，他的愿景深深地被中国的乌托邦传统反映的主题所影响，未来的社会将会充满和平、和谐、人类之爱、幸福，人类的行为将被源于真正无阶级的功利主义的互惠原则[99]所主导。马克思主义对毛泽东乌托邦社会的设想的影响，

最明显的就是它的无阶级性。如我已指明的，正是毛泽东思想中关于阶级和阶级斗争的集中性，使得两个截然不同的历史分期得以同时存在，因为最终还是阶级的存在与否决定人类是处于战争还是和平时代。真正永久的和平，只有在没有阶级对立的情况下才是可能的。难怪毛泽东把人类历史上战争的开始作为原始社会中阶级等级出现的标志，也难怪他把马克思主义分期中阶级社会的几个阶段纳入到战争时代。阶级为人所厌恶，是造成所有社会罪恶和战争的根源，尤其在延安时期，战争是最具毁灭性的。

不言而喻，消灭阶级对毛泽东预言未来是意义非凡的，而这正是源于马克思主义。同样，认为中国将会成为一个工业化和现代化国家，也是源于马克思主义，因为在中国传统思想中，根本就没有这种未来的概念。毛泽东坚信中国将会从农业国变为工业国，大规模的工业将会占据经济的绝对统治地位。未来的中国不但会有强大的、独立的工业，而且会有大量的 141
现代化大城市，为了实现这些目标必然“就要有一个变农村人口为城市人口的长过程”[100]。由于对中国未来现代化的信心，他更加确信，总体上中国未来的社会不会是一个完全没有被现代工业影响的农村田园式社会——如果人们考虑到毛泽东所提及的未来概念中和平、和谐的重要性，则或许会产生这种印象。然而，想想他致力于实现中国工业化和现代化的决心，这种解释就可以排除。这种解释同样也低估了他作为农民革命者的洞察力（见第四章）。

很有趣的是，在毛泽东对于未来社会特征的描绘中没有个人自由。延安时期的任何文本都未提及共产主义时代或者和平时代将会强化个人自由的可能性。参考马克思传统文本中类似的缺失，毛泽东的这种缺失无法解释。因为马克思著作关于未来的描述有很强的自由主题，列宁也认为，不受国家压迫的自由是共产主义最高阶段的重要特征之一，但毛泽东对此未作说明。根源于早期对中国马克思主义的敌对，以及之后对西方伪装下的自由主义的敌对，毛泽东认为，那些可怕的自由主义者诸如梁启超、胡适等，所倡导的自由主义是一种误导性的意识形态，尤其是妄图通过非暴力的改良方式实现社会变革。再者，作为对阶级社会普遍受压迫的特征的回应，仅仅关注权利和个人自由的民主主义是远远不够的。毛泽东在《反对自由主义》（1937）中明确指出，自由主义是与无原则的妥协、自私、自大和个体不愿服从集体需要相联系的。简而言之，自由主义的根源“在于小资产阶级的自私自利性，以个人利益放在第一位，革命利益放在第二位”[101]。

因此，毛泽东在延安时期对未来的愿景是一种混合体，一种基于马克思主义的历史预言和分期与中国传统思想中乌托邦主题的文化混合物。毛泽东称，他的历史乐观主义源于马克思主义的“科学”，而永久和平的时代显然源于中国。延安时期混乱暴力的战争形势点燃了他对永久和平时代
142 即将实现的热情，也正是在这种形势下，产生了一个美好世界的来世论愿景。

延安时期的战争形势是毛泽东来世论愿景产生的重要因素，在他1949年后的著作修订版中，当论及人类历史永久和平时代的命运时，他更进一步强调了该愿景。在《毛泽东选集》的官方文本中，来世论主题并没有完全消失，但对“三时代”分期的详细描述已被删除，即将实现永久和平的可能性也被删除。针对这些删除，有几种解释。其一，“三时代”概念过于本土化，与公认的马克思主义分期混合（正如我们所见），对于划定时间的界限非常困难。其二，毛泽东运用的“三时代”时序表划分方式，解读可以多种多样，但却无进步、辩证可言，他对于历史上第一个时期原始共产主义的追溯反思，很可能被解释为对人类已丧失的天真的怀恋。随着对立阶级的产生，人类进入战争时代，战争似乎导致了历史的倒退，战争时代的历史是介于第一和第三时代之间长期的、暴力的裂痕。第三时代的价值包括永久和平，在很多方面将会和第一时代的相同；这似乎是隔代遗传的预言，从辉煌的过去到渴望的将来，这不禁让人想起中国传统中对上古大治的怀念倾向。例如，在官方修订的《论持久战》的文本中说道，只有消灭了资本主义，才能实现永久和平。[102]《中国革命战争的战略问题》（1936）强调，国家和阶级的消亡是实现人类历史新时代所必需的：“人类社会进步到消灭了阶级，消灭了国家，到了那时，什么战争也没有了，反革命战争没有了，革命战争也没有了，非正义战争没有了，正义战争也没有了，这就是人类的永久和平的时代。”[103]

143

政治和构想：未来对现在的影响

毛泽东在延安时期的著作具有历史乐观主义和来世论主题的特征，然

而考虑到当时在每次战役或每个阶段都不断取得优势，看起来这两者之间似乎又有点矛盾。这些主题，有的是不切实际的乌托邦主义，有的是实事求是的实用主义，都存在于他的思想中。[104]毛泽东并未察觉其中的矛盾，并非常自信历史性未来必将实现，而且自身也坚定地投身于实现该目标的政治实践中。毫无疑问，毛泽东的思想与正统马克思主义有一些矛盾之处，他乐于分享并解决和马克思主义传统的其他信仰者之间的这些矛盾，这就类似于历史决定未来理论与奥古斯丁历史哲学中的自由意志相矛盾，促使追随者为实现自身的目标而斗争。[105]如果特定的未来已被历史所决定，那么为何还需斗争去实现它呢？[106]

毛泽东对马克思主义提出的历史目标有种超然的自信；这种自信并没有导致他洋洋自得、无所作为，即使有的话，也是促使他参加革命活动。那么，如何解释乌托邦主义和实用主义的对立呢？第一，毛泽东有时运用（允许部分文化变异）“历史的火车头”进行类比，这在马克思主义传统中也常见，即把历史比作火车头，而由铁轨决定火车的目的地。人类最多只能在预定的轨道上控制火车行驶的快慢，什么也阻挡不了它最终到达目的地。革命的作用在于热情的工程师给火车添加燃料，加快行驶的进程。在《实践论》中，毛泽东用类比批判了那些革命队伍中的顽固分子：

> 这些人看不出矛盾的斗争已将客观过程推向前进了，而他们的认识仍然停止在旧阶段。一切顽固党的思想都有这样的特征。他们的思想离开了社会的实践，他们不能站在社会车轮的前头充任向导的工作，他们只知跟在车子后面怨恨车子走得太快了，企图把它向后拉，开倒车。[107]

毛泽东在1937年的一次演讲中也提出了相似的类比：“为什么提出 144
‘巩固和平’、‘争取民主’、‘实现抗战’这样三位一体的口号？为的是把我们的革命车轮推进一步，为的是情况已经允许我们进一步了。”[108]同样，毛泽东在《论联合政府》（1945）中说道，随着世界人民的思想觉悟的提高，他们的力量注定将增强，团结成为客观因素，“这就规定了世界历史车轮所要走向的目标和到此目标所要选取的道路”[109]。

毛泽东运用“历史的火车头”这种风格的类比，很容易给人留下只要采取正确的政治行动并沿着预定的路线，就能加快历史“客观进程”步伐的印象。对于历史进程的看法，他运用“历史的火车头”进行类比，显然和他在延安时期的其他评论是协调的。例如，他在《论联合政府》中断言，“历史的总趋向已经确定，不能改变了”[110]。毛泽东支持建立联合政府，在同一篇文章中，他又说道，这种政治体制是不可避免的：“不管国民党人或任何其他党派、集团和个人如何设想，愿意或不愿意，自觉或不自觉，中国只能走这条路。这是一个历史法则，是一个必然的、不可避免的趋势，任何力量，都是扭转不过来的。”[111]在 1939 年 5 月五四运动 20 周年纪念会上的讲演中，毛泽东再次提及，目标实现和历史进程的必然性的观点：“若问一个共产主义者为什么要首先为了实现资产阶级民主主义的社会制度而斗争，然后再去实现社会主义的社会制度，那答复是：走历史必由之路。”[112]因此，我们有充分的证据证明，毛泽东在延安时期认为，永久和平时代的共产主义社会是历史发展的必经阶段。然而，他并没有幻想预定目标实现的历史进程会是连续不断，不会遇到任何挫折的。他在 1945 年断言，历史是“走着曲折道路的”[113]。武装斗争才能实现政治目标，没有比这表现得更为明显的曲折历史道路了。毛泽东在《论持久战》（1938）中论及战争的特征：“事物是往返曲折的，不是径情直遂的，战争
145 也是一样……”[114]他也坦言，历史也可能出现暂时的倒退。在 1937 年的一次演讲中他又一次提出倒退是明显可能的，“历史暂时地走回头路是可能的，和平发生波折是可能的”[115]。然而，历史道路已经确定，挫折只是暂时的：“一时的后退现象，不能代替总的历史规律。”[116]

这些文本证据的出现不禁让我们对经常遇到的假设产生怀疑：毛泽东是否摒弃了正统马克思主义的历史决定论呢？正如我们所知，在毛泽东看来，历史是一个“客观的过程”，沿着“不可避免的道路”，顺应“无法阻挡的潮流”而前行。然而，毛泽东还是继承了马克思主义关于目的论和历史决定论的某个部分（见第九章），至少在延安时期，这种信念可以与当时强调政治行动共存，他认为政治只是一种加速实现历史目标的手段。至少在毛泽东考虑到的范围内，愿景与政治、与对历史决定论的倡导和对政治行动的推崇，没有矛盾。

第二，毛泽东思想的历史决定论和对当前政治斗争的密切关注可以共存，也可以通过引用历史目标在构建政治和军事战略战术中提供一致性、合理性和方向性的作用来解释。没有历史目标，缺乏一时的指引和长期的目标，当前的活动就会不可避免地陷入无序。很显然毛泽东也赞成这种说

法。在1937年的一次演讲中，他清楚地说道，历史目标指引方向，并联结当前的斗争："我们是为着社会主义而斗争……现在的努力是朝着将来的大目标的，失掉这个大目标，就不是共产党员了。然而放松今日的努力，也就不是共产党员。"[117]在长期目标的指引下制定当前战略的必要性，毛泽东在《中国革命战争的战略问题》（1936）中也叙述得很清楚：

> 那种走一步看一步的指导方式，对于政治是不利的，对于战争也是不利的。走一步应该看那一步的具体变化，据此以修改或发展自己战略战役计划，不这样做，就会弄出冒险直冲的错误。然而贯通全战略阶段乃至几个战略阶段的、大体上想通了的、一个长时期的方针，是决不可少的。[118]

因此，政治和军事战争的胜利不仅取决于现在暂时的、有限的、危急 146
的需要，而且还取决于坚信只要成功贯彻，最终目标就会越来越近的信念。显然，对现在与将来之间关系的论述，毛泽东借鉴了列宁主义最低纲领和最高纲领的区分。最低纲领完成当前历史阶段的任务，根据当前形势的客观限制阐释目前可以实现什么。尽管最低纲领与长期历史目标相差甚远（最高纲领中描述的任务），但这是合理的，它的实现有助于推动社会向这些目标迈进。毛泽东在《新民主主义论》中使用这种区分来强化他的论点，指出中国实现共产主义的客观条件还没有具备，因此，新民主主义革命的最低纲领还是必要的："谁人不知，关于社会制度的主张，共产党是有现在的纲领和将来的纲领，或最低纲领和最高纲领两部分的。在现在，新民主主义，在将来，社会主义，这是有机构成的两部分，而为整个共产主义思想体系所指导的。"[119]毛泽东在同一篇文章中又断言："于最低纲领之外，还有一个最高纲领，即实现社会主义和共产主义社会制度的纲领。"[120]同样，他也在《论联合政府》中使用这种区分来论证不断向共产主义前进的合理性："上述一切，就是我们共产党人在现阶段上，在整个资产阶级民主革命的阶段上所主张的一般纲领，或基本纲领。对于我们的社会主义和共产主义制度的将来纲领或最高纲领说来，这是我们的最低纲领。"[121]

我们已经注意到，毛泽东称历史的"客观过程"是沿着"不可避免的"目标，顺应"不可阻挡的潮流"的。那么，他是否认为他提出的政治行动方案和中国共产党是历史的"客观过程"不可或缺的组成部分呢？根据他在《新民主主义论》中对历史因果关系的论述，政治虽然取决于“经济”的影响，但仍属于社会基础（根据）、社会生产力的领域。在同一篇文章中，毛泽东把“政治”看作“经济的集中表现”。这个“根据”的发展决定历史和社会的方向和最终目标（详细分析见第六章）。[122]这个“根据”中的政治包括政治团体和政治运动，这些都是推进历史进步和影响其
147 发展速度的原因。正因如此，毛泽东没有把政治团体和政治运动看作外部因素，或游离于历史的“客观进程”，而仅仅充当外部的任意起搏器；它们是推动社会发展的具有因果关系、不可或缺的动力。很好的一个例证就是，毛泽东认为，中国革命没有退到传统的隔代遗传的农民起义，一个重要的因素就是无产阶级的政治领导者和领导农民阶级的中国共产党。[123]中国封建时期处于长期的停滞期，主要的因素就是没有政党的领导。[124]在他看来，工业无产阶级的出现以及代表他们利益的政党的建立，对中国社会“根据”的发展具有重大的历史意义。尽管无产阶级数量很小，但“根据”的发展实则足以确保中国的革命已具有现代的特征，并有能力为建立共产主义社会打下基础（见第四章）。

对于历史的衍变和历史目标的实现而言，政治是一个非常重要的因素。然而，政治不会脱离其他历史推动因素，在社会“根据”（生产力和生产关系）的“经济”范畴内自发发挥作用。相反，“政治”能否有效地加速历史进程，受到“经济”领域的制约；而“经济”领域的进一步发展，也取决于政治领域的发展。在社会“根据”内，这种互相依存性表明了政治团体和政治运动的重要性，也表明依存性导致的客观限制。在该框架的指引下，毛泽东在延安时期着手探究最高政治运动的可能性，并非常留心以防贸然脱离客观环境的制约。但是，在探究“政治”潜能的可能性以实现短期的历史目标时，毛泽东总是非常自信地把“不可避免的”长期历史目标的实现作为前提。他在《论持久战》中断言，人类潜在的联合“政治”运动与其他必要的社会和经济因素一起，构成了实现“永久和平和永久光明的新世界”的历史前提。[125]政治领域外的历史因素描绘了这种未来的确定性，而在政治领域内部本身，根据对客观环境的正确解读而采
148 取措施，也必将有助于加速未来的实现。因此，毛泽东的历史乐观主义反映了他自己有能力在政治领域内传递福祉的自信，一种对未来确定无疑的自信，而后也被抗日战争的胜利和随后内战（1945—1949）的胜利所证实。

结论

人们普遍认为，最能体现毛泽东实用主义的是抗日战争时期，而“乌托邦主义”则是他在其他政治生涯时期思想和行动的特征，尤其从20世纪50年代后期开始。大量事实表明，他在抗日战争时期严格要求自己公正地依据政治和军事形势的“现实”，而不能超过客观需要的限制，这段时期，鲜明的实用主义的结果就是胜利。这些叙述中确实有真实的一面，但却具有误导性，因为它们忽略了非常重要的乌托邦主题，而这正是毛泽东思想中与实用主义趋势共存的重要主题。这些看似矛盾的主题之间存在着看似紧张的关系，而实则不然。正如我们所见，毛泽东的乌托邦主义为其实用主义提供了一致性和方向。因此，分析的问题就变成一个如何从辩证法的角度看待毛泽东思想中这些明显矛盾的主题，一个如何看待现在与将来、宿命论和激进主义的必要关系的问题。正如格奥尔格·卢卡奇用马克思主义理论讨论这个问题时指出的，“只是从非辩证的和非历史的观点来看，宿命论和唯意志论才是相互矛盾的。从辩证的历史观来看，宿命论和唯意志论只是两个必然的相互补充的对立面”[126]。

辩证法坚持变化是绝对的。我在本章开头就说，对于毛泽东思想渊源的争论，只有承认它们不是永恒不变的，才有意义。有时候马克思主义和中国传统同时发挥重大作用，有时候其中之一会占据主导位置。这也表明以主题为基础审视毛泽东思想非常有必要。这是由于他的思想知识谱系是因主题而异地构成的混合体。关于历史时间和未来，文献中的证据已表明，毛泽东在延安时期同时根据马克思主义和中国传统来构建历史的双重分期。它的一个明显很重要的影响就是，出现了包含未来永久和平时代的“三时代”这一中国乌托邦概念。同样，正统马克思主义的分期在很大程 149
度上基于生产方式分析方法，对毛泽东思想中的乌托邦思想的形成也很有裨益。这两个根本不可调和的时间框架的冲突最终在1949年后被解决了。马克思主义历史分期最终胜出，毛泽东的著作被汇编成《毛泽东选集》。

因此，除了对毛泽东思想渊源进行犀利简洁的归纳，对他的文本概念谱系做仔细的阐述，依据主题进行分析也是非常必要的一步。比起大多数关于毛泽东思想渊源的评论，根据主题进行分析的技巧对文本的理解更精细，更有逻辑，更能产生基于文本本身的解读。第九章将再次使用这种方法来解释20世纪50年代毛泽东思想中乌托邦主义的消退，以及其在60年代中期“文化大革命”初期的最终消亡。虽然毛泽东仍然坚持未来共产主义社会的可能性，但却不再坚持未来永久和平时代即将到来，这也说明传统中国的乌托邦主义在其思想中的剩余影响也消失了。

第六章

毛泽东思想中社会革新理论的马克思主义维度

基于对毛泽东三宗文献的研究（1937—1940）

马克思主义历史理论的中心问题已延伸至是经济影响政治、意识形 157
态，还是政治、意识形态影响经济的问题上了。在马克思主义的传统流派中，“机械论”或“庸俗马克思主义”是其中较为有影响的一支，它用“政治和意识形态的经济决定论”这一用语来阐释这一问题。也即用经济基础来代表一种不变的、起着决定性作用的领域，与此同时，把政治和意识形态领域仅仅看作反映经济基础变化的上层建筑。[1]从这一观点出发，意识形态构建和政治组织以及它们的实践都从属于关注的外围，因为它们不可能单独地产生历史的变化。这种马克思主义机械论的立场所暗含的消极的理论和实践寓意是多方面的。对于毛泽东这样一位专注于革命斗争的马克思主义者，一位谙熟上层建筑的还原论者，在把握本质问题方面可能尤其敏锐。毛泽东不仅评估了与他的革命力量相对抗的当时政府的力量和中国社会内部群体以及阶级意识状况，而且估计了其他政治组织能够施加政治影响的程度及其参与革命军队军事行动的可能性。因此，对上层建筑的作用和效用的正确评价成为当务之急。这就促使经济主义和还原论必须在理论上回应经济和政治、意识之间的关系。经济主义和还原论关于经济和政治、意识之间的关系，通常被作为正统理论的马克思主义机械论而提出。

研究毛泽东的学者们常断言，毛泽东要么与正统的马克思主义学说彻 158
底决裂，要么明显地与之相脱离，因为毛泽东强调上层建筑，并赋予人类意识在经济领域中深远的影响力。由此，毛泽东被归为唯意志论者、唯心主义者、乌托邦主义者，并因此被称为最异端的马克思主义者之一。斯图尔特·施拉姆[2]、本杰明·史华慈[3]、莫里斯·迈斯纳[4]、魏斐德[5]等人的著作都明确地作了这一解读。尽管很多激进的学者在 20 世纪 70 年代尽其最大的努力质疑这一解读（见第三章），但它依然在西方的毛泽东思想研究中占主导地位。在名为“现代中国”（该讨论会以杂志《现代中国》命名，这次讨论会的内容发表在该杂志中）的讨论中，理查德·普费弗[6]、安德鲁·魏昂德[7]既引证了经典的马克思主义的传统学说，又引证了新马克思主义的传统理论，他们论证了毛泽东和马克思之间的理论差距并不像在“中国领域”中表现得那么明显，并主张合法地将毛泽东思想置于马克思的理论体系。对此观点如果有什么疑义的话，那就是自毛泽东去世后，在中国发生的种种事件强化了一种常见的论述，即毛泽东非传统地解读了马克思主义的“经济基础和上层建筑的比喻说法”。普费弗和魏昂德把一种批判性的、更为灵活的诠释引入到西方对毛泽东研究的大胆尝试中，但在经济实用主义和理性主义的蓄意对抗下逐渐消失。经济实用主义和理性主义在 20 世纪 80 年代和 90 年代的中国和西方都占据着主导地位。[8]

然而，关于毛泽东思想及他对马克思主义的理解的至关重要的探索并没有消失。[9]重新反思毛泽东在何种方式上应用马克思主义理论的核心观点的一个重要的理由是，在 20 世纪 80 年代和 90 年代，在此之前大量不为人知的毛泽东的文本在中国被刊印出来。[10]很多文献在此之前只以中文的形式存在，而在过去的 20 年中英文版的文献也有了。[11]其中的一些文献表明，有必要重新评价那些关于毛泽东思想的种种经典解释。此外，一直保持着对毛泽东思想中关于马克思主义和社会变革的探讨，有助于加深我们自身对这些重大问题的理解。这些对毛泽东来说有着重大意义的问题，对我们也同样如此：经济、政治和意识形态在社会变革过程中有着怎样的作用？在社会变迁的不同阶段，导致社会变迁的原因是革命因素还是非革命因素？某种社会变迁的理论观点对一个政党或对一个国家的政策制定可能产生怎样的影响？作为一个革命党的领袖，毛泽东除了思忖这些或与之相关的问题，并在这些问题的基础上形成理论指导与相应的战略战术之外，别无选择。

159

在延安初期，毛泽东写的三篇文章被看作毛泽东进一步分析社会变革问题的初期阶段。那时，毛泽东一头扎进理解马克思主义哲学理论的尝试中，并运用研究的成果解决中国革命的问题。这些文章是《矛盾论》(1937)[12]、《论一党专政》(1938)[13]、《新民主主义论》(1940)[14]。在每一篇文献中，毛泽东都以不同的论述方式解读了社会变革以及造成社会变革的因果关系等问题。尽管正如我们所看到的，毛泽东尝试在正统马克思主义关于社会变革的理论中探寻政治、意识形态和文化的恰当作用，但是把这些看似毫不相关的观点联系起来的却是他一直以来所坚信的经济的最终决定作用。《矛盾论》中运用了经济基础和上层建筑的隐喻，这一隐喻清楚地包含了经济决定论的概念。不过，毛泽东采用的是马克思机械主义所能允许的、更为灵活和辩证的论述方式。构成上层建筑的政治、意识形态和文化因素被认为有能力在某个特定的历史时期对经济基础产生影响。但是，在《论一党专政》中，在被迫解释政治政党的起源以及它们的行为时，毛泽东依赖于僵化的唯物主义，用刻板的阶级分析法对政治领域进行了分析。然而，在《论一党专政》中涉及社会变革及其成因时，毛泽东形成了更为复杂和灵活的观点，即在保留了经济的最终决定性作用的同时，认为政治领域属于一个更高层次的、引发并推动社会变革的力量。显然，政治的历史性作用已经成为一个主要的理论和实践问题。这个问题促成了毛泽东早期观点的形成，即政治与文化和意识形态一样，在某种程度上具有有限的历史作用。

一篇篇的文献抑或是整个文集中显而易见的是，在马克思主义理论体系关于社会变革的理论中，毛泽东抓住了理论方面的张力和可行性，并试图寻找一种理论能让他理解中国环境中不同社会领域间动态的相互作用。一旦找到该理论，它的功能不仅可以作为毛泽东对中国未来看法的基石，而且可以作为制定推动社会变革的战略战术的指导思想。

《矛盾论》：经济基础与上层建筑

尽管 1949 年之前《矛盾论》的版本与修订后《毛泽东选集》中《矛
盾论》的官方版本有着很大的不同，但论述社会变革及其成因的两段话在 160
该文献的两个版本中是大致相同的。在这些段落里，毛泽东运用了传统马克思主义理论中的概念和范畴，但他采用的论述方式表明，他尝试让自己的观点与马克思主义机械论中关于政治和文化对社会变革毫无影响力的观点有所区别。在此引用的段落节选自1949年之前的版本，斜体字部分已从1949年后的官方版本中删除：

> *我把矛盾双方的主要方面和非主要方面都看作包括在了双方的相互变化之中。*
>
> 有人觉得有些矛盾并不是这样。例如，生产力和生产关系的矛盾，生产力是主要的；理论和实践的矛盾，实践是主要的；经济基础和上层建筑的矛盾，经济基础是主要的：它们的地位并不互相转化。*应该意识到在通常情况下，这是机械唯物论的见解，它们不会发生转化并且是绝对不变的事物；但是，在历史的特定情况下，它们的确会发生转化。*……生产力、实践、经济基础，一般地表现为主要的决定的作用，谁不承认这一点，谁就不是唯物论者。然而，生产关系、理论、上层建筑这些方面，在一定条件之下，又转过来表现其为主要的决定的作用，这也是必须承认的。当着不变更生产关系，生产力就不能发展的时候，生产关系的变更就起了主要的决定性的作用。……当着政治文化等等上层建筑阻碍着经济基础的发展的时候，对于政治上和文化上的革新就成为主要的决定的东西了。我们这样说，是否违反了唯物论呢？没有。因为我们承认总的历史发展中是物质的东西决定精神的东西……同时又承认而且必须承认精神的东西的反作用……。这不是违反唯物论，正是避免了机械唯物论，坚持了辩证唯物论。[15]

在《矛盾论》中，毛泽东反复谈到社会变革及造成变革的因果问题：

> 当马克思、恩格斯把这事物矛盾的法则应用到社会历史过程的研究的时候，他们看出生产力和生产关系之间的矛盾，看出剥削阶级和被剥削阶级之间的矛盾以及由于这些矛盾所产生的经济基础和政治及
> 161 思想等上层建筑之间的矛盾。[16]

毛泽东以马克思主义对社会变革理论的理解为基础，对这一问题做出了进一步的阐述。首先，毛泽东把一些社会范畴如生产力、生产关系、阶级斗争、经济基础和上层建筑看作有可能引发或影响社会变革的因素。其中，上层建筑由政治、文化和意识形态构成。其次，毛泽东主张，“在通

常情况下”，在生产力和生产关系的关系中，生产力是起决定性作用的。同样“在通常情况下”，在经济基础和上层建筑的关系中，经济基础是起决定性作用的。当然，这仅是传统的较为机械的马克思主义关于社会变革的观点。具有重要意义的是，毛泽东超越了传统观点的系统阐述方式，认为生产关系和上层建筑都可能对社会变革产生影响。毛泽东坚持主张，它们不能够被认为是生产力或经济基础的消极的反映。实际上，“在历史的特定情况下”，它们能够成为起“主要的决定的作用”的力量。

但是，毛泽东对上层建筑和生产关系具有“主要的决定的作用”这一特质的论述是慎重的。毛泽东清楚明确地指出，“在通常情况下”（毛泽东并没有明确说明是怎样的通常情况下，但假定是社会处于相对稳定的、逐渐变革的、非革命的状态下），上层建筑和生产关系不是起“主要的决定的作用”的力量；为了全面理解在通常情况下一个社会的属性和运作方式，必须考察社会基础和包括在经济基础之内的生产力发展水平，因为经济基础和生产力通常是重要的并且起决定作用的力量。此外，上层建筑与生产关系只有在某些历史时期，即当它们分别阻碍了经济基础和生产力的进一步发展时，才具有“主要的决定的作用”。在那些特定的历史时期，上层建筑和生产关系表现出双重的相互矛盾的功能：阻碍并推动变革。这种阻碍并推动变革的双重功能并非源自上层建筑和生产关系本身，而是来自通常被包含在矛盾之中的对立面即主要方面（经济基础和生产力）的发展。譬如，上层建筑内部出现了变革的力量是经济基础内部运动的结果。
在通常情况下，经济的发展带动上层建筑的变革。同时，经济基础对与上 162
层建筑的互动关系中所产生的结果起着支配作用。但是，毛泽东承认，上层建筑有逆向功能，它同样有阻碍经济发展的能力，在经济基础内部的发展远超出上层建筑内部变革的“历史的特定情况”下，上层建筑对社会变革有着重大意义。

毛泽东并没有表明，上层建筑是趋强的、导致社会变革的有效力量。正如许多评论家指出的，这是对那种在社会变革中一成不变地解读上层建筑的理论的转变。[17]但毛泽东坚信，对产生于经济内部的变革，上层建筑能够成为推动或阻碍这种变革的“主要的决定的”力量。上层建筑仅在“历史的特定情况下”才会成为起“主要的决定的作用”的力量，甚至是那些与上层建筑不相关的因素促使它逐渐有能力来决定社会变革进程的速度，而经济内部的变革力量在较小的程度上产生了解决矛盾的方式。毛泽东认为，经济基础和上层建筑之间的矛盾源自社会经济领域这一矛盾的主要方面，这一论断充实了关于对社会变革理论的论证，而这一论证可在《矛盾论》中找到。[18]在该文献中，毛泽东没有表现出该种意愿，即愿意接受上层建筑在其运作过程中能自主创造历史的内容，而是坚持认为经济基础仍是历史和社会变革的最终决定力量。但显然，毛泽东正在为社会变革寻找一种理论模式。在该理论模式中，上层建筑除了被动地反映经济基础之外，还有其他的作用。上层建筑通过阻碍或促进经济基础内部的变革拥有了对社会发展的影响力。借助于探讨这一问题，毛泽东表现出把历史起因理解为一种辩证过程的意愿。在这个辩证过程中，上层建筑对社会变革的影响力即便不能与经济基础的影响力相对等，至少经济基础对社会变革的影响力也不是独有的。

尝试赋予马克思主义社会变革理论一定的灵活性，这是毛泽东对理论关注的一种反映，即他以自己的方式全面理解“历史的特定情况”。毛泽东相信，20 世纪的中国就属于这种历史的特定情况。为了弄清楚中国的具体情况，一种理论不仅应该被包含在历史发展的普遍规则之中，而且还
163 应有助于分析和论证时下中国的特殊性。中国历史情况的复杂性，社会形态内部的多种生产方式，社会形态与生产方式之间互动作用的复杂混合，社会的激烈变化，外国势力对中国经济和政治的重大影响——这些都极大地阻碍了一种不受指责的社会变革理论的运用。在该理论中，社会的经济领域总是被看作因果关系中的主导力量。尽管经济基础仍然是最终的决定性因素，但对上层建筑释放出的历史影响力仍需要有敏感性。这种敏感性甚至需要到达这一地步：承认上层建筑有时起决定性作用。正如毛泽东所坚持主张的，在认同经济基础是最终决定性力量的基础上，承认经济基础和上层建筑之间的辩证关系并不与马克思主义唯物史观相矛盾，反而“正是避免了机械唯物论，坚持了辩证唯物论”[19]。

有观点认为，《矛盾论》中所阐述的立场仍然是坚持经济的最终决定作用，毛泽东在写作这一重要的文献时通过研读和诠释各种各样的苏维埃哲学著作，强化了该立场。《辩证法唯物论教程》一书讨论了马克思《资本论》中的社会变革理论，毛泽东在 1936 年 11 月至 1937 年 4 月阅读了该书，在一处批注中他写道，“生产力与生产关系这一基本矛盾可以折射

出生产社会化与生产资料资本主义私有制之间的矛盾。这一基本矛盾产生了其他所有的矛盾，因为这一矛盾决定了资本主义的发展”[20]。在该书的另一处批注中毛泽东又写道，“经济基础和上层建筑的矛盾，经济基础是主要的”[21]。此外，在《辩证唯物论与历史唯物论》的批注中，毛泽东写道：“物质生产是人类多彩斑斓社会的基础”[22]，“物质决定精神而不是精神决定物质”[23]。在毛泽东的哲学注解中可找到更多带有此种观点的例子。这些哲学注解，尤其是以当代苏维埃马克思主义的测量标准来看，表明了毛泽东关于社会变革的正统观点。[24]这使得《矛盾论》对社会变革及其原因的论证变得更加强有力，其意图并不在于反对马克思主义的社会变革理论中关于经济基础是最终决定性力量的观点。很明显，毛泽东认为，坚信经济基础的决定作用与承认上层建筑在“历史的特定情况”下对社会变革有影响作用是一致的。因此，毛泽东探寻着唯物史观中一个灵活的诠 164
释，但并不放弃马克思主义的社会变革理论中经济决定论的唯物主义前提，这让他在革命过程中能够应对大量的来自政治、意识形态和文化方面的挑战。

《论一党专政》：阶级与政治

与被很多人知悉的《矛盾论》相比，《论一党专政》在很大程度上被研究毛泽东的学者们忽略。造成这一状况的原因是这是一个采访，是1938年2月2日《新中华报》[25]的一位延安记者采访毛泽东的访谈录。因此，它没有著作者的参与，不像有着广泛影响力的哲学文献《矛盾论》那样具有理论权威。但《论一党专政》是试图确认并阐述毛泽东社会革新理论的重要文本。它非常清楚地表明，毛泽东所持的关于社会革新的观点是牢固地建立在马克思主义唯物主义的基石之上的。确实，《矛盾论》中的较为灵活、辩证的唯物主义观点在此被一种较为机械的、简化的方式所取代，用以尝试解释苏联、德国和意大利的政治制度的出现及其运作。为什么在这些相互对立的意识形态占主导地位的政治体系中，只有一个政党呢？毛泽东做了以下的回答。

苏联拥有一党专政的政体，是因为不存在除支持共产党以外的支持其他政党的“社会基础”，结果其他政党的存在既是不可能的，也是没必要的。法律禁止其他党派的存在也是没有必要的，因为经济朝着社会主义公有制形态的转化意味着俄国人民不再支持其他政党，其他政党已经被抛弃了。[26]毛泽东以赞赏的态度援引 1936 年斯大林的《关于苏联宪法草案》中的话来论证一党专政的理论合理性。在该草案中，斯大林主张：

> 党是阶级的一部分，是阶级的先进部分。几个党，也就是政党自由，只有在有利益敌对而不可调和的对抗阶级的社会里，譬如说，在有资本家和工人、有地主和农民、有富农和贫农等等的社会里，才会存在。可是，在苏联已经没有资本家、地主、富农等等阶级了。在苏联只有两个阶级，即工人和农民，这两个阶级的利益不仅不彼此敌对，相反地，是互相友爱的。所以，在苏联也就没有几个政党存在的基础，也就是说没有这些政党自由的基础。在苏联只有一个党，即共
> 165 产党存在的基础。[27]

因此，按照斯大林的说法，苏联渐强的凝聚力是以社会主义经济以及随之而来的“消除”阶级之间的差异为基础的，这导致了只有一个政党出现的情况。毛泽东不加批判地运用苏联一党专政的理论论证，建立了一种以此观点为基础的立场——政治领域的发展取决于社会基础的发展。很显然，毛泽东把阶级结构和所有制形式包括在了“社会基础”之中，而不是政治党派的概念之中。

当毛泽东把注意力转向希特勒的德国和墨索里尼的意大利时，他认为一党专政的原因是建立在同样的逻辑基础之上的。在这两个社会里，虽然经济基础是以引起一系列政党对抗的阶级分裂为特征的，但法西斯已尝试建立一党专政的政党体系。通过政治排斥，非法西斯政党的合法性地位被去除。然而源于社会根基内部的经济分裂实际上仍然是存在的，这可以通过国内外的这些政党所从事的反法西斯的活动来佐证。由此，尽管一党独裁存在于德国和意大利，但因为有其他政党的存在，所以它们并非是真正的一党制的国家。[28]

毛泽东在否定当前中国实施一党专政（一党专政指的是国民党）的可能性中准确地运用了相同的逻辑。[29]在中国，存在着很多不同经济、政治、意识形态利益的阶级。在这样的一个多元文化的社会形态和经济结构共存的社会背景里，不存在一党专政的“社会根基”。中国的政治体系中拥有一批不同的政党，尽管国民党政府尝试用军事和法律的手段消灭它

们，但这些政党不会因为军事或法律的手段而被单独地消除。根据毛泽东的说法，这一战略是彻底失败的。这不仅使其他政党生存了下来，而且还把中国拖入了十年的内战之中，让它无力面对咄咄逼人的日本帝国主义。大量政党的存在源自分化了的社会基础，由此构成了毛泽东呼吁建立反抗日本侵略的国家政党联合阵线的前提。

因此，毛泽东用唯物主义的观点诠释中国的社会和政治领域，用国民党政府策略的失败来论证加强政治力量以助推社会变革的观点。确实，国 166
民党的策略对联合抵抗日本帝国主义的势在必行的紧迫性起到了反作用。然而，一党专政归因于国家有能力排斥异党并建立合法性。即便不是这样，毛泽东承认，国家也能通过强有力的行动保护占主导地位的经济阶级的利益，并因此能够在社会变革中发挥出其影响力。但是，坚持社会基础是最终的决定力量是承认国家力量的基础。这一决定力量存在于社会的其他领域，尤其是政治领域中。因此，毛泽东在《论一党专政》中所详细阐述的观点的理论立场，安全地处在正统马克思主义唯物主义的理论范围内。

《新民主主义论》：经济、政治、文化

令人惊讶的是，在《论一党专政》中，尽管毛泽东着意使国家、政党等上层建筑机构的作用和影响概念化，但他没有真正使用“上层建筑”这个概念来详细阐述事例。在该文献中，没有一处出现过“上层建筑”的概念。确实，这一引起关注的理论空白反映出在毛泽东延安时期的早期作品中相对缺乏“上层建筑”这一概念。正如我们所注意到的，该概念的确出现在《矛盾论》中以及 1937 年的许多哲学注释中，但他在延安时期的后续文献中却极少运用它。[30]这一空白与毛泽东 1955 年后所写的文章形成了明显的反差。在其 1955 年后所写的文章中，“上层建筑”这一概念占据了相当显著的位置。这同样提醒人们，不要过于草率和简单化地概括毛泽东关于上层建筑在社会变革中的作用的观点。这种概括充斥在对毛泽东思想的批判中。当然，这种概括几乎是错误的，至少对延安时期的毛泽东思想来说是错误的。

在 1937 年后，毛泽东弃用了“上层建筑”这一概念，当他谈及社会

变革时组织并使用了其他的概念范畴，这也是他惯用的做法。这些概念范畴在《新民主主义论》中以最完整的形式呈现了出来。毫无疑问，《新民主主义论》是延安时期最为重要的理论文献之一。尽管研究毛泽东的学者们经常谈到这一文献，但他们忽略了隐藏在其中的毛泽东关于社会变革因果关系问题的一个实质性的发展。正如罗兰·卢所提出的，“《新民主主义论》需要不同的阅读标准”，它是一部“重要的而且似是而非的”文
167 献。[31]进一步阅读这一文本便会探寻到另一个层面，而这个层面仍然不为那些所谓读懂了毛泽东的学者们所知。

在《新民主主义论》中，毛泽东把社会分成经济、政治、文化三个领域，研究了它们三者之间的关系。正如毛泽东所说：

> 一定的文化（当作观念形态的文化）是一定社会的政治和经济的反映，又给予伟大影响和作用于一定社会的政治和经济；而经济是基础，政治则是经济的集中的表现。这是我们对于文化和政治、经济的关系及政治和经济的关系的基本观点。[32]

这段话对理解毛泽东关于社会变革观点以及确认这一观点的起源是非常重要的。首先，社会三个领域的划分就其本身而言是值得重视的。它表明，毛泽东当时认为，对社会进行划分并放入经济基础和上层建筑这两个截然不同的层面中，对于准确理解社会变革过程中因果关系的前后顺序，尤其是理解政治在其中的作用而言，是不够的。在这样做的同时，毛泽东引用了一个论点。该论点在日本马克思主义者杉山荣（Sugiyama Sakae）于19世纪20年代末被译成中文的著作中得到了清晰的论证，且被中国的马克思主义知识分子李达细致地阐述过。在《社会科学概论》中，杉山荣的主张与传统的马克思主义理论相一致，认为在社会生活的进程中，生产力最终决定人类思想。但为了说明社会变革，他的这一观点又引入了这样一种可能性，即社会的各领域都可以在社会变革的过程中产生某种影响。为了阐明每个不同领域可能发挥的相关作用，他把上层建筑分成两个领域：上层建筑Ⅰ，包括社会的法律和政治体系；上层建筑Ⅱ，包括思想意识形态。上层建筑Ⅰ很显然比上层建筑Ⅱ更具历史影响力，但后者所拥有的对上层建筑Ⅰ以及经济领域的反作用同样被涵盖在了社会生活的进程中。杉山荣著作的翻译者李达用社会整体不同领域的划分以及它们在社会变革中的相互影响，恰当地解释了社会的经济与非经济领域的因果关系。

他著名的马克思主义哲学和社会理论的论著《社会学大纲》一书对这一观点进行了论述。毛泽东于1938年早期研读过该著作。[33]

其次，紧跟着上一点，显然与杉山荣、李达一样，毛泽东意识到了区 168
分政治与文化两者之间概念的必要性。记得在《矛盾论》中，毛泽东把政治和文化纳入到上层建筑的定义中[34]，作为独立的社会范畴，赋予它们同样重要的因果意义。但是，用社会变革进程中的影响力来衡量政治和文化的同等作用的做法，在《新民主主义论》中涉及的关于三方的论述中消失了。与之前的论述相比，毛泽东此时以一种在社会因果关系中更具突出作用的方式来定义政治。毛泽东明确肯定，政治是经济的集中表现。政治概念是列宁首创的，但他在文本与含义的使用上与毛泽东截然不同。[35]毛泽东对列宁观点的阐述表明了对三方概念框架的认可。在这涉及三方概念的框架中，政治具有一种被强化了的因果关系的影响力。很明显，在随后整个延安时期毛泽东所作的论述中可以看出，作为经济集中表现的政治概念，一直被坚持看作一个重要的阐述工具。在《在延安文艺座谈会上的讲话》(1942) 中，毛泽东把它运用在了以下的文本中：“只有经过政治，阶级和群众的需要才能集中地表现出来。革命的政治家们，懂得革命的政治科学或政治艺术的政治专门家们，他们只是千千万万的群众政治家的领袖，他们的任务在于把群众政治家的意见集中起来，加以提炼，再使之回到群众中去，为群众所接受，所实践”[36]。在这里，作为经济集中表现的政治概念与群众路线之间的关系被很明显地表述出来。在写于1943年7月的一部重要著作《关于领导方法的若干问题》中，毛泽东再一次强调政治有把广大人民群众“分散的、无系统的”意见集中起来的功能。[37]因此，在增强群众或某一经济阶级成员的社会凝聚力和统一身份的识别中，政治发挥着举足轻重的作用，也即是说，在社会革新中一个阶级从“自在阶级”发展成为“自为阶级”。[38]毛泽东借用了列宁所提及的政治是经济的集中表现，其最终的重大理论意蕴不仅在于社会变革中其因果关系的观点，而且在于它特有的组织和领导方法。

正如毛泽东在《矛盾论》的论述中所表明的那样，由此一来，政治不 169
仅仅被主要看作经济基础的反映，而且在社会发展中拥有有限的影响力。在因果关系的链条中，政治被提升到这样的一个层面，即文化不仅反映经济，而且是对经济和政治相结合的反映。“一定的文化是一定社会的政治和经济在观念形态上的反映。”[39]毛泽东把经济和政治相结合的概念拓展为经济和政治两者相互作用并产生了社会文化，并对此作了如下表述：“中华民族的旧政治和旧经济，乃是中华民族的旧文化的根据”[40]。在此，毛泽东建构了一种新的范畴——根据，它源自经济和政治的结合。社会“根据”表现为因果关系的母体，从这种因果关系的母体中滋生出了文化，由此文化是对“根据”的反映。尽管社会“根据”的概念出现在更早的文本中（1937）[41]，但仅在《新民主主义论》中，经济和政治被包含在“根据”这一概念中（作为与更为传统的“经济基础”相对的概念），成为毛泽东思想中主要的社会范畴。为什么毛泽东感觉有必要构建如此一种范畴呢？同时，他是怎样运用这一范畴来解释社会变革本质的因果关系的呢？通过诠释“根据”的定义，分析“根据”构成要素的作用，以及强调文化因果关系的重要性，毛泽东很好地回答了这些问题。

“根据”：经济和政治

毛泽东的“经济”范畴既包括生产力又包括生产关系。在《新民主主义论》中，毛泽东谈到了社会的经济构成。这一术语不但涵盖了财富的生产要素，而且包括以所有权为基础的、围绕着财富生产要素所出现的阶级关系。财富生产要素包括工商企业（例如银行和铁路）、土地等。[42]但是，所有权和经营权同样是经济不可或缺的组成部分[43]，同时，在《新民主主义论》有关经济的讨论中，资本监管被列为一大特色。由此，经济包括了以社会生产资料的所有权或经营权为基础的生产力结构和阶级关系。如果我们回到《中国革命和中国共产党》（1939）的第一章中[44]，可以很清楚地看到，其中经常会谈到中国农民因为地主阶级拥有土地的所有权和控
170 制权而遭受到的经济剥削。[45]《新民主主义论》同样清晰地阐明，在中国，资本主义的发展是某个特有阶级出现的原因：

> 中国民族资本主义发生和发展的过程，就是中国资产阶级和无产阶级发生和发展的过程。如果一部分的商人、地主和官僚是中国资产阶级的前身，那末，一部分的农民和手工业工人就是中国无产阶级的前身了。……但是，中国无产阶级的发生和发展，不但是伴随中国民族资产阶级的发生和发展而来，而且是伴随帝国主义在中国直接地经

营企业而来。[46]

毛泽东同样探讨了中国社会各阶级的经济地位，并讨论了各阶级的经济地位“完全决定”了他们对待中国革命的态度。[47]

在了解了“经济”范畴的构成要素之后，让我们转入到讨论毛泽东对“政治”概念的使用上。在这种情况下，很显然，毛泽东并没有倾向于把历史发展进程简单地归因为因果关系中经济发展的不变因素，历史发展这一图景出现的原因应该更为复杂。

对毛泽东而言，政治范畴涵盖了社会生活中的很多重要特征，第一个就是阶级斗争。在此前已经指出，在“经济学”的名义下，毛泽东眼中的阶级关系结构是以特定的生产模式为特征的。但是，毛泽东把阶级之间的实际斗争看作最广泛意义的政治。阶级斗争是一种以激烈的形式表现出来的阶级之间在经济上引发的对抗，且这一对抗通过政治领域表现出来。无独有偶，毛泽东以分析中国社会各个不同阶级在中国革命中所起的作用开始了他在《新民主主义论》中对政治的讨论。其中建立并维护他们的经济利益的斗争被描绘成政治斗争[48]；出现了代表特定阶级利益的政治机构，进而推动了在阶级关系中因经济对抗而在政治层面上体现出来的示威活动。在这些机构中首当其冲的是政党。毛泽东在1938年表明：“党只是阶级的最觉悟的一部分人的组织”[49]。毛泽东一贯主张，某一政党的存在和活动与特定阶级结构的物质利益相关。而且，他惯用阶级分析法来解释政治和政党的活动：“要研究两党（国民党与共产党）的种种特点，更根本的就必须研究这两党的阶级基础以及因此在各个时期所形成的它们和其他方面的矛盾的对立”[50]。 171

毛泽东接着谈及国民党的阶级性以解释国民党在1927年突然的政策转变。[51]同样，在《新民主主义论》中，国民党被描述成“大资产家”[52]的政治代表。在《论联合政府》中，国民党被描述成“大地主、大银行家、大买办阶层”[53]的政治代表。毛泽东同样主张，中国共产党代表了阶级利益，尤其是那些工业无产阶级和农民的利益。对毛泽东而言，中国共产党与工人阶级的联系是与生俱来的。在中国，没有出现工业无产阶级以及在工业资本背景下对无产阶级的剥削，就不会有共产党（见第四章）。而且，中国共产党代表农民的利益是中国社会和中国革命所具有的特点。[54]这一独有的特点源自一个事实，那就是没有单独代表农民经济利益的政党出现："中国没有单独代表农民的政党……中国共产党，成了农民……的领导者。……实行了彻底改革土地制度的办法"[55]。类似的例子表明，毛泽东意识到了政治政党与阶级经济利益之间的因果关系。前者的出现源自后者，并起到捍卫后者的作用。

毛泽东归纳在"政治"领域中的另一个社会生活特征是"国体"。[56] 毛泽东关于国体的揭示并未遵循传统马克思主义的脉络，他把国体看作按照执政党的命令由执政党产生并运作的统治阶级的政治制度。在《中国革命和中国共产党》第一章中，对中国封建时期国体的分析使得国体的阶级作用十分清楚："保护这种封建剥削制度的权力机关，是地主阶级的封建国家。……在封建国家中，皇帝有至高无上的权力，在各地方分设官职以掌兵、刑、钱、谷等事，并依靠地主绅士作为全部封建统治的基础"[57]。同样，在《新民主主义论》中，毛泽东主张国体"就是社会各阶级在国家
172 中的地位"[58]。显然，他关于国家体制的分类建立在阶级排列的基础上，尤其是对统治阶级的强调的基础上。因此，毛泽东所限定的国体包括：(1) 资本家专政的共和体制；(2) 无产阶级专政的共和体制；(3) 几个革命阶级联合专政的共和政体。他"按其政权的阶级性质"[59]划分了这三种基本国家体制（国体）。

毛泽东关于国体的概念特别令人感兴趣的地方在于国家体制与一系列机构的差别。这些机构的作用是把统治阶级的经济利益真实地转化为具体的政策和行动；这类机构包括政府、军队、法律体系和官僚机构。[60] 当毛泽东把他的注意力转向社会范围内政府的作用时，这种差别得到了最明显的表达："至于还有所谓'政体'问题，那是指的政权构成的形式问题，指的一定的社会阶级取何种形式去组织那反对敌人保护自己的政权机关。没有适当形式的政权机关，就不能代表国家。"[61] 毛泽东进一步表明，对新民主主义来说最适合的政体是民主集中制。在民主集中制中，从中央到镇的各级人民代表大会是以广泛的选举权为基础的。与此相适应，国体将会是"各革命阶级的联合专政"。除此之外，毛泽东不仅指出了政体与国体之间的差别，而且还提出了二者有不相适应的可能性。[62] 这表明了这样一种可能性，即毛泽东没有觉察到占经济主导地位的阶级利益以完全无意识的方式转变成制度或政策形式。如果是这种情况的话，那么这很好地暗示了毛泽东对这样一种理论的态度，即在没有完全割裂经济和政治之间关

联的情况下，允许政治在经济的决定作用下有一定程度的自主性。这将会在后面进行探究。

在《论联合政府》中，毛泽东重新讨论了国家与政府之间的区别，同时讨论了构成国家的一系列机构中必不可少的组成部分——军队。“‘军队是国家的’，非常之正确，世界上没有一个军队不是属于国家的。……中国只应该建立新民主主义的国家，并在这个基础之上建立新民主主义的联合政府；中国的一切军队都应该属于这个国家的这个政府”[63]。在此之前(1938)，毛泽东就谈到了马克思主义的国家理论，以及军队力量对国家的 173
作用：“从马克思主义关于国家学说的观点看来，军队是国家政权的主要成分。谁想夺取国家政权，并想保持它，谁就应有强大的军队。”[64]因此，毛泽东把军队看作是在政府行政管理之下运作的，政府自身则是国家最重要的组织机构。

因此，毛泽东用阶级的术语表述了国家制度。正如我们所了解的，国家制度是“一个关于不同阶级在国家中的地位问题”。国家制度的概念尽管使得阐述阶级统治的概念成为必要，但也表明了阶级统治中政治的而非纯粹是经济的方面。国家制度反映了一个国家内部的各阶级相比较而言在政治上的高低顺序。国家在另一方面包括了统治阶级用以维护自身经济主导地位、镇压被统治阶级的一系列的政治机构，而在这些机构中，政府和军队是最重要的。

如果我们转向分析毛泽东“根据”的概念，以及他对于社会所涉三方概念中的“政治”的因果关系作用的总体观点时，那么区分国家制度和政府体制二者的重要性将凸显出来。对毛泽东而言，政治是经济的集中表现。他把政治定位于社会“根据”之中，经济和政治构成的因果关系框架产生了社会文化。政治的组成部分是机构，譬如政党、国家、政府还有军队。类似的政治机构在何种意义上是经济的集中表现呢？经济和政治、军队以及涵盖了经济在内的生产关系之间的因果关系是什么？我们已经注意到这一事实，即毛泽东把政治看作一个阶级与群众的需求和利益集中的表现。确实，它们也仅仅通过政治才可能获得。[65]毛泽东阐述了政治领导理论，并把它视为以下概念的起点，即政治领导人和他们所领导的机构能有效地集中他们所代表的某个阶级或阶层的、零散的、不成体系的诉求和看法。因此，政治在构建阶级意识、增强凝聚力以及捍卫自身的利益而组织一个阶级的过程中具有极其重要的作用。没有政治，一个阶层就不可能成功地谋求它自身的利益或者改变不利于它的社会和经济状况。

尽管毛泽东认为，在社会变革中，政治有着极其重要的作用，但是一定经济条件的出现（例如特定形式的生产或阶级结构）必然早于与它们相
174 对应的政治的出现。政治是经济的集中表现，源自经济所产生的历史性的必然条件，政治不可能早于经济而出现，或以完全自主的形式存在。例如，由于历史性的不可能，毛泽东不会考虑共产党的形成是先于资本主义的出现和无产阶级的创立的。[66]但是，一旦类似的经济条件发展了，“政治”就显露了其集中政治力量和无产阶级观点的功能，随后经济斗争的兴起以及该阶级在社会阶级关系结构中的地位，都深深地依赖于其政治的有效性。

因此，对某一特定社会的变革进程和属性的诠释不能忽略政治的作用。一个例证就是毛泽东关于传统中国封建主义长期存在的认识。在封建社会时期，农民缺乏有效的政治组织、领导以及变革的纲领，尽管有众多的农民起义，但对经济状况的不满并没有转化为对封建制度的有效反抗。在总体上，封建社会的政治最终成为地主阶级的政治，这一政治产生了支撑封建主义长期存在的国家体系，还有与之相伴的占统治地位的地主阶级的经济。[67]对于毛泽东而言，传统中国社会的重要特点自然是在总体上毫无差异的封建主义的生产方式。在存在着多种生产方式的社会形态里，诸如中国在受西方侵略之后就变得如此，政治按照阶级的划分呈现出差异性，这使在经济上占主导地位的阶级在政治上面临严重威胁。[68]

因此，对毛泽东而言，尽管政治尾随经济而出现，但它们之间是一种相互作用的关系。而且，因果关系的主导优势起初是经济的特权，但当政治具有集中它所支撑的阶级（或阶层）的观点和力量并为捍卫阶级的利益而建立政治机构的作用时，这种主导优势便传递给了政治。尽管如此，经济在把因果关系的主导优势传递给了政治时，必然继续运用重要的剩余影响力来约束易变的政治并由此限制政治变革。

“政治”与阶级斗争的调整

该观点与在《矛盾论》中详细论述的观点之间的重要差别，除了政治

和经济产生文化的功能之外，还在于毛泽东并没有把该观点中政治的影响 175
限制于历史的特定情况下。然而，一旦政治由不可或缺的经济构建起来，某个阶级的政治活动就能保持历史的主动性和积极的阶级斗争以确保本阶级的利益，而且某阶级在政治层面上所发起的斗争可能对历史进程起决定性作用。毛泽东对政治在历史进程中的局限性及其潜能的认知，可通过他在延安时期涉猎的两个问题来证明，这两个问题是阶级斗争的调整和政府在社会中的作用。下面先来看一下毛泽东关于阶级斗争的政治调整的观点。

在建立第二次统一战线的过程中，毛泽东多次呼吁调整阶级斗争。当阶级斗争的规模达到了毛泽东所认为的可成功进行抗日战争却对四大家族构成损害时，毛泽东进行了多次类似的呼吁。在第六届中央委员会扩大的第六次全体会议的讲话（1938）中，毛泽东做了以下具有启发意义的陈述：

> 阶级斗争和民族斗争的关系也是这样。在抗日战争中，一切必须服从抗日的利益，这是确定的原则。因此，阶级斗争的利益必须服从于抗日战争的利益，而不能违反抗日战争的利益。但是阶级和阶级斗争的存在是一个事实；有些人否认这种事实，否认阶级斗争的存在，这是错误的。企图否认阶级斗争存在的理论是完全错误的理论。我们不是否认它，而是调节它。[69]

差不多七天后，毛泽东同样在《论联合政府》中主张阶级斗争的调整构成了中国未来政治经济体系发挥作用的前提。但是，毛泽东再一次着重强调，中国的阶级对抗不会消失。

> 自然，这些阶级之间仍然是有矛盾的，例如劳资之间的矛盾，就是显著的一种；因此，这些阶级各有一些不同的要求。抹杀这种矛盾，抹杀这种不同要求，是虚伪的和错误的。但是，这种矛盾，这种不同的要求，在整个新民主主义的阶段上，不会也不应该使之发展到超过共同要求之上。这种矛盾和这种不同的要求，可以获得调节。在
> 这种调节下，这些阶级可以共同完成新民主主义国家的政治、经济和 176
> 文化的各项建设。[70]

因此，毛泽东相信阶级斗争能够被调节，还有“政治”领域所拥有的

调节阶级斗争的能力。在上面引述的两段话中，毛泽东表明一种利益可以超越阶级利益，这个利益就是国家利益。但是，他的这种似乎超越阶级的概念（国家、人民、广大群众）不可能产生如下假设，即类似的范畴远超过阶级分裂和斗争的影响。相反，毛泽东把阶级分裂和斗争看作“马克思主义基本观点”[71]中关于社会和阶级分析的基本特征。在参考了诸如“国家”或“人民”等世界性划分的基础上，由此假定按照阶级路线形成了内在分化。毛泽东并没有如中国民粹主义者冯玉祥那样，把“老百姓”看作一个在很大程度上未分化的、改革和福利能够与之共享的、最为适宜的被动实体。[72]相反，毛泽东对“人民”的引用并不是以假设这一范畴不存在阶级分化为前提的。然而，马克思主义关于阶级形成和阶级斗争的观点贯穿整个毛泽东思想，由此一来，毛泽东将“人民”的概念理解为各阶级的必要联盟，其中仍然存在阶级矛盾及逐渐缓和的阶级斗争。因此，“政治”可以调节阶级斗争，但它并没有完全消除阶级斗争的能力。正如毛泽东在《论新阶段》(1938) 中指出的，“否认阶级斗争的存在，这是错误的”[73]。1937 年，毛泽东在回答一位记者的问题时，坚持主张“阶级的矛盾，在阶级制度未废除前，是无法消灭的”[74]。

毛泽东为什么又是怎样认为政治能够调节阶级斗争的呢？首先，毛泽东对调节阶级斗争的呼吁，基于中国当时所具有的特定历史境遇的特点。在这些特点中，某些阶级的存在以及它们之间的斗争形式和斗争规模是至关重要的。在正统的马克思主义脉络中，毛泽东相信，阶级存在和阶级斗争是所有人类社会（除了原始社会）最基本的和最普遍的现象。但是，阶级和阶级斗争最主要的基本特点并不是在假定的特定历史条件下阶级和阶级斗争所具有的形式和强度；很显然，在普遍规则下它有着各种特殊的例
177 子（更多关于此类的逻辑，详见第七章）。在人类社会里，阶级斗争存在的普遍公理不能推论出阶级斗争在特殊历史背景下的属性。因此，对任何历史背景的分析都应以对特定形态的研究为前提，阶级斗争在这一特定形态中显现自身；因为受到不断发展的历史条件所强加的限制，阶级斗争并不追求某种必然的、事先预定的模式，而是偶尔的、具体的形式。在历史条件所限制的框架内，阶级斗争出现并展开；某一特定的阶级斗争所具有的历史决定性的特点决定了它的深度和广度，更重要的是，决定了其作战的灵活性。在延安时期，毛泽东分析了中国所处的背景，指出了阶级斗争

受到政治调整的影响。这种可能性基于一种共同的认知，即面对日本帝国主义构成的威胁，各阶级通过调整它们之间的斗争来保护自身的经济利益。

所以，尽管阶级斗争调节的概念可能远离了毛泽东把阶级斗争看作易受政治压制的最初印象，但人们肯定记得毛泽东在特殊历史背景下所做的调节阶级斗争的尝试。在这种特殊的历史背景下，类似政治活动的潜在影响通过对某一阶级的分析显现出来。此外，正如我们所看到的，毛泽东对阶级斗争调整的呼吁不以阶级矛盾有消除的可能性为假设，这相当于表明，他相信已经存在的某种形式的阶级斗争有增强或减弱其斗争强度的可能性。在延安时期，地主和农民之间的矛盾可能发生部分的改变但不可能消除，工人与资本家之间的矛盾也是如此。在 1937 年，毛泽东指出，采取政治措施有可能改变这些矛盾的强度："在统一战线纲领中，我们提出给人民在政治上以民主权利，在经济上以生活的改善。工人农民受着政治与经济的压迫，起来反抗是必然的，只有给以民主权利与改善其生活，始能减少其矛盾"[75]。更具体地说，毛泽东强烈要求，应该给予"人民"集会、结社、言论的自由以及广泛的选举权。在经济方面，对于工人应使其获得更合理的报酬，改善其劳动环境，对于农民应该减少地租和税金。土地问题本身应该以立法以及其他适当的手段解决。[76]毛泽东认为，类似的政治措施能够调节阶级斗争，并由此增强反抗日本帝国主义的能力。 178

其次，人们必须记得，毛泽东不再把政治包括在社会上层建筑之中，正如他在《矛盾论》中所说的那样。政治是社会"根据"不可或缺的一部分，与经济一起构成了产生文化的因果母体。因此，阶级斗争的政治调整并不表示社会经济领域中纯粹的上层建筑的介入，而是来源"根据"内部的一种历史自主性，并受到"根据"内部经济和政治因素的结构性制约。此外，毛泽东从政治和经济两个方面来考察阶级斗争。阶级结构内在地引发了经济的紧张和冲突，而阶级斗争同样有着十分重要的政治向度。这有助于解释毛泽东何以能够一方面坚持，仅通过政治层面的行动阶级和阶级矛盾都是不能被消除的，但另一方面又相信，政治的介入有可能调节阶级斗争的强度。所以，"政治"的因果关系的重要性有着很明确的限定。消灭阶级斗争不是它特有的权利。

“政治”与政府的作用

在延安时期，毛泽东最为关注的事情之一就是，在新民主主义时期及以后中国应采用的政体类型。他写了很多关于政府结构和政府历史作用的、具有理论性的、篇幅较长的重要文献。毛泽东把政府看作政治范畴里的一个方面。同时，他对政府作用的分析有助于我们在他的社会变革理论中拓展对“政治”因果关系重要性的理解。

我们已注意到，毛泽东没有从阶级的角度来理解国体与政体间的必然一致性。他提出了国体与政体之间有不相适应的可能性。似乎毛泽东已准备允许政府有一定程度的自主性来发挥历史主动权。各阶级在社会中的相关地位并不能被充分反映出来（这就叫作政体和国体不相适应）[77]，这种情况下政体所采取的行动不会轻易地受到机械阶级论解释的影响。然而，政府的结构与运作能在社会革新的过程中发挥作用。毛泽东意识到政府管
179 理和政策的变化能在阶级结构保持相对不变的条件下发生。例如，在1942 年以及 1944 年，毛泽东提出了“精兵简政”的口号，呼吁共产党政府进行管理改革。在改革过程中，毛泽东认识到他所领导的政府结构以及表现，是反抗日本帝国主义战争取得胜利的重要因素。[78]毛泽东很认真地看待政府管理的问题，这在他 1942 年题为《抗日战争时期的经济问题和金融问题》的长篇解析中得到了证实。[79]在该文献中可以很明显地看出，毛泽东接受了这样一种可能性，即政府管理应该对为追求本阶级更广泛的利益而制定的政策的成功或失败负责任。毛泽东表示：“经济和财政工作机构中的不统一、闹独立性、各自为政等恶劣现象，必须克服，而建立统一的、指挥如意的、使政策和制度能贯彻到底的工作系统。”[80]

此外，毛泽东相信，政府与政党一样，有集中广大人民群众的想法和建议的能力。[81]但从保证政治能成功履行这一职能的角度来说，必须要有“正确的组织路线”[82]。在这一组织路线中，政府和人民之间的沟通渠道保持畅通，且允许双向、快速、有效地传递信息。因此，在判定政府是否有能力使制定政策的意图与实际执行政策的效果相一致时，政府的组织形式扮演着重要的角色。1937 年毛泽东在接受詹姆斯·贝特兰（James Bertram）的采访时明确了这一观点。在采访中，毛泽东声称，政府对战争紧

迫性的反应能力取决于它的组织结构。中国可在民主集中制和中央集权制这两种政体中选其一。在采访的最初版本中，毛泽东主张，人类活动的历史已经表明，民主集中制是最好的组织形式，并且在战争时期类似的体制提高了政治和军事的效率。[83]

对于政府在达到政治和经济目标的过程中所具有的重要性，毛泽东并未抱不切实际的想法。由此，政府作为社会革新过程中的一股力量，其首要功能是要把阶级利益转化成为可实施的法律和政策，提供一个统一的组织机构（在 1931—1934 年江西苏区时期，毛泽东的观点以及对此进行的政策分析，见第四章）。但阶级利益与政府拥有的机构或执行的政策之间没有完全必然的联系。尽管政府的自主性受到社会诸多约束因素的限制， 180
其中阶级结构是最为重要的约束因素，但政府的属性（包括组织形式、行政管理者的政治远见、政策执行的方法）在历史环境的发展过程中仍起着重要的影响作用。政府提供的并不是死气沉沉的渠道，借助于这一渠道，阶级利益得到处理而不受这一渠道本身属性的影响。然而，政府在集中、规范并执行它所代表的阶级的想法和诉求方面，却具有积极的作用。

在此，毛泽东再一次表明，社会政治领域中某一因素具有因果关系的重要属性。《新民主主义论》反复重申了这一观点，政府被描绘成社会“根据”的不可或缺的、活跃的要素，而不是像《矛盾论》中论述的那样是上层建筑的反映。政治领域所涵盖的诸多要素是“经济的集中表现”，并且拥有集中某个阶级或广大人民群众想法和行动的能力。因此，政治在社会革新中扮演着重要的角色。某个经济阶级在政治上的成败，超越了对它经济命运有影响的外部因素。此外，从历史层面上来分析，一个阶级在政治上的行为并不必定能从它所处社会的经济力量推导出来，尽管这两者之间有着必然的关联。因而毛泽东尝试着进行一种论证，在该论证中，“经济”与“政治”之间有着互动式的因果关系，其中政治领域的事件不可能被降级为机械阶级论的解释。在这一过程中，毛泽东创建了一种准确诠释中国革命背景的理论视角（这也是他希望被允许的），而且保留了可让人接受的传统的马克思主义措辞。通过社会“根据”这一概念的使用，并提到用社会“根据”来揭示社会革新，使得马克思主义的面貌得以保存。通过准确运用列宁关于“政治”是“经济的集中表现”的观点（即便不完全准确），毛泽东不仅把“政治”纳入社会“根据”，而且还增强了其观点的正统性。

文化的历史作用

探究了社会“根据”内部的因果关系，我们转向分析“文化”的历史作用，“文化”是《新民主主义论》中所涉及和运用的三方概念之一。根据毛泽东的论述，文化是从代表着因果母体的社会“根据”里经济和政治
181 的结合中衍生出来的。“中华民族的旧政治和旧经济，乃是中华民族的旧文化的根据；而中华民族的新政治和新经济，乃是中华民族的新文化的根据。”[84]在《新民主主义论》的其他地方，毛泽东明确肯定“一定的文化是一定社会的政治和经济在观念形态上的反映”[85]。尽管文化是社会“根据”的反映，但一经形成就能对“根据”发挥重要的影响。正如毛泽东指出的：“那末，一定形态的政治和经济是首先决定那一定形态的文化的；然后，那一定形态的文化又才给予影响和作用于一定形态的政治和经济。”[86]尽管文化起先被“根据”决定，但以社会为基础发挥影响力的文化的出现产生了这样一种可能性，即因果优势可能从“根据”转移至它所建立的文化上。毛泽东并没有意识到，这种情况可以通过对《新民主主义论》中两个主题的探究来论证，即文化是一种反映，以及文化和社会“根据”基于不同的生产模式在社会结构中的关系。

毛泽东等人和参加延安文艺座谈会的人员合影。

毛泽东表明，文化是社会政治与经济的反映。如果文化是一种反映，它能对产生它的“根据”发挥怎样的影响力呢？“反映”这一概念表明了一种非实体形象，一个毫无独立行为能力的形象。但毫无疑问，毛泽东相信文化有影响社会变革进程的能力。例如，在1942年的延安文艺座谈会上，毛泽东主张革命的艺术和文学能够“帮助群众推动历史的前进”[87]。

此外，他详尽阐述了文化与政治之间的关系，极力否认文化有超越阶级影响力的可能性：

> 在现在世界上，一切文化或文学艺术都是属于一定的阶级，属于一定的政治路线的。为艺术的艺术，超阶级的艺术，和政治并行或互相独立的艺术，实际上是不存在的。……党的文艺工作，在党的整个革命工作中的位置，是确定了的，摆好了的；是服从党在一定革命时期内所规定的革命任务的。……我们不赞成把文艺的重要性过分强调到错误的程度，但也不赞成把文艺的重要性估计不足。文艺是从属于政治的，但又反转来给予伟大的影响于政治。革命文艺是整个革命事业的一部分，是齿轮和螺丝钉，和别的更重要的部分比较起来，自然
> 有轻重缓急第一第二之分，但它是对于整个机器不可缺少的齿轮和螺 182
> 丝钉……我们所说的文艺服从于政治，这政治是指阶级的政治。[88]

从该段看，有几处很有意思的地方与“反映”这一概念相关。首先，毛泽东有启发性地反复强调文化是从属于政治的，而且政治是阶级的政治。文化对政治的从属性表明，毛泽东相信文化易受到政治组织和政治领导的影响。正如毛泽东所申明的：“所有的文化……都与一定的政治路线相适应。”尽管阶级结构产生了早期的文化形式，但是文化的形式化和集中度以及它因实际政治意图而被有效利用，都是政治领域的一项功能。因此，政治在一个阶级的经济利益与它的系统化的文化中占据着必不可少的中间位置，而只有系统化的文化形式才能在捍卫和追求阶级利益中起到积极的历史性作用。由此，文化的反映功能并不是一个完全自动的过程，更确切地说，在毛泽东的用法里，“反映”的概念暗含了在文化范畴中政治的积极介入。其次，通过坚持主张“一切文化……属于一定的阶级”，毛泽东断言，文化所显现出来的阶级属性决定了文化的局限性和易变性。譬如，地主阶级的文化以一种有利于地主阶级的角度描绘农民。在看过延安平剧院上演的话剧《逼上梁山》之后，毛泽东给该院写了一封信。信中毛泽东评论了在封建中国的文化中普通百姓那些令人不愉快的性格特征：“历史是人民创造的，但在旧戏舞台上（在一切离开人民的旧文学旧艺术上）人民却成了渣滓，由老爷太太少爷小姐们统治着舞台，这种历史的颠倒，现在由你们再颠倒过来，恢复了历史的面目，从此旧剧开了新生面，所以值得庆贺。”[89]在信中，阶级和文化的关系不仅变得清晰，而且明确

了以某一特定阶级为导向的政治介入有组织文化的可能性。因此，尽管“反映”的概念开始于文化（阶级的产物）的一种假设，但能够有效地服务于自身阶级利益的文化，是有组织影响能力的政治的一种功能。

183 在存在多种生产模式的社会结构中，毛泽东通过分析社会革新的概念，也详细阐述了文化的作用。毛泽东没有把“根据”看作无差别的类别。它不仅有着横向的差别（分为经济和政治领域），也以纵向的显著差别为特征。这种显著差别分离了出现在多种经济成分的复杂社会中彼此竞争的生产模式。毛泽东承认中国的经济和社会的瓦解性特征。中国是“殖民地、半殖民地和半封建的社会”，是非典型的生产模式，它的“根据”是许多共同存在的、相互竞争的、具有差异性的政治经济结构的混合。如果“根据”的社会类别有容纳多种生产模式的可能性，那么，文化自身作为“根据”的反映，也应该是有差异的。半封建半殖民地的“根据”产生了半封建半殖民地的文化。由毛泽东倡导的“新文化”将会是中国社会里新经济和政治力量的反映。[90]文化差异性概念很明显反映在以下节选自《新民主主义论》的段落中：

> 以社会主义为内容的国民文化必须是反映社会主义的政治和经济的。我们在政治上经济上有社会主义的因素，反映到我们的国民文化也有社会主义的因素；但就整个社会来说，我们现在还没有形成这种整个的社会主义的政治和经济，所以还不能有这种整个的社会主义的国民文化。[91]

“根据”内部的发展，包括政治在组织文化中的作用，控制着某一种文化的出现。中国“根据”的革新要对新文化的出现和成长负责，“没有资本主义经济，没有资产阶级、小资产阶级和无产阶级，没有这些阶级的政治力量，所谓新的观念形态，所谓新文化，是无从发生的”[92]。但是，这种新出现的文化将有利于它自己的“根据”而不是广泛的社会“根据”。同样，半封建的文化将增强它所展现出来的半封建的政治经济结构。

如果一种文化的出现服务于它自己的“根据”，那么，它与其他“根据”之间的关系又是什么呢？比如，新的文化将怎样影响并反作用于半封建的“根据”呢？尽管在 1940 年，毛泽东认为中国封建、半封建、半殖民地的政治和经济仍占统治地位，但毫无疑问，从他的强调中可以看出，
184 他认为革命文化在促进占统治地位的政治经济结构的衰退过程中，扮演着

重要的角色。[93]文化不可能单独发起这一过程，它的生成来自它自身内部的“根据”；然而，文化一旦生成，便能促进这一过程，并且通过促进这一过程“推动历史的前进”[94]。在此，出现了新兴的具有历史进步意义的文化。最为明显的是，它对它不反映的、正逐渐衰退的那部分社会“根据”“具有巨大的影响作用”。同时，该文化将推动产生它的“根据”的发展。“新民主主义的文化一方面是这种社会形态的反映，一方面又推动这个社会形态的继续向前。”[95]由此可见，毛泽东认为文化具有双重作用：服务于自己的“根据”，并协助促进与其“根据”相竞争的其他“根据”的衰退。

当我们把注意力转向在存在差异的社会中彼此相互竞争的文化之间的关系时，文化的起源和作用却变得模糊了。即便毛泽东认为文化是其“根据”的反映，他还是提到了这样一种可能性，即新兴文化由先前所创建的文化发展而来，作为一种文化发展的延续。[96]在《论新阶段》（1938）中，毛泽东告诫他的战友们要抵制忽视中华传统文化的思想：“今天的中国是历史的中国的一个发展；我们是马克思主义的历史主义者，我们不应当割断历史。从孔夫子到孙中山，我们应当给以总结，承继这一份珍贵的遗产。”[97]在《新民主主义论》中，毛泽东重复了这一告诫，在此再次强调了文化发展的延续性：“中国现时的新文化也是从古代的旧文化发展而来，因此，我们必须尊重自己的历史，决不能割断历史”[98]。

某种文化由另一种文化发展而来的断言，似乎质疑了某文化是它自身“根据”反映的假设。在上述被引用的两段中，关于对文化延续性概念的强调，表明了一种新兴文化不仅显然是它的“根据”的反映，同时也是业已存在的文化形式的反映。这一矛盾要怎样解决呢？毛泽东相当清楚地阐明了，“根据”内部的发展必定先行于（不论是在因果关系上的还是在时间顺序上的）文化领域内部的发展；在一种新兴文化出现之前，与此相对应的“根据”必定已经出现。这种新的“根据”不可能自发地出现，它的出现依赖于旧的“根据”的内部转型。正如毛泽东所指出的：“中国现时的新政治新经济是从古代的旧政治旧经济发展而来的。”[99]按中国的经验，185
一种新的“根据”出现的过程有着被延长了的属性，而且毛泽东明显意识到，新旧“根据”处于动态的合作竞争状态之中。因为新的“根据”源自旧的“根据”，新的“根据”（尽管性质上的差异性）不得不受到旧的“根据”的影响。由此，产生于新“根据”的文化将打上受旧“根据”影响的烙印，而在这两者之间，新的“根据”处在了中间媒介的位置。这样，新的文化会受到旧“根据”的一系列相同因素的影响。

同时，旧有的文化本身并非属于同质范畴，而是以有差异的阶级纲领为特征的。毛泽东所谈到的中国传统文化中的有益方面表明，在这当中，他把进步的因素看作是与占主导地位的封建文化格格不入的。确实如此：“中国的长期封建社会中，创造了灿烂的古代文化。清理古代文化的发展过程，剔除其封建性的糟粕，吸收其民主性的精华，是发展民族新文化提高民族自信心的必要条件；但是决不能无批判地兼收并蓄。必须将古代封建统治阶级的一切腐朽的东西和古代优秀的人民文化即多少带有民主性和革命性的东西区别开来。”[100]毛泽东把旧文化当中的某些形式（那些属于普通大众的文化形式）视为与新文化相一致的、足够先进的形式。虽然它们在社会“根据”中发生了极大变化，但是，只有某种意识形态介入了新“根据”的“政治范畴”部分，这种源自旧文化的、进步的文化元素才能存续下来。也即是说，以政治活动的形式来拯救、重组、改善旧的文化元素，被视为是对新“根据”和新文化有利的。所以，在一定程度上，文化的延续性是政治活动的功能；旧文化影响新文化的方式和新文化从旧文化发展而来的路径，都受到政治的路线与组织的影响。

政治与意识形态

在毛泽东的思想中，“政治”位于某一阶级的系统化了的文化的中心，这是由于生成于该阶级的意识形态是以零散的、非系统化的方式出现的。毛泽东敏感地觉察到，表现相同阶级成员特质的思想和态度在形式上具有普遍多变性。尽管一个大体类似的社会经济环境可能有利于建构某一阶级形态的思想和态度，但无媒介的阶级意识形态的范围却是广泛的：“在阶级存在的条件之下，有多少阶级就有多少主义，甚至一个阶级的各集团中
186 还各有各的主义。”[101]

毛泽东怎样解释阶级形态的多样性呢？他的解释是唯物主义的吗？通过探究毛泽东关于“阶层”概念的使用，能够提供这些问题的答案。毛泽东致力于发现特定历史时期的特点，他从中得出的结论是，对于全面理解

社会内部的各种思想和观念模式而言，“阶级”可能并不是一个充分的、准确的诠释性概念。“阶级”的概念要求进一步的分化。同一特定阶级的成员不可能同处于相同的社会经济条件下。一个阶级内部各成员的不同工作和生活状况，会产生不同的意识形态模式，这就要求进行分析。因此对毛泽东来说，“阶层”就成为一个重要的概念，因为它提供了意识形态多样性的唯物主义解释，并且为政治介入来帮助统一和整合某一阶级意识形态的必要性，提供了逻辑依据。

早在1925年，随着毛泽东首次认真地尝试将阶级运用于对中国社会的分析时，就已表明了把阶级划分为不同的阶层组成的意向。[102]与此类似，1933年在他对中国农村地区各阶级的分析中，毛泽东表现出了对阶级内部存在差异的敏感性。[103]在延安时期，他对中国阶级的最全面分析出现在《中国革命和中国共产党》（1939）中，在文献中，他大量运用了“阶层”的概念以便于分析阶级内部的差异。从事例引申而来的关于阶层构成的评述出现在该文献中。“城市贫民”被归类为一个阶层。有趣的是，毛泽东进一步把这一阶层细分为更多具体的社会类别：破产的手工业者、寻找工作的农民，以及依赖于不稳定工作而生存的苦力劳动者。毛泽东把这一阶层定名为“半无产阶级”[104]。小商人也是一个阶层，被分成上层和下层，两者的区分在于小商贩是否剥削了他人的劳动。[105]“游民”是动摇的阶层，是“土匪、流氓、乞丐、娼妓和许多迷信职业家的来源”[106]。在1941年的另一部文献中，毛泽东把阶层的概念运用于富农、小商人、中农、贫农、雇农、手工业工人以及游民。[107]同样，大地主、银行家还有大买办在不同的资料文献中被归为同一阶层。[108] 187

从毛泽东使用“阶层”概念的例子出发，我们可做出以下评述。第一，毛泽东显然认为，用阶级概念来定义并阐述社会经济关系的特殊性是不够充分准确的，他觉察到区分阶级内部的差异性是有必要的。“阶层”这一概念自身也是如此，它应该需要被进一步划分为职业类别或规模类别（譬如，小商人的规模可达到剥削他人的劳动的程度）。第二，构成某阶级的阶层因经济因素的不同而获得不同的特征。比如，手工业者和小商人，尽管同属于低层中产阶级，但可通过不同经济领域的工作条件和经济活动来区分彼此。第三，某一阶级的不同阶层拥有足够的共同特征以组成一个可辨识的阶级。按照毛泽东的说法，类似的共同特征源于家庭出身、生活条件以及政治观点。[109]第四，毛泽东表明“阶层”这一概念可以被用来查明政治力量和政治制度的经济根源。比如，他写道：“国民党是一个复杂的政党。它虽被这个代表大地主、大银行家、大买办阶层的反动集团所统治，所领导，却并不整个儿等于这个反动集团”[110]。第五，或许最重要的是，毛泽东清晰地把阶层与特殊的意识形态模式联系起来。例如，他把游民阶层视为革命队伍中“流寇主义和无政府思想的来源”[111]。

毛泽东由此把某个阶级分成若干阶层，对标志着某一阶级的文化或意识形态特征的各种各样的想法和态度做出了唯物主义的解释。这有助于人们理解，毛泽东愿意接受正统马克思主义学说中关于阶级决定意识形态属性的灵活解释，尽管想法和态度是现存物质条件的意思表达，但某特定阶级的成员经历着各种不同的类似条件。这会导致零散的、无系统的观点，从而与该阶级的主流意识形态形成一定的差距。但是，类似零散、无系统的观点易受到“政治”的影响，就政治本身而言，它是社会“根据”不可或缺的重要组成部分。通过系统化、组织化并宣扬某一阶级的文化和意识形态，政治能够引起该阶级内部个体层面的思想运动，并且在特殊的历史条件下，还会引起其他阶级内部个体层面的思想运动。毛泽东由此相信，
188 思想和意识形态的改变源自社会“根据”的因果关系。

如早前所指出的，在对毛泽东的思想进行非主流批判的时候，他在论述阶级和意识形态关系时所使用的方法的正统性常常遭到质疑。在此所提供的阐释与这样的一种看法不相符，即毛泽东（至少在延安时期）使他自己脱离了正统马克思主义关于意识形态是社会经济状况表达的学说。[112]通过在阶级内部划分阶层，通过理论论述把政治视为社会“根据”的一部分，从而使政治有能力系统化并改善阶级的文化和意识形态，毛泽东曾试图完善而不是放弃这一学说。

结论

毛泽东在《新民主主义论》中形成了理解社会革新的涉及三方概要的论述，包含了社会“根据”中的“政治”。这种在理论和实践上的灵活性是机械唯物主义无法做到的。显然，同样的道理，毛泽东是在一个理论的框架内进行运作的，该理论框架的界限和概念都被很好地构建了。毛泽东

对他所继承的马克思主义概念的重新整理和提炼，不能够被解释为是对马克思主义精华实质的背离；确切地说，它们意味着扩大马克思主义相关理论的尝试。经济主义的模式（即经济在社会变革中是最终的决定性因素）明显地体现在了《矛盾论》、《论一党专政》和《新民主主义论》中。正是在《新民主主义论》中形成的立场毫无疑问地包含了最具灵活性的唯物主义观点，明确指明了“政治”发起社会革新能力的局限性。“政治”必定是在一定的社会背景中起作用的，该社会背景是由主要的机构及“经济”领域所产生的要素构建起来的。毛泽东承认“政治”不可能消灭阶级，但他的确相信“政治”在集中阶级或阶层的力量以从事阶级斗争的过程中起到了相当重要的作用。而这正是毛泽东最感兴趣的地方，因为他对理论进行的各种探索正是为了一个实践目标：夺取革命的胜利。

显然，唯物主义的社会变革观点是本章所探讨的三份文献的基石，尽管每份文献都阐述了经济在因果关系中的主导地位，但是都以不同的方式对经济的决定性作用加以限定。谈到适当诠释毛泽东关于上层建筑的立场的本质，他在这三份文献中强调的侧重点的不同引发了种种质疑。[113]毛泽 189
东在延安时期的 1937 年 8 月之后便不愿意明确使用“上层建筑”的概念，他在《新民主主义论》中使用了一种不同的因果关系的表述，这表明阅读毛泽东的文献需要一种独特的方法。阅读毛泽东的文献需要考虑到各种情况，例如沉默、失误、矛盾，并且要允许理论发展的可能性（更多的方法问题参见第二、第三章）。至少，通过仔细阅读毛泽东的文本，我们应该放弃那种误读，即把毛泽东粗糙地刻板化为一个叛离的马克思主义者——一直强调社会变革中的上层建筑。从欧洲新马克思主义理论视阈出发——在该理论中，“经济基础—上层建筑”的隐喻极易受到严格的审查并发生实质性的改动[114]——毛泽东在 1937—1940 年的理论阐述虽有局限性但是非常重要，因为他尝试重新探讨机械马克思主义的僵化性质，而这种机械的马克思主义往往被误认为是正统的思想。

第七章

毛泽东与“马克思主义中国化”

197 1981 年 6 月，中国共产党十一届六中全会通过了《关于建国以来党的若干历史问题的决议》（简称《决议》），形成了关于毛泽东对中国马克思主义的贡献及其在中国革命和社会主义建设时期角色的重要评价。毛泽东的“无产阶级专政下继续革命”的理论——它支撑着从 20 世纪 60 年代末到 70 年代初“文化大革命”的合理性——被宣布为是“错误”的。[1]同样，《决议》提出，从 1956 年到 1966 年的 10 年中，毛泽东在“社会主义社会阶级斗争的理论和实践上”犯了错误。[2]然而，在做出上述负面评价的同时，《决议》也公平地对 1949 年以前毛泽东的正面角色表达了强烈的肯定，他的领导、政策和理论创新被看作中国革命最终取得胜利的关键：

毛主席在天安门城楼上向参加联欢的群众答礼。苍石　摄

> 在一九二七年至一九四九年的二十二年中，毛泽东同志和党的其他领导人一道，克服重重困难，逐步制定和领导执行了使革命由惨重失败转为伟大胜利的总的战略和各项政策。如果没有毛泽东同志多次从危机中挽救中国革命，如果没有以他为首的党中央给全党、全国各族人民和人民军队指明坚定正确的政治方向，我们党和人民可能还要在黑暗中摸索更长时间。[3]

198 显然，在毛泽东逝世后，后毛泽东时代的中国领导人试图通过坚持由毛泽东在革命时期发展和运用的马克思主义形式，来强调意识形态的合法性。在 20 世纪 80 年代，中国的媒体和理论期刊上涌现出大量的文章，从多个角度赞扬毛泽东在延安时期对马克思主义的理论贡献。[4]在毛泽东对马克思主义的理解中，有一个方面引人注意并获得称赞，即他坚持将马克思主义的普遍真理与中国社会和革命的现实相“结合”。事实上，十一届六中全会决议就是从“结合”的角度来理解毛泽东思想的起源的：

> 我们党创造性地运用马克思列宁主义的基本原理，把它同中国革命的具体实践结合起来，形成了伟大的毛泽东思想，找到了夺取中国革命胜利的正确道路。[5]

自从 1981 年《决议》形成以后，中国共产党的意识形态领域一直坚持宣传 20 世纪 30 至 40 年代期间毛泽东对实现马克思主义理论与中国实际相结合所做的贡献。而且实际上，中国后来的几代领导人都希望用毛泽东提出的术语来表述他们对马克思主义的理解，因为他们认为毛泽东开创了一种把马克思主义看似抽象的原则运用到中国社会以揭示其特殊性，并制定出适当的政策的方法。因而，后毛泽东时代的政策同样要建立在客观理解中国现实的基础之上，它们体现着马克思主义的普遍历史理论。把马克思主义的普遍理论与中国革命和社会“现实”的“具体实践”相结合的思想原则，对中国共产党在政治和意识形态上都具有持续的重要性，因此，他们从政治上鼓励人们探索毛泽东独特的理解方式。在 20 世纪 30 年代末，毛泽东将这一原则称为“马克思主义中国化”，这一创新被施拉姆认为是毛泽东“最伟大的理论和实践成果”[6]。

本章的目的就是分析毛泽东实现“马克思主义中国化”的方式。换句话说，本章将尝试重构一种逻辑，在这种逻辑下，毛泽东对马克思主义理论普遍性的坚持与他同时对中国特殊性的强调保持一致。西方对毛泽东 199
“马克思主义中国化”的评论主要围绕着两种观点展开。第一种观点称，“马克思主义中国化”实质上是毛泽东“中国中心主义”的运用，他以牺牲马克思主义普遍真理的代价来拔高中国传统和当代中国现实的重要性；它暗含了“对中国经验的民族主义强调”[7]。第二种观点称，“马克思主义中国化”是毛泽东的一种意识形态策略，他用这一策略来与党内的留苏派进行权力斗争进而提高自己的地位，留苏派往往比毛泽东更愿意正统化地解读马克思主义。[8]相反，本章接下来的分析表明，毛泽东的“马克思主义中国化”是要尝试在不放弃理论普遍性的前提下，寻找把马克思主义的普遍原理运用于特殊民族背景中的方式。要理解毛泽东是通过何种逻辑来协调这两件看似冲突的事情——坚持理论的普遍性与密切关注中国的特殊性，就需要重构毛泽东的科学与科学方法观。自然与社会的普遍法则是如何获得的？一旦这些法则获得了普遍性地位又该如何加以运用？是不是所有的社会都要遵循单一的普遍性法则？而那些看似没有遵循的社会又会怎么样？毛泽东从马克思主义的普遍历史理论中获得灵感，同时又寻求对中国社会现实和中国革命动力的理解，而上述诸如此类的问题就是他在这个过程中要努力克服的问题。[9]

毛泽东与科学：普遍性与特殊性

毛泽东的科学观牢牢地建立在以下观点的基础上：归纳法是人们获取客观世界真理的唯一可靠的方法。根据经典的归纳逻辑，毛泽东相信，对现实的调查始于对具体事例的大量观察，只有这样，观察者才能有效地从经验中得出结论（以自然法则的形式）。毛泽东一贯反对演绎的方法，认为它违背了马克思主义的科学方法：

> 我们讨论问题，应当从实际出发，不是从定义出发。……我们是马克思主义者，马克思主义叫我们看问题不要从抽象的定义出发，而要从客观存在的事实出发，从分析这些事实中找出方针、政策、办
> 200 法来。[10]

毛泽东对归纳法的理解，在他经常使用的四个字“实事求是”中得以体现。在毛泽东去世之后，“实事求是”这句口号成为人们明显地抛弃他的思想转而另寻他路的合理性辩护，这种意识形态上的倒退非常清楚地揭示了认识论立场上经验主义的缺失（稍后将详细论述，也可参考第二章）。毛泽东对“实事求是”这一词语做了如下解释：“‘实事’就是客观存在着的一切事物，‘是’就是客观事物的内部联系，即规律性，‘求’就是我们去研究。”[11]“实事求是”代表了毛泽东的“科学方法”[12]，为了贯彻这一方法，要“详细地占有材料，加以科学的分析和综合的研究”[13]。

毛泽东明确提出，自然法则是大量地观察现实世界的最终结果。正如他在《辩证法唯物论（讲授提纲）》中指出的那样，马克思主义哲学的任务“不是从头脑里想出存在于各现象间的关系，而是要在各现象本身中观察出它们之间的关系来”[14]。毛泽东坚信，马克思主义的创始人“指出了

那根据实在生活和实在关系的分析而生长出来的哲学之必然性”[15]。他认为，人们可以通过对具体事实的观察，得出自然和社会科学各领域“最广泛的法则和公式”[16]；人类在实践过程中获得的“感觉和印象”构成了所有客观知识的基础[17]。尽管毛泽东的确提出过，当观察者分析由调查获得的事实并从中得出概念的那一刻，其头脑中可能会产生“突然的变化”，但是对于自然法则形成之前应该观察的次数这一问题，他的态度是谨慎的。[18]观察的次数看上去由调查对象本身的性质来决定。当研究者面前出现了多样化的趋势时就应该进行充分的观察，这种观察在研究者头脑中以概念形式出现，此时的观察者掌握了现象的本质和显著特征。但是，毛泽东在延安时期的著作中，并没有清楚地阐释获得规律的实际过程应遵守的指导方针。尽管如此，通过分析毛泽东使用“规律”一词的方式，我们仍然可以对他有关本质“规律”的思想，以及他以此为前提所建构的“马克思主义中国化”做出大体的评论。

从西方的知识传统看科学哲学已经取得的发展，我们会发现，科学 201
“规律”的概念是关于某种现象特征和表现的一般性和正确性的描述。在归纳范式中，这种描述建立的基础是，以价值中立的立场对某种范畴所涵盖的大量具体实例进行分析。我们假定，由于被观察的实例都表现出某种特定的方式（一种有规律的、可预见的方式），因而此范畴的所有事物都具有同样的表现方式。关键的问题是，规律的产生基于如下假设：某种范畴的所有实例（被观察的或者未被观察的）都具有精确的可复制性。因此，规律具有普遍的有效性。

这就是所谓归纳的科学方法的逻辑。很多科学哲学家已经指出了它的逻辑错误，例如无法确保对事实的观察完全不受观察者自身价值立场和已有预想的干扰，也无法创造出一个能涵盖所有未经观察的实例的规律。以上对于归纳法的质疑，毛泽东既没有明确的认知也没有谈论过，但是我们从他研究科学以及本质规律的方法中却可以发现，他已经意识到归纳主义所存在的问题，并且要求对这一方法做出修正。这一点可以从毛泽东发现规律（自然的、社会的、历史的、军事的等）的方法中得到证明，这些方法在某些重要的细节方面已经超出了归纳主义。根据毛泽东的观点，尽管普遍规律的确存在，但是仍然可以得出一些不具备普遍性并且只适用于某类事物中的特定实例的规律。如果我们注意一下毛泽东关于战争现象的分析就会很明显地发现，在他看来，形成只具有特定（而非普遍）适用性的“规律”是可行的。在1936年《中国革命战争的战略问题》一文中，毛泽东做出了如下有益的评论：

> 战争情况的不同，决定着不同的战争指导规律，有时间、地域和性质的差别。从时间的条件说，战争和战争指导规律都是发展的，各个历史阶段有各个历史阶段的特点，因而战争规律也各有其特点，不能呆板地移用于不同的阶段。从战争的性质看，革命战争和反革命战争，各有其不同的特点，因而战争规律也各有其特点，不能呆板地互
> 202 相移用。从地域的条件看，各个国家各个民族特别是大国家大民族均有其特点，因而战争规律也各有其特点，同样不能呆板地移用。我们研究在各个不同历史阶段、各个不同性质、不同地域和民族的战争的指导规律，应该着眼其特点和着眼其发展，反对战争问题上的机械论。[19]

从这段有趣的文字中可以明显地发现，毛泽东反对认为只存在普遍的战争规律的观点。相反，他认为，可能且需要寻找描述具体战争规则的“规律”。因为随着战争性质和内容的改变，战争发展的规律会改变。从一个地域中获得的规律与其他的地域不相关，与同一地域中不同时期的事物也不相关。战争的规律也会根据战争的性质而改变，革命战争和反革命战争都是如此。事实是，从具有特定的时间、地域和“性质”的特定战争中获得的“规律”，在其他的情况下可能并不适用。由此一来，“规律”成为对于一般范畴中具体实例的规则的描述（如一场特定的战争或运动），而不是对某个范畴本身（如总体上的战争）的规则的描述。这种意义上的“规律”只对正在讨论中的实例具有有效性，而且由于这一特定实例（或许）具有不可重复性，对于作为总体性范畴的战争中的其他实例，绝不具有有效性。

我们可以得出，对于毛泽东而言，特定的实例本身就成为一个范畴（为了获取规律），因而也理所当然地可以产生具有涵盖性的“规律”。然而，这一观点涉及两个问题。其一，这就意味着可能出现无限回归，即一个现象（如战争）可以被持续细分，进而产生出越来越具体和普适性越来越小的规律。其二，关于可重复性的问题。毛泽东所赞成的归纳法要求能够得出如此这般的科学规律，即这一规律所描述的某种现象的特征在这一现象的所有表现形式中都可以精确地被重复，不管是过去、现在还是未来。这样一来，规律就具有可预见性，因为这种规律以某个范畴的表现形

式的确定可重复性为前提。然而，毛泽东似乎并没有过度地关心可重复性问题，他所谓的“规律”是对看似不可重复的特定实例的描述；从这个角度来看，科学规律失去了能高度预知同类现象中所有实例的能力。在毛泽 203
东对“规律”这一概念的运用中，“规律”仅仅拥有相对和暂时的有效性，而只有当作为规律来源的实例所具有的特征能精确再现时，规律才具有对于个别事物的适用性。的确，在谈到“规律”的历史相对性时，毛泽东说道：“一切战争指导规律，依照历史的发展而发展，依照战争的发展而发展；一成不变的东西是没有的。”[20]在毛泽东的视野里，关于某个特定实例的“规律”并不自动具有普遍适用性；但是，他所提供的对于此实例特征的描绘则有助于人们理解进而制定出具体的政策。正是由于这种“规律”的特殊性，人们才得以准确地把握特定实例的规律，并且为理解该范畴中其他的实例提供有益的经验教训。但是，以这样的特殊“规律”为基础，人们无法做出任何假定，尽管可以形成直接的推理和预言。正如毛泽东所言：“各个国家各个民族……战争规律也各有其特点。”[21]

在毛泽东关于特殊“规律”的论述中，推理和预言并没有占据主导地位。他坚信，避免机械照搬“规律”是很有必要的，规律的普适性受限于它所源自的特定实例的独特性（例如，在“战争”这一范畴中，必须区分中国和俄国革命的差别）。毛泽东对特殊的“规律”感兴趣，它们的有用性大部分体现在政治和军事战略的制定中。明显存在于特定实例中的规则知识即规律，它们能够帮助人们理解其他实例的规则，但是一旦机械照搬，就会遮蔽这些规则并导致形成错误的策略。正如毛泽东所言，“各个历史阶段有各个历史阶段的特点，因而战争规律也各有其特点，不能呆板地移用于不同的阶段”。

那么，我们是不是可以判定，对毛泽东而言，特殊性无法超越自身从而形成更为一般和根本的普适性规律呢？

尽管在毛泽东的思想中（“一成不变的东西是没有的”）存在着赫拉克利特哲学的因素[22]，但是很明显，他的确相信普遍规律的存在，这一普遍规律建立在特殊性的基础上（同时实现了超越），提供了理解和解释自然、历史及社会的框架。不容置疑，毛泽东是从这层意义上理解马克思列 204
宁主义的。毛泽东将普遍规律的获得看作从具体到一般的过程（与归纳逻辑相一致）。他认为，要获取客观真理就必须坚持特殊性和普遍性的相联结，“特殊和一般本来是互相联系不可分裂的，分裂就脱离了客观真理”[23]。毛泽东认为，控制着特殊性的“规律”构成了建构具有更广泛普遍性的“规律”的基础，这个“归纳金字塔”的每一层都直接有赖于更低层次的普遍性，以此类推，直至某个实例的整个“规律大厦”得以建立。尽管“实践出真知”，但是毛泽东指出，直接经验需要与前人和同时代人所获得的经验（即间接经验）相结合，从而给“规律”金字塔的构建提供材料。[24]如果先前形成的规律是从其他人的直接经验中“科学地抽象”而来的，那么它们应该成为关于现实的科学观点。这样一来，根据毛泽东的标准，接受诸如马克思主义这样的普遍理论是正确的——它产生于标准的归纳程序，是从特殊性到普遍性的产物，通过对直接经验的“科学抽象”提炼而来。因此，毛泽东指出，运用归纳法和包罗万象的世界观之间并不存在矛盾，因为他坚信这一前提，即这一世界观——马克思主义的辩证唯物主义和历史唯物主义——由他所赞成的特殊归纳法推导而来。他进一步指出，只要学会“以客观和全面的方式”看问题，他和他的同志们就是“马克思主义者”[25]。

很明显，毛泽东面临着严重的逻辑困境。“归纳金字塔”的建构以普遍性规律为基础，但他坚持认为实例的特殊“规律”不具重复性，这就对普遍性规律产生了威胁。由于在建构具有较低普遍性“规律”时缺乏“可重复”的标准，因而这一“规律”作为建构普遍性规律原材料的可能性受到了质疑。可见，毛泽东从特殊性到普遍性的路线建立在其方法论中悬而未决的矛盾的基础上。但是，关键问题在于，毛泽东仍然认为普遍规律和
205 特殊“规律”是可以兼得的，虽然二者之间的逻辑联系极其松散。我们会越来越清楚地发现，在毛泽东实现马克思主义中国化（采用一个普遍的历史理论，在不削弱其普遍性地位的前提下赋予其民族的形式）的方式中，普遍规律与特殊“规律”的区分至关重要。

毛泽东视野中“马克思主义中国化”的形式

毛泽东解释现象的方式有一个显著特征，他强调要抓住那些标志着某种实例特殊性的规则，同时，他不相信那种忽视其他具体实体的规则、不加区分地应用普遍性规律的做法。毛泽东认为，掌握普遍规律的具体表现是很重要的，对这种重要性的敏感使其坚持从方法论的意义上理解马克思

主义，而这种方法能够促使他寻求特殊性的内涵。与此立场相一致的是，毛泽东并非极度着迷于马克思关于欧洲工业资本主义起源与动力的具体历史分析，尽管他的确相信马克思从该分析中所得到的历史哲学。马克思关于历史起源、历史变化的推动力、历史阶段、历史发展的必然目标等问题的观点，都为毛泽东提供了认识历史的主要框架。然而，正如他在很多场合所阐明的那样，关于历史主要框架的观点没有也无法提供历史发展具体阶段的细节以及社会斗争的特殊方位。要揭示这两个问题就要通过对相关经验事实的细致分析来完成。因此，毛泽东一方面从马克思主义历史哲学的普遍法则中获得启示，另一方面他仅仅把这种启示视作指导方针以进行深入调查并揭示规律——有待研究的某种现象的特殊“规律”。所以，毛泽东非常反感那些能够背诵正统马克思主义的规律和原则、熟悉历史上马克思主义经典作家的具体内容，却不能运用马克思主义的方法来深刻理解中国社会演进和革命动力的同志。毛泽东对那种不加批判地运用马克思主义经典作家思想的行为持有敌意，他的这一态度体现在 1941 年《中共中央关于延安干部学校的决定》的文献中。在其中，毛泽东提出，干部应该学习从马克思主义中吸取对从事中国革命有益的东西，而不是沉浸于那些可能与欧洲或俄国环境相关但与中国环境毫不相关的规律和原则中。干部 206
首先必须学会分离马克思主义经典作家的内容和“本质”，在毛泽东看来这就意味着发现并运用马克思主义理论的核心方法：

> 目前延安干部学校的基本缺点，在于理论与实际、所学与所用的脱节，存在着主观主义与教条主义的严重的毛病。这种毛病，主要表现在使学生学习一大堆马列主义的抽象原则，而不注意或几乎不注意领会其实质及如何应用于具体的中国环境。为了纠正这种毛病，必须强调学习马列主义的理论的目的是为了使学生能够正确的应用这种理论去解决中国革命的实际问题，而不是为了书本上各项原则的死记与背诵。第一，必须使学生区别马列主义的字句与马列主义的实质；第二，必须使学生领会这种实质……第三，必须使学生学会善于应用这种实质于中国的具体环境；而抛开一切形式的空洞的学习。为了这个目的，除正确地教授马列主义的理论之外，同时必须增加中国历史与中国情况及党的历史与党的政策的教育。[26]

从这段引言可以明显看出，毛泽东对于马克思主义的信心与马克思的分析内容无关。这些内容必然针对于特定历史时期（19 世纪中期）的特定生产方式（资本主义）。马克思所描绘的特定历史阶段的特征——它的经济史、阶级结构、阶级斗争本质——代表了马克思分析中历史的、具体的内容，这些内容应该与他所总结的历史规律区分开来。

值得注意的是，毛泽东认为马列主义的原则和规律是“抽象”的，它们在中国语境中并不必然具有直接的有用性。毛泽东认为这些马列主义的抽象原则和规律构成了对特定现象的普遍状态的断言。尽管他绝对接受马克思主义普遍规律的正确性，但是他不认为这些规律可以详细说明它们所描述的现象在特定历史语境中显现自己的方式。关于阶级斗争的普遍规律
207 就是一个很好的例子。阶级斗争是一种普遍存在的社会现象，它是所有社会（原始社会除外）的显著特征。然而，在毛泽东看来，马克思主义的规律揭示了阶级斗争的普遍性，但完全没有说明阶级斗争在特定历史环境中发生的方式。因此，这一普遍规律（尽管最初源自对大量的阶级斗争具体实例的观察）仍然是“抽象”的，因为它没有被用来限定阶级斗争在更为具体的实例中可能采取的形式。正是在这个意义上，毛泽东在接受马克思主义规律的普遍正确性的同时，又认为它是“抽象”的。也正是在这个意义上，毛泽东思想中的归纳主义因素和经验主义因素可以并存（有点困难），且对某种包罗万象的普遍规律和规则满怀信心。

毛泽东与中国共产党内部“教条主义者”的斗争，应该首先被看作其对他们阐释、运用马克思主义方式的强烈反对。与毛泽东相反，“教条主义者”相信，虽然环境发生了变化，但是马克思关于西欧资本主义发展动力及其整体阶级结构与斗争的分析内容，在中国革命的语境中同样适用。同时，在“教条主义者”看来，那些从马克思历史、具体的分析内容中得出并用来描绘这些内容的原则，并非仅具有局部适用性，它们应该被看作代表了马克思主义的普遍真理。相反，毛泽东主张，在运用马克思关于欧洲资本主义的著作时，必须从其历史内容中抽象出更为一般化的规律，以便可以在其他地方运用这一规律。他把获得这种具有普遍适用性的规律的过程看作一个科学程序，这一程序能够构建“归纳金字塔”的最高层。通过这一程序，马克思用来描述 19 世纪欧洲阶级斗争特定实例的“规律”，得以与描述普遍意义上阶级斗争范畴的规律——阶级斗争存在于所有社会（原始社会除外）中——相分离。对于毛泽东而言，马克思关于欧洲阶级

结构和斗争的一般化概括由此等同于特殊“规律”。通过从这一“特殊”规律中抽象出普遍原则，就有可能得出具有最高一般性的规律，即拥有最普遍的适用性、不会受任何具体历史和文化语境限制的规律。因此，宣称阶级斗争在所有社会中存在的普遍规律会使人注意到某种社会现象的中心，但是它不能揭示阶级结构和阶级斗争在任意社会的任意时间点上是如何表现的。要揭露具体历史语境中阶级斗争的特征，就只能通过对该语境中阶级 208
斗争规则的经验性分析来实现，然后，分析的结论就形成了特殊“规律”。

在1938年《论新阶段》这一“中国化”演讲中，毛泽东强调马克思主义是“普遍适用”的。[27]然而，很显然，毛泽东拒绝接受这样的观点——从马克思对欧洲资本主义的分析中得到的“规律”具有普遍性的特征，因为它们的适用性受制于它们源自其中的历史语境的具体特征。要获得马克思主义的普遍性特征，需要抽象（使原则和内容相分离）的过程，借由此过程，具有有限的历史适用性的规律可以产生出普遍规律（摆脱了具体历史局限性）。经由这一过程产生的普遍规律必定是“抽象”的，因为它们没有任何的内容——会限制其普遍适用性的内容。但是，毛泽东相信，生产普遍规律只是代表了马克思主义理论体系的一个要素。普遍规律的生产并非终结于普遍规律本身，因为这些规律还要在具体实例的层面上展开应用，以指导人们对这些规律从抽象意义上描述的现象进行研究。这样一来，普遍规律可以用来帮助人们阐明特殊性，而也只有与特殊性结合，普遍规律才不再是抽象的存在。如果一个普遍规律不被用来限定具体的表现形式，则它必定仍是“抽象”的，普遍性和特殊性之间的联系是断裂的。但是，从这层意义上来说，马克思主义不可能是抽象的，因为毛泽东将其定义为普遍性与特殊性的统一，普遍性被应用于特殊性中并赋予其具体形式。马克思主义的普遍规律并没有代表马克思主义的整体而是代表了其中的一个要素，马克思主义的完整理论体系由普遍的（或“抽象”的）规律组成，这些规律被用来发现特殊历史所具有的“规律”。如果普遍性和特殊性不以这种方式相结合的话，则马克思主义仍然是不完整的。因此，当毛泽东在《论新阶段》中宣称“没有抽象的马克思主义，只有具体的马克思主义”[28]时，他要表明的是，作为一个完整的理论体系的马克思主义，是通过将普遍规律运用到具体的历史环境中来定义的，而不是说马克思主义中根本不存在任何抽象的要素。“抽象”的马克思主义的作用是提供具有普适性的规律以促使人们阐明特殊历史实例的规则。没有这些抽象的存在（它的普遍规律），可能会产生漫无目的的经验主义；但是，如果不将这些抽象的规律应用于具体的历史语境，马克思主义就成为脱离
209 了动态历史现实的、枯燥的思想体系。毛泽东坚持运用马克思主义的普遍规律来揭示中国环境的具体特征，可见，他的这一主张以一种特殊的马克思主义观为基础，即把马克思主义看作一个整体的理论体系，而不是如一些评论者所言：毛泽东从主观的需要出发使马克思主义从属于中国的经验现实。毛泽东认为，自己关于马克思主义理论体系的观点在逻辑上是站得住脚的，因为它强调运用马克思主义的普遍规律来揭示中国革命和社会的现实。

因此，对于毛泽东而言，得到关于普适性规律的规定，并不意味着马克思主义的功效发挥完毕。他还从方法论的意义上理解马克思主义——依靠这种方法论，这些规律得以应用到具体的历史环境中；换句话说，对马克思主义的运用过程就构成了该理论体系（整体理论体系）本身特征的一部分。正如毛泽东在《论新阶段》中指出的那样，学习马克思、列宁“观察问题和解决问题的立场和方法”[29]是十分必要的。这一方法论蕴含几个基本特征，例如对历史的自觉、对整体历史环境的分析、阶级分析法等。马克思主义的这些方法论维度使人们得以发现普遍性在具体的历史实例中表现自身的方式。因而，在对马克思主义的运用中，毛泽东只相信作为整体理论体系的马克思主义。由此一来，中国语境中的马克思主义由马克思主义的普遍性规律组成——这种规律被应用于详细的调查中，以发现标志着中国革命和中国社会特征的规则（或特殊“规律”）。这些特殊的“规律”一经揭示，就成为马克思主义在特定历史语境中的组成部分。毛泽东也正是在这个意义上提出了“马克思主义中国化”，因为在中国的历史背景下，马克思主义只有通过“中国化”才能成为完整的：

> 没有抽象的马克思主义，只有具体的马克思主义。所谓具体的马克思主义，就是通过民族形式的马克思主义，就是把马克思主义应用到中国具体环境的具体斗争中去，而不是抽象地应用它。成为伟大中华民族之一部分……离开中国特点来谈马克思主义，只是抽象的空洞的马克思主义。因此，马克思主义的中国化，使之在其每一表现中带着中国的特性，即是说，按照中国的特点去应用它，成为全党亟待了解并亟须解决的问题。[30]

毛泽东视野中的“马克思主义中国化”内含着如下观点：马克思主义 210
作为一个完整的理论体系（而不只是一系列的普遍规律）只有在具体的历史环境中才能被界定，这是因为对马克思主义来说，普遍规律和特殊“规律”（前者吸引后者的注意）的结合是非常重要的。因此，正如雷蒙德·怀利指出的那样，尽管“马克思主义中国化”是一个“文化意义上的名词”，但是这并不意味着中国的文化因素相对马克思主义具有绝对优先性。[31]在不同的文化和历史语境中，马克思主义的普遍规律需要和具体环境的特殊“规律”相结合，因为其他环境的特殊“规律”和中国的不同，因此具体的马克思主义是相应发生变化的。不过，所有形式的马克思主义都要遵守共同的普遍规律。在1940年的《新民主主义论》中，毛泽东重复强调了将马克思主义的普遍真理和中国具体特征相结合的必要性：

> 中国共产主义者对于马克思主义在中国的应用也是这样，必须将马克思主义的普遍真理和中国革命的具体实践完全地恰当地统一起来，就是说，和民族的特点相结合，经过一定的民族形式，才有用处，决不能主观地公式地应用它。[32]

在这里又一次强调了以下问题，即马克思主义只有与具体的文化和历史语境中的特殊“规律”相结合，才能完成自身且具有有用性。这种马克思主义观从逻辑上导向了如下的主张，即必须密切关注中国社会和历史的具体特征。在延安时期接下来的著作中，毛泽东一次又一次地谈到这一问题，并且从不尝试去掩饰他对那些专注于国外历史和革命模式却忽视中国社会现状的马克思主义者的反感。他认为这种专注意味着对马克思主义的错误阐释，这些人认为，欧洲形式的马克思主义的内容及其历史特殊“规律”自然而然地与中国的语境相关。在1941年《改造我们的学习》中，毛泽东指出了中国共产党内的三种有害倾向：不注重研究现状，不注重研究历史，不注重研究马列主义的应用。对于毛泽东来说，这些失败是由错误阐释马克思主义导致的，而他对该问题的批判受到一种马克思主义观的启发——把马克思主义的普遍规律与体现中国具体历史特征的特殊“规
律”相结合；这一结合只有通过对中国历史和现状的深入调查和密切了解 211
才有可能实现。毛泽东坚信，马克思主义者如果在教条主义地、错误地理解马克思主义的基础上工作，就会犯“主观主义”的错误——为了理论而理论、脱离现实的倾向：

> 在这种态度下，就是对周围环境不作系统的周密的研究，单凭主观热情去工作，对于中国今天的面目若明若暗。在这种态度下，就是割断历史，只懂得希腊，不懂得中国，对于中国昨天和前天的面目漆黑一团。在这种态度下，就是抽象地无目的地去研究马克思列宁主义的理论。不是为了要解决中国革命的理论问题、策略问题而到马克思、恩格斯、列宁、斯大林那里找立场，找观点，找方法，而是为了单纯地学理论而去学理论。[33]

1942—1944年的整风运动着重强调了要消除这种“主观主义”倾向。整风时期的文献高度关注对中国革命和社会特征（特殊“规律”）的揭示，以及根据这些特征制定政策的需要。因此，从很大程度上来说，整风应该被视作全党范围内接受“马克思主义中国化”的运动（正如毛泽东所认为的那样），自从1938年起党内的主要领导人便接受了这一构想，但是一般的同志并没有广泛接受和理解。[34]

在《论新阶段》中，毛泽东宣称马克思主义必须被视为行动的向导。这一主题在整风时期的著作中被不断提起，且成为毛泽东《整顿学风党风文风》这一演讲的主旨。

> 我们的同志必须明白，我们学习马克思列宁主义不是为着好看，也不是因为它有什么神秘……。马克思、恩格斯、列宁、斯大林曾经反复地讲，我们的学说不是教条而是行动的指南。……中国共产党人只有在他们善于应用马克思列宁主义的立场、观点和方法，善于应用列宁斯大林关于中国革命的学说，进一步地从中国的历史实际和革命实际的认真研究中，在各方面作出合乎中国需要的理论性的创造，才叫做理论和实际相联系。[35]

212 很显然，毛泽东认为，中国化马克思主义就是马克思主义的普遍规律与体现中国具体历史特征的特殊“规律”的结合。他是在何种意义上将这一理论体系理解为“行动的指南”的呢？人们强调说，毛泽东所谓“行动的指南”并不是指可以自动提供必然正确的政策的公式——这些政策能够应对革命过程中可能出现的各种政治、经济、军事的不可预见性。中国化马克思主义的一个作用就是促使人们尽可能准确地理解中国的环境。据此，中国的领导人能够制定出与具体环境中的客观条件和限制相符合的战略战术。这样的战略战术并不是必然正确的，而只有在他们的观点中才被认为是正确的。清晰、乐观、准确地了解历史情况可以为行动提供指导，它可以排除不恰当的政策，取而代之提出更加可取的甚至是显然应该采取的战略和战术。在这里，归纳法的影响又一次体现在毛泽东制定政策的方法中：离开对特定历史环境特征的认真分析，在任何情况下，人们都不能通过推论制定出战略和战术。人们必须从事实出发“向上”，而不是试图把事先确定的蓝图强加于行动和现实之上。在《改造我们的学习》中，毛泽东阐明了这一点：“马克思、恩格斯、列宁、斯大林教导我们说：应当从客观存在着的实际事物出发，从其中引出规律，作为我们行动的向导。”[36]

正是在这样的背景下，毛泽东的实践论发现了“事实”与“规律”的相关性。[37]中国化的马克思主义只有通过对历史环境的正确评估才能发挥“行动的指南”的向导作用。运用直接或间接经验、充分认识某种情况的规则（特殊“规律”）、得出必要的结论、制定恰当的政策，这些都由政治领导人或同志来决定。确定某种看似正确的政策是否正确的唯一方式是，对实施它所带来的结果进行评价。如果主观意图和结果相一致，那么这一政策以及在此基础上产生的理解确实是正确的；如果主观意图和结果不一致，就意味着对情况的分析是错误的，或者制定的看似恰当的政策其实是错误的。后一种情况则要求人们调整对客观情况的分析或者修正政策。只 213
有与现实相结合、“实事求是”且紧密地理论联系实际，才能够获得必备的知识以弥合主观意图和政策结果之间的任何缺口。[38]

因此，毛泽东相信，马克思主义是一个复杂的理论体系，这一理论体系只有在历史的具体语境中才能获得完整的定义。可见，毛泽东视野中的“马克思主义中国化”不是使马克思主义从属于中国的现实、历史或文化，也不是仅仅作为与留苏派进行权力斗争所采取的战略行动。相反，它来自毛泽东的一种信念——马克思主义的普遍规律仅在自身范围内无法呈现出马克思主义完整的理论体系。马克思主义要在中国的环境中变得完整，它的普遍规律就必须与描述中国独有特征的特殊“规律”相统一（“结合”）。毛泽东相信，普遍性与特殊性的统一使得马克思主义体系的完善成为可能，并且创造出真正的中国的马克思主义，而中国的马克思主义并没有贬损马克思主义作为历史理论的普遍性地位。

第八章

通往中国社会主义道路上的毛泽东（1949—1969）

217 对于许多阐释中国马克思主义的西方释译者来说，作为一个马克思主义者的毛泽东，在延安时期（1936—1947）达到了他事业的巅峰。[1] 在这一时期，毛泽东撰写了一些非常重要的理论著作。也正是在这一时期，毛泽东意识到马克思主义中国化这一问题，至少在理论上，毛泽东秉持了马克思主义的基本维度并将其与中国革命的具体特点和需要相结合，这一进程曾被学者描述为毛泽东“最伟大的理论和实践成果”[2]。此外，后毛泽东时代的权威观点对毛泽东延安时期为中国革命所做贡献的评价也是相当积极的，包括对毛泽东为中国共产党发展“指导思想”所做贡献的评价也同样十分积极。正如在 1981 年党的《决议》中所声称的那样：“如果没有毛泽东同志多次从危机中挽救中国革命……我们的党和人民可能还要在黑暗中摸索更长时间。”[3]

然而，关于 20 世纪 50 年代到 60 年代的毛泽东思想和政策的评价却不太积极，甚至对一些事件的评价极其消极。斯图尔特·施拉姆从“文化大革命”视角这样评论道：

> 如果贯穿于毛泽东伟业中的大部分思想都是与中国整体需求相契合的，那么自 1958 年开始的剧幕（“大跃进”的开展）则是一种与日俱增的公然背离，这种背离在对人们与生俱来的游击队经验的信任和经济发展的客观困难之间留下了一道鸿沟。毛泽东相信政治热情可以有力地取代科技技能，这不但使毛泽东陷入了现实的矛盾中，也使得
> 218 他与中国共产党内的大多数中央委员发生了分歧。[4]

中国共产党 1981 年的《决议》赞同这一评价，并表明自 1958 年开

始，“毛泽东同志、中央和地方不少领导同志在胜利面前滋长了骄傲自满情绪，急于求成，夸大了主观意志和主观努力的作用”。而且，这些失误使得“文化大革命”应时而生，“文化大革命”“使党、国家和人民遭到建国以来最严重的挫折和损失”[5]。

这种消极的评价是普遍的，但赞赏另一事实的迹象却较少，即在尝试制定中国向社会主义过渡的政策，包括制定使中国社会和经济达到工业化和现代化的政策中，毛泽东如同航行在浩瀚未知的海域中，因为他正在寻找一条不同于中国曾在 20 世纪 50 年依赖过的苏联模式的发展道路。[6]到 20 世纪 50 年代中期，毛泽东意识到苏联向社会主义过渡的经验在较大程度上已经不适合中国国情了，因为中国是一个工业不发达且比较贫穷的国家，也是一个依赖于原始农业技术的较大的农业国。截至 1949 年，中国工业的发展仍然有很大的局限性，它处于比俄国 1917 革命前还要低的水平；并且新的苏维埃国家拥有更雄厚的工业基础，它比 1949 年的中国拥有更广阔的途径来获取加速工业化进程所需的资本。苏联模式强调国家中央集权对经济和昂贵的大型重工业项目的控制，伴随着对苏联模式的弊端的日益觉醒，毛泽东开始寻找一种适合中国社会和经济需要并与中国具体国情相协调的发展战略。[7]事实上，毛泽东在制定使新中国通往社会主义道路的发展策略时描绘了一幅新的蓝图，他致力于规避苏联模式的弊端，尤其是与中国具体国情缺乏相关性的弊端。尽管多数策略以失败告终[8]，然而在 20 世纪 50 年代到 80 年代的中国社会主义道路上，这些策略却被许多发展中国家和发达国家视为一种可行的选择。无论是面对实行独裁主义的苏维埃国家社会主义，还是面对不公正的西方资本主义，这无疑是一种明智的抉择。[9]此外，一些评论家认为，如果不是在毛泽东作为中国领导人期间奠定了经济基础，中国经济也不会在 1978 年后取得迅速的发展。这一观点对毛泽东在中国社会主义道路上经济作为的评价也不像西方主流评论和后毛泽东时代权威声明的那样消极。[10] 219

然而，本章的目的并不是衡量中国社会主义道路上所取得的成就，而是更乐于探索那些启发毛泽东在社会主义过渡时期制定替代性发展战略的思想和观点。1949 年前，特定的主题明显存在于毛泽东的思想中，例如矛盾的普遍性、马克思主义的社会变革理论，这些主题在 20 世纪 50 年代到 60 年代焕发了新的活力，但考虑到中国自身条件的变化，它们常常被重新概念化了；其他的主题，例如他对未来的看法却发生了急剧转变（见第九章）。另一观念在早期的毛泽东思想里并没有得到强调，“不断革命”这一理论显现于“大跃进”时期，为迫切实现经济发展和政治目标提供了合理依据。毛泽东思想中这些主题的融合，形成了他关于社会主义过渡的独特视角，并致使他产生了要成功执行政策的需求。这一切使得毛泽东与影响其 20 世纪 50 年代早期思想的苏联模式产生了诸多分歧。然而，当谈论到这条“中国社会主义道路”时，人们必须深思熟虑，把毛泽东置于一个与社会主义过渡紧密相连的视角下，因为他在 20 世纪 50 年代和 60 年代的观点往往是对国际舞台和国内背景下一些事件的回应。没有什么比毛泽东 20 世纪 50 年代中期对国际共产主义世界快速变换的环境所作的回答更有说服力，包括毛泽东对指导中国政治和经济发展的回应同样十分有力。无论如何，尽管毛泽东思想里一部分观点是回应性的，一部分观点是对先前想法的实践，但是人们可以看到毛泽东思想和观念的融合是对“中国社会主义道路”这一概念的诠释，并且他制定的向社会主义过渡的种种策略与苏维埃同伴在诸多细节上也是不同的。因此，如果想了解毛泽东思想里社会主义维度的历程，以及 20 世纪 50 年代至 60 年代中国的政治历史轨迹，就必须进行认真专注的探究。

毛泽东对 1955 年至 1956 年事件的回答

众所周知，20 世纪 50 年代中期是毛泽东社会主义过渡思想发展的分
220 水岭。是什么因素引起了这一转折呢？第一个原因就是，在中国农村开展的农村合作社运动取得了丰硕的成果，并且中国农民对这一运动给予了十分积极的回应。为了达到目标，这一运动的发展速度日益飙升，毛泽东认为这是一个“根本性的转变”，有人曾经提出加速实现中国迈向社会主义和共产主义进程的可行性。对于毛泽东来说，农村合作社的成功证实了中国共产党对付诸改变的进程太过小心翼翼了，他对那些思想不能与客观发展形势保持同步的“右派保守主义”表示不屑。[11]毛泽东相信中国农民对农村合作社需求的积极回应与苏联凭借暴力强迫农民加入合作社的状况形成了鲜明的对比。毛泽东意识到，农村合作社的成功奠定了向社会主义过渡新途径的前提，并且可以结合苏联以往的经验制定一种不同的策略，从

而以更快的速度谋求发展。这同样使得毛泽东在面对党内保守派的反对时，可以通过政治途径来保障经济策略的实施。

第二个原因就是，苏联领导人尼基塔·赫鲁晓夫在1956年2月苏共二十大上做的反斯大林报告。在他所谓的“秘密报告”中，赫鲁晓夫对约瑟夫·斯大林和他的领导方法进行了猛烈的抨击。赫鲁晓夫声称：“斯大林并没有通过说服、劝解和耐心协作来与人民相处，而是一味地把自己的观点和需求强加给人民，并要求人民绝对地服从他的意愿。”[12]他无视党内章程，极度滥用“社会主义的合法性”，那种肆意妄为的言行举止给党和苏维埃国家的利益造成了巨大的伤害，他是罪恶的。在二十大“报告”中，赫鲁晓夫还抨击了曾被斯大林确立为国际共产主义运动正统思想的马克思主义的核心内容。赫鲁晓夫尤其批判了斯大林关于历史发展的机械论观点，这种观点主张所有国家都必须坚定不移地遵循一条固定不变的社会主义道路。他辩论道，尽管向社会主义的过渡是不可避免的，但是每个国家都应以其特定的环境为导向来进行过渡，不是每个国家都有必要通过革命这条道路来完成。因此，他的立场并不是强调向社会主义过渡的一致性而是注重其方式的多样性： 221

> 伴随着世界舞台上发生的根本性变化，同样为国家与民族向社会主义的过渡开启了新的前景……向社会主义过渡的形式变得越来越多样化是非常可能的。[13]

毫无疑问，赫鲁晓夫及其他苏维埃领导人“对他们自身的思想言论可能引起的后果持一种极其漠不关心的态度”[14]。他们批判斯大林，并允许通过多种道路走向社会主义而不是一定要跟随苏联，赫鲁晓夫含蓄地质疑了苏联在国际共产主义运动中的意识形态霸权。这一点削弱了苏联在思想上的领导地位，也是致使毛泽东决定放弃“一边倒”政策的重要原因之一。“一边倒”即在外交事务上要依赖苏联，要遵循它的经济发展模式，要遵从它的思想观念。[15]然而，毛泽东抓住了赫鲁晓夫在二十大会议上的声明这一机会，决心要构建一条符合中国国情的社会主义道路，毛泽东比赫鲁晓夫更清楚地意识到处理不好斯大林问题的后果。毛泽东对二十大会议的回应体现了他的矛盾心理：“当斯大林在1956年被批判的时候，我们一方面感到高兴，另一方面又感到忧虑。我们完全有必要消除限制，打破盲目的信仰，释放压力，解放思想。但是我们不赞同一下子推翻斯大林。”[16]

社会主义社会的矛盾

由于赫鲁晓夫对斯大林的抨击削弱了苏维埃在国际共产主义世界的霸权，这促使毛泽东更清晰地构建自己信仰的理论前提，即“矛盾”仍然是社会主义社会的重要特点。斯大林曾在 1936 年宣称苏联所取得的社会主义成就已经见证了人民之间矛盾的“消除”。[17] 毛泽东不赞同这种论断。在 1937 年的《矛盾论》中，毛泽东驳斥了斯大林关于社会主义社会矛盾已经“消除”的论点。毛泽东强调“工农之间，即使在苏联的社会条件
222 下，也有差异，它们的差异就是矛盾，仅仅不会激化成为对抗，不取阶级斗争的形态”。毛泽东与斯大林的观点分歧是相当明显的，他讲道：“这是矛盾的差别性的问题，不是矛盾的有无的问题。矛盾是普遍的、绝对的，存在于事物发展的一切过程中，又贯串于一切过程的始终。”[18]

受赫鲁晓夫“秘密报告”中论及的变化的环境所激发，毛泽东转向分析中国社会的矛盾特点，以便建立中国社会主义过渡时期发展战略的理论框架。在《论十大关系》（1956 年 4 月）中，毛泽东谈论到正确分析和处理矛盾可以防止制定和执行错误的政策，其含义是，如果不是斯大林不承认苏联社会内存在矛盾，就不会导致如此严重消极的后果。[19] 毛泽东开始详述中国经济的一些矛盾，并针对实例提出要通过辩证的方法来解决那些矛盾。在处理重工业与轻工业、农业的矛盾关系时，提出通过加大对轻工业和农业的投入来推动重工业的发展是很有必要的。这本身就与苏联经验有很大的不同：苏联一贯强调要重视重工业的发展，却以牺牲轻工业和农业为代价。同样，毛泽东质疑了那些

1956 年 5 月 2 日，毛泽东在最高国务会议上发表《论十大关系》的讲话。

想通过进一步发展沿海地区的工业来推动中国内陆地区更多工业发展的想法。对于那些想提升中国军队实力的人来说，正确的方法是削减军队开支，增加经济建设投入。在处理国家、生产单位和个体生产者三者的关系时，毛泽东谈到增加对个体生产者的奖励和给予当地生产单位更多的自主权，将有助于整个国家的工业化发展。同样，在谈到中央和地方的关系问题时，毛泽东把整个国家的利益放在首位作为前提，这看起来似乎有些矛盾，实则是为给予地方更多的自主权和主动权的必要之举。毛泽东在延安时期早已发现中央权力的进一步下放，意味着允许地方以一种符合当地情况的方式来执行中央的决策；这一原则同样适用于进行一场革命或社会主义社会的建设。 223

毛泽东随后把注意力转移到了中国社会的其他矛盾上。在这些矛盾中，中国与其他国家的矛盾也许是最重要的，毛泽东曾强调中国需要向其他国家，而不仅仅是苏联学习一些好的方面。在官方修订版的《论十大关系》中，他对过分依赖苏联的批判更加直言不讳。[20]中国从今以后“政治、经济、科学、技术、文学、艺术的一切真正好的东西都要学。但是，必须有分析有批判地学，不能盲目地学，不能一切照抄，机械搬用”[21]。总而言之，中国不应该持有一种傲慢的姿态，这也许会阻碍我们把握其弱点的实质，我们必须以一种积极的态度来学习其他国家的长处。无论如何，中国的弱点也恰巧铸就了其长处。毛泽东在 20 世纪 50 年代和 60 年代期间经常借助隐喻，譬如提到中国正是“一穷二白”。[22]然而这些条件——经济的和文化的贫穷——却衍生了主观的优势，“穷”意味着正处于发展道路的起点，“白”意味着对文化变迁的感知与接受。正如毛泽东指出的那样：“穷则思变，要干，要革命。一张白纸，没有负担，好写最新最美的文字，好画最新最美的图画。”[23]中国的落后和贫穷激发了她的人民渴求发展的迫切愿望。

如果将这篇报告基于政治语境下，那么应该怎样理解《论十大关系》呢？首先，枚举和分析中国社会和经济的主要矛盾，为毛泽东将中国的具体特点与社会主义过渡相结合奠定了理论基础。中国不再是盲目地跟随外国模式，而是结合自己的经验与实际情况，批判地吸收其他民族的长处，无论是否为社会主义的都加以借鉴和吸收。其次，毛泽东希望通过这样的分析来防止权力的滥用。这一问题在苏联是由于斯大林错误地分析了其内部矛盾的“消除”，以及他武断地臆测在所有政策问题上都能达到一致同意而造成的。毛泽东坚信，矛盾仍然是社会主义社会一个持久而重要的特点，通过独断专政的手段强迫达到全体一致，将会导致消极的后果。最后，毛泽东通过辩证地解决中国经济的矛盾，试图说服中国经济规划者，如果他们按照毛泽东的设想来改变经济发展方向，那么他们的目标还是可
224 以实现的：放弃苏联那种过分强调重工业的发展模式将会提高重工业的效益，而中央减轻对经济的控制也会有益于整个国家。

毛泽东坚信社会主义社会仍然以矛盾为主要特点，并且它们的存在是一种积极的因素——它们不断地出现，发展，被解决——推动社会向前发展。没有矛盾，不可能有变化和发展；没有变化和发展，社会主义和共产主义也是不切实际的目标。如果有矛盾存在，它们就必须被发觉、被公开、被解决；忽视或压制矛盾将会使其转化为对抗性的矛盾，这将会给社会主义事业带来巨大的损失。这是毛泽东在 1957 年 2 月 27 日《关于正确处理人民内部矛盾的问题》重要报告中的核心主题。[24]毛泽东在《矛盾论》中将人民矛盾与敌我矛盾做了区分，在此基础上，他谈论到辨别对抗性的和非对抗性的两种不同性质的矛盾还是有可能的。[25]矛盾的性质区分，主要依据它们是存在于人民内部之间还是敌人和人民之间；前者是非对抗性的，后者是对抗性的。1956 年的匈牙利暴动表明社会主义政府同样面临这一危险。毛泽东因此承认即使是社会主义社会，政府和人民之间仍然存在矛盾。“这种矛盾包括国家利益、集体利益同个人利益之间的矛盾，民主同集中的矛盾，领导同被领导之间的矛盾，国家机关某些工作人员的官僚主义作风同群众之间的矛盾。”[26]然而这些矛盾都存在于“人民内部之间”，是非对抗性的。无论如何，我们都必须努力正确处理这些矛盾，以免它们转化为一种对抗的形式。

为了避免矛盾发展到敌对的地步，毛泽东认为有必要允许在更开放的氛围中出现不同的意见和观点。这样可以使矛盾公开化，可以估量并解决
225 矛盾，而不使社会主义建设事业遭受损害。这是毛泽东决定“打开门户”整顿党，并允许党外人士向党提出批评的原因。“百花齐放，百家争鸣”的口号在 1956 年第一次被提出，但是直到 1957 年 5 月“百花”运动才开始“齐放”与“争鸣”。因为社会主义在中国基本上被巩固了，毛泽东期待这一运动可以在“和风细雨”般的氛围中进行。[27]但出乎意料的是，来

自党外的知识分子对党进行了猛烈的抨击。此外，随着这一批评而来的是学生的参与，也正是这一原因促使毛泽东改变了路线。6 月的第一个星期，这一运动转化成了“反右运动”，其矛头直指响应毛泽东的号召来表达他们的意见与批评的那些人。“百花”运动的结果之一，就是证实了毛泽东所确信的中国社会矛盾仍很突出。这一事件显露出一些矛盾具有对抗性的特点，以至于国家机关不得不采取武力措施来解决。

“百花”运动的重要性在于，尽管中国共产党居于领导地位，但毛泽东并不认为它是无可非议的。恰恰相反，毛泽东认为，在党内进行定期的整改是非常必要的。这样不但可以防止革命工作作风的恶化，还可以提醒人们不要忽视长期的革命目标。“百花”运动是重要的，还因为它标志着毛泽东愿意走向党外寻求支持，但似乎又表明他没有成功履行职责。当毛泽东因党内没有成功地执行正确的改革路线而对其进行大规模打压时，这些略带复仇色彩的主题在“文化大革命”期间再现于他的思想里。因此，“百花”运动也是毛泽东决意要脱离列宁主义的一种象征。因为列宁主义的重要原则是强调共产党内领导人的主导地位及他们在革命斗争中的领导作用。伴随列宁思想里对党的这种强调而来的则是他对大众自发性的不信任。然而，这种自发性正是毛泽东经常予以鼓励来解决政治问题或实现经济目标的途径。[28]

“不断革命”

毛泽东相信矛盾将贯穿于社会主义始终，超越是他“不断革命”理论 226
的一个重要前提。[29]这一理论表明 1949 年的胜利并不是中国革命结束的标志。相反，新的矛盾的出现将会激励中国努力奔向现代化，建设一个强

1956 年 1 月 25 日，毛泽东召集最高国务会议，讨论中共中央提出的 1956—1967 年全国农业发展纲要。图为毛泽东在会上讲话的情形。侯波 摄

大的社会主义国家，并且使社会统一于社会主义价值观。[30]这些矛盾的不断出现确保了革命热情的持续，社会主义建设也应该被视为革命的一个阶段，这一阶段将持续到未来；社会主义建设也会有许多不同的阶段，并且每一阶段都有各自的任务和目标。在 1958 年 1 月召开的最高国务会议的讲话中，毛泽东说道：

> 我主张不断革命论。你们不要以为是托洛茨基的不断革命论，革命就要趁热打铁，一个革命接着一个革命，革命要不断前进，中间不使冷场。湖南人常说："草鞋无样，边打边像。"托洛茨基主张民主革命未完成就进行社会主义革命，我们不是这样。如一九四九年解放，接着搞土改，土改刚结束，就搞互助组，接着又搞初级社，然后又搞高级社。七年来就合作化了，生产关系改变了。随着就搞整风，趁热，整风以后，就搞技术革命。[31]

毛泽东引用中国近代民主革命的先行者孙中山的一句作为这次讲话的结束语："革命尚未成功，同志仍需努力。"[32]同样于 1958 年 1 月，毛泽东在一份重要文件中重申了"不断革命"这一观念，他在《工作方法六十条（草案）》中提道：

> 我们的革命是一个接一个的。从一九四九年在全国范围内夺取政权开始，接着就是反封建的土地改革，土地改革一完成就开始农业合作化，接着又是私营工商业和手工业的社会主义改造。……我们的革命和打仗一样，在打了一个胜仗之后，马上就要提出新任务。这样就可以使干部和群众经常保持饱满的革命热情，减少骄傲情绪，想骄傲也没有骄傲的时间。[33]

从这些引证中可以明显看出，毛泽东预料到中国将不会停止革命性的斗争。只要一个革命任务完成了，另一个又会马上出现并占据革命者的注
227 意力和精力。这一现象将会持续不会终止，因此革命也是"不断的"。这种革命观点已经表明了毛泽东对未来和历史的看法。"不断革命"这一观点是不是说明毛泽东已经预见到革命的持续性，即使是实现共产主义社会之后？矛盾会不断出现，会迫使革命对其做出反应吗？毛泽东关于矛盾普遍性的理论逻辑必然使社会主义社会仍然存在矛盾的观点应运而生。而且仍然会有革命性的斗争，尽管不是阶级斗争，但依然存在："将来全世界

的帝国主义都打倒了，阶级消灭了，你们讲，那个时候还有没有革命？我看还是要革命的。社会制度还要改革，还会用‘革命’这个词。”[34]正如我们将在第九章评述的那样，毛泽东思想里关于共产主义社会是一个永久和平与和谐的安定社会的观念（延安时期的观点），在1955年后被他期望社会不断持续发展的观念所取代了。社会仍然会有斗争和矛盾，在持续不断的时间进程中，它仍需经历“许多阶段和革命”[35]。

“大跃进”

“不断革命”理论始于1958年年初，这也正是中国“大跃进”运动开始的时候。对于毛泽东来说，“大跃进”代表着又一次“革命”，这也体现了革命的永久性。通过这一运动，毛泽东希望在短短数年内推动中国从不发达的境况走向现代化与工业大发展的佳境。毛泽东为什么相信“大跃进”可以完成这一宏伟的目标呢？毕竟，传统的马克思主义理论认为，只有在生产力发展的基础上才能推动一个阶级的生产关系和上层建筑发生根本而全面的转变。例如，从封建主义向资本主义过渡的转变过程，应当依靠生产力的发展和广泛扩张——工业、商业、贸易的发展标志着历史上资本主义生产方式新的特点。那么，作为一个马克思主义者的毛泽东，在何种意义上设想通过一场运动来完成向社会主义工业化的过渡呢？通过这场运动，他又希望怎样来改变阶级和工作关系以及中国人民大众的思想呢？答案在于毛泽东对马克思 228
政治经济学范畴独到的理解和运用。[36]依据马克思主义的理论，毛泽东对推动经济迅速发展的途径做了剖析，因而他把希望寄托于“大跃进”。[37]

尽管大家普遍认为毛泽东放弃了马克思主义的唯物主义前提，但实际上他仍坚信生产力是历史变迁和发展进程中的最终决定因素。纵览他20世纪50年代到60年代的早期文本，可以确定事情就是这样的。[38]这一信念的必然结果就是，如果只通过政治和意识形态的方式，而完全放弃任何优先发展生产力的途径，那么在以工业化的社会主义为导向的中国，其政治经济就不会取得实质性的发展。但是以往的生产力需要发展到什么程度呢？通过政治途径进一步广泛地推动生产力发展可以实现吗？毛泽东认为，生产力相对较小规模的变化和发展，例如中国经济已经达到工业化水平，如果社会政治和意识形态进行合理转变，那么在其推动下足以加快经济发展的进程。沿着社会主义道路从根本上重构中国的生产关系和上层建筑，将会创造条件激发中国人民改变和发展经济的热情，因而也铸就了生产力的“大飞跃”。按照20世纪50年代早期取得的经济成就，未来本应达到成倍的效应，但是现在却被不合理的政治经济体制和保守的意识形态所阻碍，并且这种阻碍在迅速增大。此外，本可以通过较少的资本投入来推动生产关系和上层建筑的发展，但是中国却投入得太少，包括在生产层面和思想层面对改变人与人关系的投入都比较少。因此毛泽东意识到中国生产力“大飞跃”对变革的需求，也应渗透到群众和意识形态领域内，而不应该仅仅局限于技术和经济层面（虽然他并没有完全忽略在一定的经济基础上经济才会取得飞速的进步）。中国可能没有财力资源来追赶苏联的发展模式，即从农业部门中抽出大量的资本，将之投入到重工业部门的广泛建设中。然而中国拥有庞大的人口，他们善于接受变化，要求快速迈向社
229 会主义工业化。通过重建工作条件、重构中国数百万人的关系以及转变他们的思想观念，工业的发展以及向共产主义过渡的前提条件都将会实现。

从这个角度看，毛泽东的马克思主义和斯大林的马克思主义存在着根本的区别。在斯大林时期盛行一种设想，即过渡到共产主义首先也是最重要的是要发展国家的生产力：创建现代经济制度，达到重工业基础上广泛的工业化，拥有先进的科技设施，实现农业机械化。[39]沿着这些道路发展生产力，社会的其他领域将会发生改变，尤其是生产关系的变革，然后便可以走向共产主义。到达共产主义之后，生产力的广泛发展将是决定性的因素；当经济越来越显现出共产主义经济特质的时候，共产主义的生产关系和共产主义的意识形态才会出现。

毛泽东则以完全不同的视角看待发展的进程。在社会和经济的发展上，他更多地强调人的方面，而不单单只关注纯粹的技术维度或狭隘的经济维度。从毛泽东对斯大林简明的批评中可以说明这一点：“工业上只见物不见人”[40]。同样，从他对苏联《政治经济学教科书》的批判中也可以说明这一点，该书认为在向共产主义过渡完成之前，全面发展生产力才是根本：

> 这里讲发展大工业是对经济进行社会主义改造的基础，说得不完全。一切革命的历史都证明，并不是先有充分发展的新生产力，然后才改造落后的生产关系，而是要首先造成舆论，进行革命，夺取政权，才有可能消灭旧的生产关系。消灭了旧的生产关系，确立了新的

生产关系，这样就为新的生产力的发展开辟了道路。[41]

生产力的“充分发展”对于生产关系的变革来说并不是必要的，生产关系和上层建筑的变革可以推动生产力从相对较小的规模迅速向更大的规模发展。毛泽东指出，他对“大跃进”的看法是基于历史变迁的视角。因 230
此，通过“人民公社”组织，生产关系将会被变革；通过意识形态的运动，与共产主义不相一致的价值观念也会被转变。

更进一步来说，通过采取区别于苏联的方法来管理经济和工业，毛泽东把“大跃进”视为可以完成的目标。在大型企业方面对苏联模式的过分依赖必须被摒弃，可以通过对中小型企业更加协调的管理来弥补不足。这将会产生很多益处。首先，有利于更加合理地利用人力资源，企业将会分散并坐落在劳动力充足的地方。其次，这样的政策将使中国广泛的劳动力学习与现代工业相关的技能。再次，通过分散工业更易于激发中国人民的主观能动性（在毛泽东看来1955年农村合作社运动的成功是显而易见的）。最后，建立中小型企业比建立大型企业需要更少的运转资本。这一政策最初被描述为“两条腿走路”，它拒绝过分依赖大型企业，大型企业的花费要缩减，但经济依然能保持发展。[42]

毛泽东与苏联的经济政策同样强调要自力更生，这意味着要用中低等水平的技术，代替那些需要投入大量资本的先进技术来取得进步。中国目前还不具备在所有的生产领域内都使用先进技术的经济能力。因此，有必要采取一种策略，将中低等水平的技术与高劳动力输出相结合，并且通过合理利用中国所拥有的充裕资源（劳动力），来实现经济的快速发展。

因此，“大跃进”坚定了毛泽东的理论信念，即通过生产关系和上层建筑的变革，并与特有的经济发展政策相结合，将会推动中国经济的迅速发展。然而，他并不相信通过这样的措施就可以保持持续的高速发展。相反，他认为社会的发展和经济的进步是波浪式前进的：一段时期的快速发展伴随着一段时期的巩固。在快速前进时期所取得的成就，需要稳固和发展。因此，“大跃进”只代表一个阶段的快速前进，它还需要一个被巩固
的阶段。在1958年召开的成都会议上，毛泽东提到这一波浪式的前进： 231

在多快好省、鼓足干劲、力争上游的总路线下，波浪式地前进，这是缓和急的对立的统一，劳和逸的对立的统一。只有急和劳，就是片面性。如果专搞劳动强度，不休息，那怎么行呀？……做事总是有

缓有急……苦战和休整也有同一性。[43]

“大跃进”在经济方面的最终失败及给人民带来的惨重后果表明，从政治经济角度看“大跃进”，它是存在严重缺陷的。[44]如果有人认为是毛泽东的经济发展设想奠定了“大跃进”的基础，并导致了“大跃进”的开展（而且在这个问题上并没有达成共识）[45]，那么他们主要批判他思想里的哪一个维度呢？从比较独到的马克思主义视角分析，认为毛泽东未将经济的“充分发展”视作实现经济快速进步的必要条件，也许是比较合理的。[46]然而，这一信念留下了悬而未决的问题：在成功地通过政治运动来促进经济的快速增长之前，生产力需要发展到什么程度呢？马克思主义理论对这一问题没有明确的答复，苏联或其他国家的社会主义历史经验也没有提供任何借鉴。在 20 世纪 50 年代早期到中期，毛泽东意识到经济的转变和巩固要基于部分经济的现代化和工业化，但这并不等同于生产力的“充分发展”。无论如何，这些想法在他的脑海里根深蒂固，以至于认为，要想取得经济的快速发展，必须通过运动来消除社会和意识形态对经济增长的阻碍。这一判断受农村合作社的成功所鼓舞，已有倾向性的毛泽东希望中国经济的发展在绕开并优先于苏联模式——他认为，苏联模式的经济增长是沉重缓慢的，且日益呈现非社会主义特点——的同时，推动中国向更高级形式的社会主义发展。毛泽东对这一问题的回答是要勇于尝试，并且看看会发生什么。“大跃进”的失败表明，中国还没有为如此大胆的尝试做好准备。这也表明毛泽东的确高估了中国以往经济成功的程度，中国
232 经济的发展还没有完全准备好推动政治的全面进步。

20 世纪 50 年代到 60 年代毛泽东的马克思主义

从毛泽东 20 世纪 50 年代到 60 年代的著作中可以明显看出，他坚信马克思主义的普遍真理必须与中国的实际相结合，因为马克思主义在中国语境下同样具有实际意义。这是中国走向社会主义道路的一个重要前提。毛泽东在 1956 年 4 月重申：“我们要学的是属于普遍真理的东西，并且学习一定要与中国实际相结合。……我们的理论，是马克思列宁主义的普遍真理同中国革命的具体实践相结合。”[47]在 1956 年 8 月在《同音乐工作者的谈话》中，毛泽东再一次提到“新阶段”（1938），中国作为历史发展中

的一个特例，以她自己特有的方式阐释了历史的普遍规律。他把普遍规律的多种表现形式比作一棵树上的叶子：“看上去是大体相同的，但仔细一看，每片叶子都有不同。有共性，也有个性，有相同的方面，也有相异的方面”[48]。同样，在第八届中央委员会第九次全体会议的报告（1961）中，毛泽东把这棵“树”直接比作马克思主义，他想再一次表明，马克思主义的普遍真理没有也不能预测哪种规律能够以一种具体的形式存在于任何特定的历史环境中：“马克思主义在根本上是一样的，但枝叶上有所不同，正如树各有其不同的枝叶一样。每个国家的条件不同，过去我们就吃了只注意普遍真理的苦，而不注意调查研究。”[49]

在说明中国的情况是对普遍历史规律的独特阐释时，毛泽东再次强调，中国的马克思主义（尽管在中国是成功的）在其他的历史语境下，不能被认为与其有必然相关性。虽然中国的马克思主义总结的经验也许对其他国家的马克思主义者有帮助，而且它的主体由普遍真理构成并不受国家特质约束，但是它不能被机械地应用于外国的环境中。1956 年 9 月，毛泽东在同拉丁美洲一些党的代表谈话时，就强调他们应该有选择性地借鉴中国经验，并且要搞清自己国家的特点：

> 中国革命的经验，建立农村根据地，以农村包围城市，最后夺取城市的经验，对你们许多国家不一定都适用，但可供你们参考。我奉劝诸位，切记不要硬搬中国的经验。任何外国的经验，只能作参考，不能当作教条。一定要把马克思列宁主义的普遍真理和本国的具体情况这两个方面结合起来。[50] 233

因此，毛泽东依然坚信，马克思主义作为一个完整的思想体系，是由构成主体的普遍规律和具体到每个历史境遇的特殊“规律”共同组成的；这些特殊“规律”随环境的变化而变化。然而，马克思主义的普遍规律不会改变（见第七章）。

毛泽东与苏联领导人赫鲁晓夫的分歧源于复杂的历史环境因素，分歧之一就是，对马克思主义普遍规律的构成看法不同。在苏共二十大会议上，赫鲁晓夫已经提议，现在可以从资本主义向社会主义过渡，由于世界局势的变化，要通过非暴力的方式：革命不再是实现过渡的必要媒介。现在在一些资本主义国家和前殖民地国家，存在和平过渡到社会主义的可能性。这一和平过渡可以通过社会主义和共产主义政党在议会中赢得多数席位来实现。[51]

赫鲁晓夫通过议会道路和平过渡到社会主义的理念与毛泽东的马克思主义在很多方面相左。首先，赫鲁晓夫依赖资本主义国家的议会意味着废除了马克思主义的普遍规律。因为资本主义国家是阶级国家，它的职能是维护统治阶级的经济利益。这同样表明，赫鲁晓夫误解了议会对资本主义制度的历史重要性：议会不是权力的核心，它也并未构成国家机关的主要特质。毛泽东认为，一旦社会主义或共产主义政党最后赢得了议会的多数席位，统治阶级就将迅速重新制定游戏规则以确保改革势力的彻底胜利。在1964年同日本社会党代表团的谈话中，毛泽东坚持认为，通过议会的方式他们永远不会获取政权，尽管看起来应该会得到它，但是统治阶级将会重新划分选区、修改宪法，宣布他们的政党非法——采取一切措施阻碍他们获取政权。因此，通过国家来实现资本主义制度“结构改革”的谈论是无用的，因为国家所支配的武装力量会镇压任何威胁统治阶级的行为。

> 上层建筑的第一项，根本的、主要的，就是军队。你要改革它，
> 234 怎么改革？意大利（毛泽东这里可能指的是陶里亚蒂）人发明了这个理论，说要改革结构。意大利有几十万军警，怎么改法？……我和你们一样，不相信结构改革论。[52]

其次，对毛泽东来说，赫鲁晓夫所强调的和平过渡的本质就是对马克思主义的离经叛道。因为任何社会的统治阶级面对这种情况都会殊死搏斗，决不会放弃权力。毛泽东讲道：“资产阶级决不会自动地交出政权，它要使用暴力。”[53]因此，夺取政权需要暴力革命，实现权力的和平让渡是难以置信的。同样，毛泽东认为赫鲁晓夫在对待马克思主义时犯了修正主义的错误。赫鲁晓夫认为，社会主义在世界范围内的最终胜利，可以通过社会主义阵营和资本主义阵营的“和平竞争”来实现；而毛泽东则认为，两大天生对立集团之间最终会有武装对峙。

因此，毛泽东拒绝了通过议会道路来实现社会主义和平过渡的理念，因为它代表着对马克思主义普遍规律的背离。赫鲁晓夫的“修正主义”是有过失的，因为他违背了不能被改变的普遍规律。无须赘言，被赫鲁晓夫“修正”的这些马克思主义规律，也正是被毛泽东自己视为普遍真理的规律；赫鲁晓夫没有意识到过分修正这些规律已经是离经叛道。就赫鲁晓夫而言，他认为毛泽东是顽固的“教条主义者”，不愿意改变那些已经被历

史证明不再奏效的马克思主义观点；尤其是，发展核武器使得资本主义与社会主义产生暴力对抗是完全不可想象的。[54]由于赫鲁晓夫“修正”了马克思主义的普遍规律，对于毛泽东来说，他现在是唯一一个依然忠实维护马克思主义思想遗产纯洁性的共产主义领导人。

毛泽东的马克思主义和“文化大革命”

我们已经注意到，矛盾观念是毛泽东理解中国社会问题的一个非常重要的维度。矛盾有两种类型——对抗性的和非对抗性的。如果处理不当，235
后者就有可能转化成前者。因此，由于人民中存在多个阶级，非对抗性矛盾就存在着转化为对抗性矛盾的潜在危险，需要武力斗争来解决。毛泽东之所以认为会有对抗性矛盾危险的存在，是因为受到了“百花”运动失败的影响。中国共产党和中国的知识分子之间的矛盾处理不得当，最终发展成对抗性的矛盾，以致不得不付诸武力来解决争斗。“不断革命”的理念建立在矛盾理论的基础之上，它同样也表明了一种历史发展的观点，即坚信在迈向共产主义的道路上，社会内部会有持续的动荡和阶段性的斗争。

毛泽东对社会本质和历史发展的认知，使得他更容易接受在社会主义过渡时期发生大规模阶级斗争的可能性。此外，毛泽东在20世纪60年代初对中国社会许多方面的具体分析也使他相信，如果“文化大革命”的革命对象不被打倒，革命性的斗争就是不可避免的。首先，毛泽东对上层建筑在社会中所担当的角色持有独到的见解。提到“上层建筑”，毛泽东认为是社会中的政治维度、意识形态维度及文化维度，它们大体上反映了经济基础。例如，封建的生产方式和阶级关系形成了特有的封建思想和封建政治机构。然而，毛泽东开始认为，作为反映经济基础发展的上层建筑，不是必须立即或全部与经济基础相适应。到20世纪50年代末，中国经济大部分的所有权制度（经济基础方面）都已转变为社会主义或半社会主义的形式。就正统的马克思主义理论而言，人们应该期待中国社会的上层建筑也随之发生改变，并以此反映出经济基础所发生的根本性转变。然而，毛泽东察觉到这一过程并没有很完满地完成。通过解答，毛泽东指出，在经济基础发展和上层建筑的转变之间往往存在着一定的时间滞差。[55]有些人顽固地坚守着过去的思想和态度；政治机构变得官僚保守起来，对经济

发展漠不关心。思想上的保守主义和政治机构的怠惰，导致上层建筑的固
236 有领域陷入困境，阻碍了经济基础的长远发展。

然而，有些人的思想如实地反映了经济基础的发展，他们的使命就是向那些思想保守的人宣战，并且带来政治的变革。由于上层建筑没有相应地反映出经济基础的发展，因此导致了一定领域的争斗；只有合理地解决了争斗，上层建筑才能与经济基础相一致。要确保上层建筑如实地反映经济基础发展的过程不会终止，随着经济的进步就需要不断地严厉抨击上层建筑的保守方面。

因此，毛泽东认为在走向社会主义社会的奋斗中，上层建筑是一个重要的有时甚至是至关重要的领域。20 世纪 60 年代初，毛泽东开始意识到，中国封建社会落后的思想和文化依然顽固地占据着一些人的脑海，需要开展一场广泛的意识形态运动来削弱中国社会冥顽的旧势力。这场运动与以往经济层面上以阶级冲突为主导的斗争形式是不同的。毛泽东指出：

> 依时代不同而有所不同罢了。就现在说，社会经济制度变了，旧时代遗留下来残存于相当大的一部分人们头脑里的反动思想，亦即资产阶级思想和上层小资产阶级思想，一下子变不过来。要变须要时间，并且须要很长的时间。[56]

其次，毛泽东之所以认为革命性的斗争是必要的，也因为他察觉到中国社会正滋生着“新资产阶级”。在 20 世纪 60 年代初，毛泽东就为“新资产阶级”的初露端倪感到忧心忡忡。在 1962 年 1 月的一个报告中，毛泽东强调“产生出大批的新资产阶级分子”[57]，并且在《前十条》［即《关于目前农村工作中若干问题的决定（草案）》］（1963）中他痛斥道：“旧资产阶级依然进行投机倒把和牟取暴利的活动，今天的社会也出现了新资产阶级分子因投机倒把变得富裕。”[58]此外，在 1964 年 4 月与阿尔及利亚文化代表团的谈话中，毛泽东极其担心地谈道：“有些人挂着共产党员的招牌，但是并不代表工人阶级，而是代表资产阶级。党内并不纯粹”[59]。

毛泽东认为，社会主义社会出现“新资产阶级”对马克思主义理论有
237 重要的意义。如果所有权制度已经基本转变为社会主义性质，那么怎么还可能出现这样一个阶级呢？毛泽东的回答是，“新资产阶级”的出现大多是生产关系和所有权制度的产物，这样就可以用马克思的理论解释了。中国的所有权制度还不完全是社会主义的，主要有三种不同类型的所有权：

国家所有权、集体所有权和个人所有权。毛泽东认为，所有权制度的分化是导致“新资产阶级”出现的一个主要因素。他指出，“如果有三种类型的所有权，也会有矛盾和斗争”[60]。然而，要想全面理解毛泽东关于这一问题的立场，就必须提到他对中国农民阶级“两面性”的看法。农民阶级，由于他们的经济地位和阶级立场，同时具有小资产阶级的特性。[61]作为小生产者，他们对于所有权的社会化有一种矛盾的心理（或者两面性），直到（由国家）在农村实现全民所有制，否则这种矛盾将一直持续。直到那时，农民，毛泽东严肃地说道：“仍然是农民。”[62]在1962年9月中共八届十中全会的公报上，这些小生产者中的一些人被认为产生了“自发的资本主义倾向”[63]。毛泽东在全体会议上的报告中明确提到，小资产阶级的存在（其本身可能是所有权制度的分化导致的）[64]是滋生“新资产阶级”的重要原因：

> 现在可以肯定，社会主义国家有阶级存在，阶级斗争肯定是存在的。列宁曾经说，革命胜利后，因为国际上有资产阶级存在，国内还有资产阶级残余，小资产阶级存在并不断产生资产阶级，所以，被推翻了的阶级还是长期存在的，甚至可能会复辟。[65]

因此，毛泽东认为，新资产阶级的出现在很大程度上是由于所有权制度的分化，使得农民作为一个阶级并具有“两面性”，社会经济因素又使得一批人受早期资产阶级经济活动形式所蛊惑：牟取暴利与投机、剥削雇工、放高利贷及买卖土地。[66] 238

毛泽东对“新资产阶级出现”原因的看法，与他相信阶级和阶级斗争将贯穿于整个社会主义过渡时期是紧密相连的。阶级之间的斗争将爆发在各条战线上，无论是经济基础还是上层建筑领域。因此，中国社会存在着革命斗争的因素：阶级关系的形成有可能发展为对抗性的，而大部分的上层建筑又与经济基础的发展不相一致。毛泽东思想里的这些因素，加之他“不断革命”的观点，支撑他坚信在无产阶级专政下“继续革命”是必要的。然而“继续革命”理论从未被毛泽东加以发展而是被一些激进的支持者（毛泽东逝世后将之归咎于“四人帮”）大做文章，并且在“文化大革命”期间为一些激进政策的实施提供了理论依据。张春桥特别提到在社会主义过渡时期限制“资产阶级权利”是非常必要的。[67]若“资产阶级权利”不被限制，则社会的不平等非但不会减少反而会增加。没有无产阶级专政下的不断革命，资产阶级将会重新出现并否定革命的目标，把中国引向资本主义道路。只有不断地抑制资本主义的倾向和不平等的存在，只有清除了“走资派”，才能阻止资本主义的复辟，实现社会主义。“不断革命”的状态需要一直保持，直到经济基础彻底地转变为社会主义的形式。[68]

随着20世纪60年代的进展，毛泽东日益坚信中国社会的矛盾正在演变为对抗性的矛盾。尤其是，他认为党内有相当大一部分领导有意引进资本主义的东西，如果任其发展将会越演越烈，最终会否定革命的成果，把中国引向资本主义的道路。如果允许这样发展下去，革命就会徒劳无功。这是毛泽东所不赞成的，他开始考虑这种可能性，即如果有必要，将采取暴力斗争来解决紧随“大跃进”而来的对抗性矛盾。毛泽东认为党未能坚持社会主义道路，因此其必然成为主要的斗争对象。

“文化大革命”爆发于1966年，这一背景对于探讨毛泽东思想是非常
239 重要的。第一，（如同“百花”运动的理论和实践）毛泽东不但在党内展开攻击，而且发动非党分子作为攻击的主力，以此表明他想同列宁主义的一个核心原则相分离的意愿。对于列宁来说，共产党代表着工人阶级的先锋队，它是最先进的和最具有政治觉悟的。在列宁主义者的观念中，并没有什么表明先进的共产党本身会沦为落后思想和政策的代言人，哪怕他们的行为有可能威胁到工人阶级革命目标的实现。然而，毛泽东却没有设想党可以避免甚至超越社会内的斗争；他认为一个阶级的矛盾和思想不可避免地反映在党内，因此，消极的反革命分子也必然存于党内。必须与这些分子再次抗争，如果他们在党内处于较有利的地位，以至于党内的斗争无法把他们驱逐出去，那么就有必要发动先进的党外力量来击败他们。在“文化大革命”的那些年中，毛泽东领导了一个非党分子（学生、青年、军队、部分工人阶级）联盟来攻击党内那些决意要走“资本主义道路”的人。然而，尽管毛泽东对共产党先锋地位的评价与列宁的评价有很大不同，但毛泽东不允许将其完全摧毁，即使党有很多失误。1967年2月，毛泽东主义激进分子提出要效仿巴黎公社，将中国重组变成公社。毛泽东拒绝这样的重组，因为他还不清楚党将在这样一个公社联盟中扮演什么角色。[69]此外，在1969年4月的第九次全国党代会上，毛泽东沿着正统的列宁主义路线开始重建党。[70]

第二，在“文化大革命”和20世纪60年代初与苏联论战的背景下，

毛泽东认为社会主义制度退化为资本主义形式还是有可能的，这一退化将
会通过“和平演变”的过程发生。[71]社会从社会主义（或基本上是社会主
义）向资本主义“和平演变”的观念表明，毛泽东不再将社会的过渡视为
社会主义走向共产主义社会所必需的。毛泽东在“文化大革命”期间的报
告和著作证明了他延安时期思想里那种对待历史的乐观主义特征的消失
（见第九章）。未来在现在看来意味着一场又一场规模庞大的斗争，结果还
不能确定：“革命的谁胜谁负，要在一个很长的历史时期内才能解决。如
果弄得不好，资本主义复辟将是随时可能的。全体党员，全国人民不要以
为有一两次、三四次‘文化大革命’，就可以太平无事了。千万注意，决 240
不可丧失警惕。”[72]从社会主义向资本主义“和平演变”的观点，或多或
少与毛泽东的矛盾理论有些不相适应。“和平演变”将会导致资本主义的
复辟，这表明社会的主要转变仅仅通过循序渐进的改变就可以实现，而无
须通过斗争来解决矛盾双方之间的敌对关系。事实上，“和平演变”观点
的产生似乎是临时提出的一个方案，来解释与马克思主义历史框架不太相
符的一次偶发事件。正如我们发现的那样，毛泽东曾经拒绝接受从资本主
义可能会和平过渡到社会主义的观点，并且谴责赫鲁晓夫的“修正主义”
在暗示这样一种可能性。然而，毛泽东在这里提出的这种可能性，似乎同
样不符合马克思主义的历史理论。

第三，“文化大革命”期间的文本也提出了一个问题：毛泽东是否依然认为，他对马克思主义的理论贡献仅仅是他发现和分析了中国社会的特殊“规律”？在“文化大革命”之前，毛泽东并没有声称自己丰富了马克思主义的普遍规律。他曾告诫来访的革命者，不要将中国革命的经验生搬硬套到自己的国家；尽管这些经验在中国是成功的，但中国社会的具体国情会影响这些经验在其他国家的恰当运用。因此，毛泽东对中国社会的特殊“规律”的分析不具有普遍性，其他国家只有认真分析了自身的具体特点才能运用这一“规律”。然而，“文化大革命”期间的著述给人留下的印象是，毛泽东对马克思主义的贡献已经超越了具体的中国语境，而具有普遍意义。[73]毫无疑问，这种宣称是中国正在与苏联论战的表现之一：通过宣称毛泽东思想具有普遍意义，表明中国主张超越1956年前莫斯科的马克思主义特权。随着赫鲁晓夫的“修正主义”和两党之间的决裂，马克思主义的遗产被转移到那些现在（据说是）真正的马克思主义捍卫者的身上。

结论

1981年6月，中国共产党第十一届中央委员会第六次全体会议（毛
241 泽东逝世五年后）严厉地批判了毛泽东在“文化大革命”时期的思想和行
动。毛泽东忽视了自己“实事求是”的原则，过分强调了社会主义社会阶
级斗争的严重性，使中国陷入了长达10年之久的混乱与躁动。同样受到
严厉批判的是，毛泽东在20世纪50年代末试图忘记中国的社会主义道
路。他忽视了“客观经济规律”，并且变得“急于求成，夸大了主观意志
和主观努力的作用”[74]。

现在，数十年过去了，十一届六中全会对毛泽东社会主义道路的评判依然是党内权威的观点。党及其领导人没有改变这一观点，即20世纪50年代末到60年，毛泽东受其思想所支撑的政策几乎在所有方面都是根本错误的。[75]中国的改革始于1978年的十一届三中全会，改革已经发展到一定程度，中国21世纪的第一个10年与毛泽东时代的中国有很大不同。[76]毫无疑问，毛泽东如果在世应该会为改革的一些成果感到欣慰：经济发展突飞猛进，经济实力和军队实力日益增强，中国在区域和国际政治的影响力显著提高。毛泽东和以往的改革者确实期待中国的工业化和现代化，他为民族的繁荣富强殚精竭虑。然而，毛泽东应该也会为改革所带来的社会和政治影响感到震惊：大众不平等，腐败日益蔓延，城乡差距日益扩大，以及资本主义对中国社会所有领域的深刻影响。然而，尽管毛泽东对中国社会主义事业问题的判断在事后起到了一些作用，但他起初采取的措施很可能恰恰推动了改变的发生，这种改变是他最担心的。“文化大革
命”长时间的混乱与暴力造成了大量的经济损失，人们不再致力于社会主
242 义事业的建设，而是被普遍的厌恶冷漠和循环往复的、让人疲乏的政治运
动所占据。因此，毛泽东的继承者发觉很少有反对的声音来抵抗他们从根本上转变经济政策的决心。如果不是中国的社会主义面临着极度危机，人民心力交瘁，那么也不会产生这种情况。无论如何，在毛泽东的帮助之下，建于1921年的党始终坚守着战时社会主义的精神与气节，这也许会抑制中国脱离社会主义的道路。[77]

第九章

从和谐转向斗争、从永久的和平转向“文化大革命”：毛泽东思想中变化的未来

伴随毛泽东晚年而来的“文化大革命”爆发于 1966 年，并通常被视 249
为毛泽东在处理社会问题和政治问题上方法转变的关键之举。[1]从这个观
点看，红卫兵们狂热且往往充斥着暴力的活动则是毛泽东政治理论的逻辑
显现，这一逻辑假设，无论是资本主义社会还是社会主义社会内部都普遍
存在斗争和矛盾。这一观点蕴含的若干臆断导致人们曲解了毛泽东个人在
“文化大革命”中的作用，以及“文化大革命”在毛泽东思想和政治生涯
中的重要性。这些臆断中的首要一点就是，红卫兵们的活动及随之而来的
“文化大革命”进程，都被视为毛泽东本人预先谋划好的，毛泽东作为唯
一的制造者和战略家引发了这场旷日持久的政治和社会混乱，毛泽东通过
“文化大革命”从他的反对者中夺取权力并受益。然而，从毛泽东有关
“文化大革命”的临时文本所反映的内容中可以看出，他并不是无所不能
的戏剧大师，也不是由他一手操控“文化大革命”的进程使其朝着预先设
定的结局发展。相反，我们看到的是，一个领导者对自己所为而导致的不
曾预料的结果感到有些困惑。例如，在 1966 年 10 月 24 日，毛泽东评论
道：“一张大字报，一个红卫兵，一个大串联，谁也没料到，连我也没料
到，弄得各省市呜呼哀哉。学生也犯了一些错误，主要是我们这些老爷们
犯了错误。”[2]在第二天的中央工作会议的谈话中，他试图以同样的口吻阐
述道：“时间很短，来势很猛。我也没有料到。一张大字报（北大的大字
报）一广播，就全国轰动了。”[3]同样，至少是在“文化大革命”初期阶 250
段，毛泽东并没有密切地指导“文化大革命”，而是允许它免于中央的干

预和指导继而大规模地进行。他在1966年8月声称："我的意见，乱它几个月……现在不要干涉。"[4]毛泽东想最大限度地减少中央指导的目的很明确，即允许中国社会内部的对抗性矛盾自身及彼此间的争斗充分地暴露出来，从而使未来政策方向的选择变得更加清晰。一个重要的例子是毛泽东在1967年年初对上海发展问题所作的回答，即他反对在全国范围内效仿上海建立"人民公社"的提议。[5]因此，在毛泽东的演讲和交谈的内容中可以看出，他经常会对"文化大革命"初期阶段一些引人注目的事件做出回答，而他并不是事件的发起人。[6]毛泽东在"文化大革命"爆发和开展的过程中显然不是一个无力的旁观者，尽管如此，但是他自己的证词并没有证明他是一个无所不能、有先见之明的历史造物主形象。

第二，也是本章中比较重要的中心主题，即长期以来存在一种比较有问题的评价趋势，无论是评价毛泽东还是"文化大革命"，都认为"文化大革命"代表了毛泽东思想的升华和精髓：如果我们试图理解毛泽东思想和他的政治纲领方法，就必须评价"文化大革命"，因为这是毛泽东生平最后的政治篇章，也是厘清他当时生活和思想逻辑的重要时刻。[7]这一观点的目的论弊端是相当明显的，即把"文化大革命"时期的毛泽东作为棱镜来透视早期毛泽东的生活和思想。而其早期阶段的特质并没有显现出对"文化大革命"的爆发有助推作用，对这一事实的认定却被大打折扣或完全忽略了。延安时期的毛泽东（1936—1947）和中国共产党早期的毛泽东（1921—1927）并没有也不应该仅仅被看作形成毛泽东后期（即"文化大革命"期间）生活和最终思想的、必要的初期形式。

1966年8月18日，毛泽东在天安门城楼接见红卫兵。

一个形象的例子可以说明毛泽东思想在不同历史时期的重要区别，如果有人采用目的论的方法，在"文化大革命"的基础上认为其是毛泽东思想最巅峰的时刻，那么他或许仍然没有看清楚问题的实质。毛泽东思想中关于未来的设想，在延安时期和在“文化大革命”时期是有很大不同的。251 正如我们在第五章中所论述的一样，关于毛泽东思想的评论在很大程度上忽略了他在延安时期展现出来的主要特点——来世论和乌托邦，其中一个中心就是迫切期待实现一个时代的永久和平与和谐。毛泽东思想中这些来世论和乌托邦的主题在20世纪50年代消散了很多，并且这些思想和他以后关于未来的构想之间看不出有什么明确关联。毛泽东早期的乌托邦主义就是这样被忽略的，因为人们把注意力都集中在比较激烈的道德争斗、矛盾和冲突上，并认为是这些使毛泽东形成了在“文化大革命”之前和期间的政治历史观念。

本章将在第五章的基础上探究毛泽东在走向“文化大革命”及“文化大革命”期间对未来的构想，并注意到毛泽东从延安时期的乐观主义向“文化大革命”期间的悲观主义的转变，这一转变体现在毛泽东的文本中便是从和谐到斗争的转变。我始终认为，导致毛泽东在20世纪50年代到60年代对未来发展趋势信心下降，以及之前对迫切实现一个时代永久安宁和谐的乌托邦期待消失的一个主要原因就是，他完全接受了来自正统马克思主义的一系列理论基础。这些理论信仰中首要的就是，毛泽东对生产力发展的无限可能性深信不疑，并且毛泽东坚信这是人类历史发展的最终决定因素。但具有讽刺意味的是，毛泽东关于人类具有持续发展生产力的潜能的积极评价却最终导致了他早期乐观主义的减退甚至消失。第二个理论信仰则是他对矛盾普遍性的坚信，即没有任何一个社会，即使是共产主义社会，可以逃避这一规律。毛泽东并没有获得对未来发展的信心，他承认了推动生产力发展的能力的局限性及接踵而至的矛盾和冲突，这一切都不可避免地波及了社会的各个领域，并在某种程度上阻碍了未来的发展——无论未来还有多远，一个国家的安宁与祥和都永远不能实现了。

这场争论是重要的，不仅仅是因为它把未来作为一个因素来解释毛泽东愿意接受一系列文化革命而不是一次文化革命的可能性，而且也因为它挑战了东西方学者解读毛泽东思想的传统观点，即它放弃了正统马克思主义的一个核心命题：生产力是历史的创造者。同样，毛泽东认为矛盾将会 252
不可避免地持续到甚至超越未来的共产主义社会，这证明了他在对未来的构想中蕴含了一定的逻辑，这种逻辑正是源于毛泽东对正统马克思主义理论和哲学维度的大量借鉴。这场争论是重要的也是因为，它挑战了把“文化大革命”看作体现了毛泽东“乌托邦主义”的传统观点。正如我们将看到的，在走向“文化大革命”和“文化大革命”期间，毛泽东思想中相当明显的特点是，“乌托邦主义”急剧消退和关于未来构想的悲观主义持续加剧。

悲观主义和革命斗争：20世纪50年代和20世纪60年代早期

正如我们在第五章所探究的那样，毛泽东在延安时期采用了两种历史划分法。一种是比较传统的历史划分法，即经由列宁和斯大林传播成为正统的马克思主义五个历史阶段划分法。在这一构架中，社会进程从古代的原始社会，经历各种形式的阶级社会（奴隶的、封建的、资本主义的），伴随一个过渡性的社会主义阶段，最后到更高的阶段——共产主义，这一阶段是历史的终极，社会中存在的阶级和斗争将会消失。[8]因此，更高阶段的共产主义被描述为有关人类历史的平稳时期，因为由变化和进步所引起的极度冲动最终将会消耗殆尽。[9]毛泽东采用的另一种历史划分法则借鉴了中国传统中“三世”的概念。[10]在“三世”的概念中，未来的“大同”是一个社会——要“牺牲自我利益”，“安定有序”，“所有人都为了共同的美好而奋斗”[11]。人类历史的第三个也是三世中的最后一个阶段以“太平”为主要特征，社会将会从一个“衰败和混乱”的时代经历一段“走向太平”的时期，最后终达天下“太平”。[12]

毛泽东同时吸收了马克思主义和中国传统中的乌托邦思想，他在整个延安时期对未来的看法是极其乐观的。这两种历史传统都认为，历史的最后阶段是一个以和平为主要特征的稳定社会。此外，在毛泽东看来，实现这一和平时代是非常可能的，他认为人类历史的发展将基于战争时代与和平时代的分界线。对于毛泽东来说，“永久和平与永久光明的新世界已经
253 鲜明地摆在我们的面前”[13]。

为准备官方再版《毛泽东选集》，毛泽东修改了1949年前的著作和20世纪50年代早期的著作，从中可以找到毛泽东思想里乌托邦主义消退的早期证据。尽管来世论的主题没有被完全摒弃，但是有关“三时代”的详

细阐述已被删除了，未来时代和平与和谐的实现已与马克思主义的理论相联系，并更加明确地要依据资本主义、阶级和国家的消除情况而定。[14]一个和平与和谐的乌托邦式的未来无法在不久的将来实现了，它的可能性也很少再被提及了。[15]因此，毛泽东思想中从乐观主义到悲观主义的转变并不是自 1949 年后突然发生的。尽管除了“大跃进”初期的振奋人心让人产生过昙花一现的乐观情绪外，毛泽东对共产主义社会的早日实现持与日俱增的悲观主义态度，尽管事实上他始终坚持认为，人类的未来将会有一个共产主义时代。随着 20 世纪 50 年代的发展，毛泽东关于实现共产主义的公众预言呈现一种仪式化的特征[16]，在其私人话语中，他对未来的共产主义社会的描绘越来越缺乏其早期的无限信心。[17]悲观主义和乐观主义就这样在毛泽东的思想中并存着，随着乐观主义重要性的下降，他对未来的设想就变得越来越渺茫。

毛泽东关于未来构想的三个方面表明，乐观主义的消退清晰地显现于他 20 世纪 50 年代和 60 年代早期的著作和谈话中。第一个方面就是，他认识到社会主义作为从资本主义到共产主义的一个过渡阶段将会是一个漫长的过程。事实上，毛泽东现在意识到，它将会持续“很长一段时间”[18]。在 1957 年 10 月，毛泽东评论说：“究竟多长时间叫过渡时期，现在也还很难定”。然而他强调道：“当然，这个斗争要搞很多年的”[19]。同样，1962 年中共八届十中全会的公报指出，这个过渡时期被预期为会持续“几十年甚至更长”[20]；在 20 世纪 60 年代早期的其他文本中，社会主义被描述为社会发展进程中“一个相对较长的历史阶段”[21]。

第二个方面是，尽管毛泽东坚持认为社会主义的最终实现是不可阻挡的，但是他对这个未来社会主要特征的构想与延安时期的构想完全不同。在 20 世纪 50 年代和 60 年代早期，社会主义不再被描述为一个和平与和谐的社会，而是被描述为一个将会被斗争甚至革命占据的社会，这些观点受生产力发展的无限可能及其所引起的矛盾的影响。例如，在 1956 年一 *254*
个由毛泽东所支持也是由他所修正的文本中，他声称：“在社会主义社会或共产主义里，技术革新和社会系统的改变将会持续发生。否则社会的发展将会停滞不前，社会将不会再进步。人类仍处在年少阶段。这条路将会行进得更长并且没有人知道它已经行进了多少次。”[22]在那一年的晚些时候，毛泽东强调，未来的共产主义社会不能逃避内在于生产力的发展能力，事实上，“革命”将会持续发生：

> 将来全世界的帝国主义都打倒了，阶级消灭了，你们讲，那个时候还有没有革命？我看还是要革命的。社会制度还要改革，还会用“革命”这个词。当然，那时革命的性质不同于阶级斗争时代的革命。那个时候还有生产关系同生产力的矛盾，上层建筑同经济基础的矛盾。生产关系搞得不对头，就要把它推翻。上层建筑（其中包括思想、舆论）要是保护人民不喜欢的那种生产关系，人民就要改革它。[23]

同样，在1958年的《工作方法六十条（草案）》中，毛泽东再一次断言，在未来的共产主义社会，“人和人之间的思想斗争、政治斗争以及革命一定还是会有的，并且不可能没有……但是斗争和革命的性质跟过去不同，不是阶级斗争，而是人民内部的先进和落后之间的斗争，社会制度的先进和落后之间的斗争，科学技术的先进和落后之间的斗争”[24]。在另一文本中，毛泽东预测道，“共产主义时期仍然有不间断的发展”，并且“技术革命和文化革命”同样也会发生，“共产主义必将会经历许多阶段和许多革命”[25]。

第三个方面，显而易见的是，毛泽东不再把共产主义视为人类历史发展的最后阶段。毛泽东相信在共产主义社会里，发展将会有持续的改变和许多阶段，也正是这一点使毛泽东意识到，共产主义本身也终将消失并被其他一些更加先进的社会和经济的组织形式所超越。共产主义社会并不意味着达到平稳时期社会内部发展动力的最终枯竭，尽管共产主义社会很重
255 要，但它只是人类历史发展进程中的另一个阶段。因此，尽管共产主义也许会持续“数千年到上万年”，但它终将会结束。[26]在1958年的成都会议上，毛泽东以风趣的口吻谈到他对未来的构想是，没有办法可以阻止共产主义及其消亡，甚至太阳系的消失：

> 宇宙也是转化的，不是永恒的，资本主义到社会主义，社会主义到共产主义，共产主义社会还是要转化的，也是有始有终的，一定会分阶级，或者要另起个名字，不会固定的……世界上没有什么东西不经历产生、发展和消亡。猴子变人，人产生了，但最后整个人类是要消亡的，它可能会变成另一种东西，那时候地球也不复存在了。地球

> 总是要毁灭的，太阳也是要冷却的……事物总是有始有终的。[27]

一个类似的有关未来构想的预言出现于毛泽东 1964 年 8 月的《关于哲学问题的讲话》中，他再一次预言了人类的最终消亡和“一些更为进步的东西”的出现。“人类最后也要到末日。宗教家说末日，是悲观主义，吓唬人。我们说人类灭亡，是产生比人类更进步的东西。现在人类还处在幼儿期。”[28]

矛盾的普遍性和无限的生产力

在 20 世纪 50 年代和 60 年代早期，毛泽东关于未来的看法并没有受到任何把共产主义社会看作最后乌托邦的观点的束缚，他不赞同人类历史在势不可当的行进过程中一旦达到最巅峰，就标志着之前所有社会里斗争和矛盾的终结的观点。尽管共产主义是人类未来发展的一个重要阶段，但它不再代表延安时期那种乌托邦式的设想。不但延安时期的乐观主义在很大程度上消退了，而且关于一个和谐与和平的社会代表着历史终结的想法也随之烟消云散了。人与人之间的矛盾和斗争是促进社会发展的主要动力，没有任何一个社会——过去的、现在的甚至是将来的——可以逃避这些矛盾，因为这就是宇宙中万事万物的本质特征。毛泽东在坚持本体论的 256
前提下相信所有事情和进程都毫无例外地蕴含着矛盾，因此他确信共产主义也会因矛盾而终结。

关于这一本体论最明显的体现就是毛泽东在 20 世纪 50 年代和 60 年代早期的著作中多次提到对立统一规律。1937 年的《矛盾论》也许是毛泽东写过的最著名的文章，他在文中强调，“不论是简单的运动形式，或复杂的运动形式，不论是客观现象，或思想现象，矛盾是普遍地存在着，矛盾存在于一切过程中”[29]。尽管毛泽东那时的世界观毫无疑问深受这一观点的影响[30]，但同样很明显的是，他在 20 世纪 50 年代开始承认即使是未来的共产主义社会也不能避免矛盾时，他只是完全接受了矛盾普遍性原理的逻辑意义。在 1957 年 2 月《关于正确处理人民内部矛盾的问题》的讲话中，毛泽东重申了他早期的观点：“马克思主义的哲学认为，对立统一规律是宇宙的根本规律。这个规律，不论在自然界、人类社会和人们的思想中，都是普遍存在的。矛盾着的对立面又统一，又斗争，由此推动事物的运动和变化。矛盾是普遍存在的”[31]。在毛泽东的思想中，从原子到社会主义社会里的阶级斗争，再到更广阔的国际舞台甚至超越宇宙，任何事情都是由矛盾构成的，都是对立统一的。[32]因此，如果没有矛盾和斗争，宇宙中所有事物的发展将会停滞，事实上这样宇宙本身也不复存在了。如果有人试图控制宇宙中这一本质属性而使共产主义社会逃避这一自然规律，则是完全不合逻辑的。毛泽东意识到共产主义社会也存在对立统一规律，由此一来，他对于历史和未来的构想蕴含了一定的逻辑，如果一个人对未来的前景持相当消极悲观的态度，那是因为他相信共产主义社会里也会存在矛盾和彼此的斗争，这些矛盾和斗争最终会消失，共产主义也会被一些别的东西所取代。人类历史不会终结，也没有最后的阶段：在适当的时候，人类本身将会消失并被“一些更为进步的东西”所取代。

但是，在人类历史发展的进程中所有的矛盾都同样重要吗？在未来的共产主义社会里有没有一个特殊的矛盾可以决定斗争的特点呢？从毛泽东20世纪50年代和60年代早期的著作中可以清晰地看到，他坚持了正统的马克思主义，把生产力看作人类历史变化发展进程中最重要的决定性因
257 素。[33]正如马克思那样，毛泽东认为生产力是由三个部分组成的：“劳动者，劳动资料……劳动对象构成了生产力的三个主要要素。”[34]毛泽东每次给生产力下定义的时候都把劳动者作为一个组成部分[35]，事实上，他始终认为劳动者是生产力中的“首要因素”[36]。1956年10月毛泽东把生产力作为“最革命的因素”[37]。此后，毛泽东提出了生产力提高的必然性，这就导致了生产力和生产关系及上层建筑之间的不平衡。这种不平衡构成了主要矛盾，矛盾的解决推动社会向前发展：“生产力一直要求提高，因此这种不平衡也一直存在。”[38]毛泽东相信，在生产力中就劳动者这一要素而言，是具有无限发展潜能的，因此不可能停止斗争和变化：“在生产和科学实验领域里的斗争中，人类不断取得进步，自然经历着不断的变化，他们从来不在同一水平上。因此人类不断地总结经验，进行探索，发现，创造和进步。”[39]人类有推动生产力不断发展的潜能，在毛泽东看来就是发展技能和工具的无限潜能，简言之，科技将日益增强人们统治自然的能力。“人类改造自然的知识和能力没有极限……我们现在不能做到的，也许在未来就能做到了。”[40]

对于毛泽东来说，生产力提高的速度要比生产关系和上层建筑的发展

迅速得多，劳动者在生产力内部扮演的是创造者的角色，因此也在这一领域中产生了社会内部最主要的矛盾和斗争。由于人们密切地参与着生产的直接过程，所以他们认为是那些必须改变的东西阻碍了生产力的进一步发展。由于人类是劳动者，因此社会里的其他领域必须改变，包括生产关系和上层建筑领域，实现或阻止这些变化最终都是生产力发展的结果。1956年毛泽东指出：“生产力有两项，一项是人，一项是工具。工具是人创造的。工具要革命，它会通过人来讲话，通过劳动者来讲话，破坏旧的生产关系，破坏旧的社会关系。”[41] 由于人类发展科技改造自然的潜能是无限 258
的，因此，生产力的发展也同样没有止境，即使到了共产主义社会也不会枯竭。只要人类努力增强对自然的驾驭能力，变化和发展的原动力将会一直持续。这一原动力机制产生的矛盾和斗争又会引起进一步的变化：作为人类，他们别无选择。结果正如毛泽东 1957 年断言的那样，“从现在起到上万年”[42]，仍然会有斗争。

“大跃进”中的“乌托邦主义”

在 20 世纪 50 年代和 60 年代初期，毛泽东关于未来的设想变得日渐消极。虽然延安时期的乌托邦主义特征并没有完全消失，但在他的思想中已明显消退。然而在东西方的评论中，“大跃进”是如何被普遍认为体现了毛泽东的“乌托邦主义”呢？例如，约翰·布莱恩·斯塔尔（John Bryan Starr）评论道：“乌托邦主义在毛泽东 1958—1959 年的著作中有明显体现，这也是毛泽东伟业中比较兴盛的时期。”[43] 同样，莫里斯·迈斯纳谈到了毛泽东在“大跃进”时期的“共产主义乌托邦情怀”，谈到了毛泽东坚信“共产主义即将到来”[44]。斯图尔特·施拉姆同样把“大跃进”时期的乌托邦幻想看作毛泽东“革命浪漫主义”的表现。[45] 后毛泽东时代的中国人对“大跃进”和毛泽东在其中所承担的角色的评论也持类似观点。[46] 关于毛泽东思想在“大跃进”时期是“乌托邦的”这一评判是几乎没有异议的。但真的是这样吗？毛泽东在那时真的相信共产主义即将实现吗？如果是这样的话，那么他还坚信共产主义是人类历史上“最理想且完美的社会”，也是人类历史的最后一个阶段吗？[47]

如果真是这样，那么毛泽东在“大跃进”时期的乌托邦情怀主要是对经济快速增长的迫切和不切实际的期待所造成的，这种期待源于当时社会和意识形态转变的实现。事实上，毛泽东期待中国的工业和农业迅速发展以至于可以在非常短的时间内超越主要资本主义国家的经济。例如，1958年5月毛泽东提到，中国的钢产量在5年内可以从1 100万吨增加到4 000
259 万吨，并且在7到15年分别可以赶上英国和美国。[48]同样，毛泽东在11月预测，中国的人均粮食产量将在三年内翻番。[49]由于这些产量的极速增长，他可以自信地期待中国在15年内成为一个"现代化的、工业化的、高度文明的大国"[50]。这样草率的预测确实反映了当时毛泽东思想里极具迫切性的显著特点。

然而，当谈到共产主义立即实现的可能性时，毛泽东的处境是相当矛盾的。在1958年8月召开的北戴河会议上，毛泽东温和地建议，共产主义的过渡时期可以在"三年，四年，五年或者六年，甚至是更长一段时间"内来完成，并强调"实现共产主义的前提有很多"。因此向共产主义的过渡必须满足以下五个前提条件："（1）物质产品的极大丰富；（2）共产主义意识形态、思想和道德的提高；（3）文化与教育的普及和提高；（4）三个不同阶级和残余的资产阶级权利的消除；（5）除了与外部世界保持联系外国家的职能逐渐消失。"[51]因此，"现在的水平太低，还不能称之为共产主义；我们只能讨论共产主义的要素和萌芽，但不应该降低共产主义的高标准"[52]。毛泽东承认了向共产主义过渡的两个前提——取消商品生产和消除资产阶级权利，但当前的条件是不容这样考虑的。事实上，他承认商品生产必须被扩大以有助于社会主义的发展。[53]从实现共产主义前提条件的严格要求、随后的北戴河会议甚至是相继出现的经济上取得成功的（恰恰相反，事实上并没有）"大跃进"中，可以看出[54]，在毛泽东的眼里，中国还没有准备好向共产主义过渡，他认为应该"一步一步地来"[55]。

毛泽东在"大跃进"时期的文本中减少了对这些条件的乌托邦式断言——实现共产主义的主要条件的达成超出了中国当时的能力，而且这也是毛泽东悲观主义情绪日益增强的证明。在1958年5月中共八大二次会议的一次漫谈中毛泽东讲到为"最后的灾难"做准备的必要性。

260 现在讲点黑暗，要准备大灾大难。赤地千里无非是大旱大涝。还要准备打大仗，战争疯子甩原子弹怎么办？甩就甩吧！战争贩子存在

> 一天，就有这个可能。还要准备党搞得不好，要分裂。我们搞得好，不会分裂，但在某种情况下，不能说不会分裂。……假如党分裂，就会乱一阵子。[56]

渐渐地，这些有关重大自然灾害、党内缺乏团结及发生战争可能性的悲观预测，使得毛泽东最后一次提及实现永久和平的可能性。[57]然而，这里之所以提及永久和平是一种可能的结果，是因为坚信世界上三分之二的人口终将会彻底消灭资本主义并取得胜利。很显然，尽管毛泽东还持有一些早期的乐观情绪，但现在日渐占主导地位的是悲观情绪。正如克雷格·迪特里希（Craig Dietrich）所言，“大跃进”时期毛泽东的性情不再以“虚无的乐观主义”[58]为特征，而是杂糅着悲观主义和乐观主义，且悲观情绪已占据了主导地位。尽管“大跃进”确实见证了毛泽东对未来短暂地重新燃起希望，但它也抹杀了毛泽东延安时期真正的乐观主义。此外，斯塔尔指出，毛泽东这一时期的“乌托邦主义”情怀是短暂的且很快就被放弃了。[59]

“文化大革命”：告别乌托邦

随着1966年“文化大革命”的爆发，毛泽东日渐消退的乐观主义情绪被彻底扼杀了。随着他乌托邦理想最后一丝光芒的消逝，未来对于当时的毛泽东来说则成了一系列严峻的斗争，尽管结果可能无法保证，但必须防止在革命和社会主义过渡过程中出现任何颠覆已有成果的举动。他多次提到，“文化大革命”只是可能的开始而不是最后的结束，还将会有更多的文化革命，甚至将不会有“和平与安静”：

> 革命的谁胜谁负，要在一个很长的历史时期内才能解决。如果弄得不好，资本主义复辟将是随时可能的。全体党员，全国人民不要以为有一两次、三四次“文化大革命”，就可以太平无事了。千万注意，决不可丧失警惕。[60]

同样，在1967年5月的一次谈话中，毛泽东重申，在可预见的未来， 261
文化革命的重要性将是一个被反复提及的主题。

> 世界观不改造，无产阶级“文化大革命”怎么能叫胜利呢？世界

> 观不改造，这次“文化大革命”出了两千走资本主义道路当权派，下次可能出四千。这次“文化大革命”代价是很大的，虽然解决两个阶级、两条道路斗争问题不是一二次，三四次“文化大革命”所能解决的，但这次“文化大革命”后，起码要巩固它十年。一个世纪内至多搞上它两三次。[61]

此外，毛泽东在“文化大革命”的一条“指示”中告诫：“被击退的一派还会继续抗争。它还有成员，它也仍然存在着。因此我们不能说离最终的胜利只有几十年。我们不能放松警惕……在我们国家轻松地谈论革命的最后胜利是不对的，它既违背了列宁主义也不符合实际。”[62]

从和谐到斗争，从永久和平到“文化大革命”

毛泽东关于未来的设想在延安时期和“文化大革命”时期存在明显的差异。从乐观主义到悲观主义，从立即实现未来的永久和平到未来接连不断的文化革命，他的转变是非常明显的。毛泽东思想里乐观主义的消退直至最终消失表明，那种认为由于毛泽东期待通过乌托邦式的可能性来加速历史进程以快速实现共产主义，从而导致了“文化大革命”的观点是错误的。相反的是，在毛泽东的心里，“文化大革命”是必要的，恰恰是因为在非常遥远的未来才能看到向共产主义的过渡。如果受到敌对势力的威胁，那么所有来之不易的革命成果都将会被容易地窃取甚至被颠覆。哪怕共产主义被实现了，它与现在又有什么不同呢？矛盾和斗争虽然不是一个
262 阶级的本质，但它仍广泛存在并继续发挥作用；如同过去和现在的社会，共产主义本身也终将淹没在时间的洪流中，并被别的东西所取代。最后，人类也将一并消失，因为地球将不复存在，太阳也会冷却。[63]面对极其悲观的末日前景，还有什么可能的政治策略来承担任何持久的意义呢？

因此，“文化大革命”对于毛泽东来说是一种维持现状的行为，是要捍卫当前所取得的成就，而不是衔接不完美的现在和“理想完美状态”的未来社会的一种策略。“文化大革命”的开始以及他愿意接受这种毁灭性的运动循环往复的可能性，标志着毛泽东思想中乌托邦主义的消亡。当前的政治行动不再以未来社会的完美愿景为导向，毛泽东的政治行动越来越失去了他1949年前策略中以未来为导向的理性和连贯性。正如保罗·蒂

利希（Paul Tillich）所指出的那样，乌托邦愿景毁灭的结果是，“被囚禁在当下并迅速回到过去”[64]。“文化大革命”时期的毛泽东并不是太过于乌托邦，而是不够乌托邦——事实上一点儿乌托邦情怀也没有，已经失去了能够有效引领中国走出“停滞不前且毫无生机的现状”的憧憬。[65]

“文化大革命”时期较低程度的实用主义与毛泽东乌托邦主义消退的并存并不是巧合。实用主义和乌托邦主义并不处于敌对状态，相反，它们是指引未来方向的政治行动的必要补充。没有了乌托邦，一场政治运动也就失去了当前行动的目标指向性；它失去了指引当前政策的方向，也无法以美好社会的愿景来衡量当前的进步。[66]毛泽东思想里乌托邦主义的消退直至最终消失，抹杀了他制定与当前政治行动相符的策略的可能性；因此，毛泽东在其生活的最后10年里倾向于回答问题而不是指导问题。相比之下，延安时期的乌托邦主义却是与相当高程度的实用主义相伴的。毛泽东当时极其敏锐地意识到了当前的局限性，他表达了对一个和平与和谐社会的乌托邦憧憬，在那个社会里剥削、压迫和接连不断的斗争早已被消除。他的政治策略是受这种乌托邦愿景及其进步评判标准影响的。正是乌托邦提供了与其相符的政治策略，并允许他实际且合理地回应对当前局限性的质疑，以及对渴求推动社会接近自信的预期目标的质疑。

尽管也许是1949年后毛泽东思想里乌托邦主义的日渐消退并最终消 263
失，导致他忽视了政治策略与未来指向两者间的一致性，但正如一些评论家所表明的那样，这并不意味着毛泽东思想里完全没有逻辑性和连贯性。[67]事实上，正如我在本章中已经指出的那样，具有某种讽刺性的是，毛泽东思想逻辑中乌托邦主义的灭亡，与他相信人类具有发展生产力和提高技术以征服自然的无限能力相关。对于毛泽东来说，在生产力中，有意识的、从事生产的人才是最重要的维度，才是社会变革中最具革命性的力量。生产力的变化，即使是非常小的规模，也必将在生产关系和上层建筑中引起矛盾和冲突，矛盾和冲突的解决在适当的时候又会促进生产力进一步的变化和发展；这种循环将反复发生却没有终点，因为对于人类和他们的社会来说，没有什么内在机制可以消除人类发展生产力的基本本能。研究毛泽东的学者（除一些有限的例外[68]）忽视了毛泽东对社会变革的主要根源是生产力的强调，而是把注意力集中在毛泽东对生产关系和上层建筑的强调上，尤其是对后者的强调。[69]但是对于毛泽东来说，并不是这些上层建筑领域的社会建构推动了历史变革的整个进程。在一系列的斗争中它们确实很重要，但它们不是历史的缔造者，也不是历史的奠基石。只有无限发展的生产力才能胜任这一核心角色。这是历史的基本规律，从一个社会延伸到所有社会，过去的、现在的和将来的。共产主义社会同现在的阶级社会一样，也不能逃避变革和发展的根本动力。

同样，毛泽东思想里乌托邦主义的消退与最终消失也以这样一种逻辑与他所认可的本体论相连，即宇宙中的所有事物和进程都毫无例外地被推动着产生矛盾，这些不可避免的斗争又引起了运动和变化。宇宙内的所有运动，包括人类社会的变迁和发展，都是物质特性最基本的一种呈现。如果这是事实，那么一个未来的共产主义社会又怎能逃避这一普遍规律呢？毛泽东的回答相当充满逻辑性，即一个未来的共产主义社会也同样以矛盾和冲突为特征。从这个观点看，毛泽东关于未来社会的构想失去了乌托邦
264 色彩还有什么奇怪的吗？

值得说明的是，在逻辑支点下消失的毛泽东乌托邦式的幻想正是与正统的马克思主义紧密相连的。不论是他对生产力是社会变革的“首要因素”的坚信，还是他在本体论上对矛盾普遍性的坚信，毛泽东的思想都是与正统马克思主义相一致的。[70]坚持毛泽东思想不必反复说明这一点，即它的全部都是正统的。这足以充分说明，在正统毛泽东思想里的两个基本信条并非是非正统的。许多研究毛泽东的学者决心要突出他的异端性，他们都忽略了毛泽东思想里这些方面的正统特点，因此他们就无法解释毛泽东乐观主义的消退的原因。毛泽东被臆断为是其“乌托邦”导致了诸如“文化大革命”这样的运动；但其反面更可能是事实，毛泽东发动了“文化大革命”是因其乌托邦主义的消退，这源于对正统马克思主义核心要素的坚信。人们只需看一看弗里德里希·恩格斯的《自然辩证法》就可得知，毛泽东关于人类本身的悲观预言正来自马克思主义创始人的著作。[71]

尽管“文化大革命”在时间意义上是毛泽东生活的最后篇章，但我们显然不能把“文化大革命”看作毛泽东政治生涯和思想精髓的决定性时刻。毫无疑问，这是一个非常重要的时刻但并不是决定性的时刻，也不应该认为，毛泽东“文化大革命”之前所有的生活篇章和政治生涯仅仅是为了最终完善“毛泽东理论”，即为了发动“文化大革命”做必要的初期准备。从延安时期到“文化大革命”时期，毛泽东思想里乐观主义的明显消

退并不是一种目的论的过程，即毛泽东当时的思想将不可避免地朝向他最终的和最本质的形式发展。从乐观主义向悲观主义的转变源于，毛泽东在理论和思想上一个观念的改变，即通过人类行动实现乌托邦的可能性极低。在延安时期，无论是受中国传统还是马克思主义的影响，毛泽东都期望可以立即实现一个时代的永久和平与和谐，这种主旋律便成了毛泽东因战争所导致的来世论的支点。与此同时，在 20 世纪 50 年代到 60 年代初期，毛泽东深信生产力的发展具有无限潜能，并且意识到没有任何一个社会，即使是共产主义社会，可以避免矛盾。这些驱使他以一种相当具有逻辑性的方式承认，不但共产主义不能立即实现，即使实现了，它也会同样呈现出与以往社会相同的基本规律。 265

因此，眺望遥远的未来，毛泽东能够断定共产主义不会是历史的最终命运，一旦到达了最后的停靠港，将会见证那些带领其抵达的所有矛盾与冲突的停滞，因为远方就在别处，在适当的时候人类也会被遗忘。毛泽东年轻时欣然接受了历史的光明前景却在其老年时放弃，老年毛泽东的核心思想是，开始承认所有事物都是短暂的。从乐观主义向悲观主义的转变是完满的。剩下的只有争斗。

注 释

第一章

[1] *Resolution on CPC History (1949—1981)*, Beijing: Foreign Language Press, 1981.

[2] 有关福柯的“真理政权”的观点，参见 Paul Rabinow (ed.) *The Foucault Reader* (New York: Pantheon Books, 1984), 72-75。

[3] 对于20世纪80年代中国的毛泽东研究领域的分析，参见 Nick Knight, ed., *The Philosophical Thought of Mao Zedong: Studies from China, 1981—1989* (Armonk, New York: M. E. Sharpe, *Chinese Studies in Philosophy*, 1992), introduction。

[4] 参见 Nick Knight, “Mao Studies in China: A Review of Research on Mao Zedong Thought,” *CCP Research Newsletters* 2 (Spring 1989): 13-16。

[5] 例如，参见 Jung Chang 和 Jon Halliday, *Mao: the Unknown Story* (London: Jonathan Cape, 2005); Li Zhisui, *The Private Life of Chairman Mao* (London: Random House, 1996)。

[6] Nick Knight, “Contemporary Chinese Marxism and the Marxist Tradition: Globalisation, Socialism and the Search for Ideological Coherence,” *Asian Studies Review 30*, no. 1 (March 2006): 19-39.

[7] 对于这一现象的讨论可参见 Melissa Schrift, *Biography of a Chairman Mao Badge: The Creation and Mass Consumption of a Personality Cult* (New Brunswick: Rutgers University Press, 2001); 同时也可参见 Michael Dutton, *Streetlife China* (Melbourne: Cambridge University Press, 1998), 242-271。

[8] 例如，可参见樊昊：《毛泽东和他的顾问》，北京，人民出版社，1993；李占平、李淑琴：《毛泽东历险记》，北京，中国书籍出版社，1993；逄先知：《毛泽东和他的秘书田家英》，北京，中央文献出版社，1989；郑宜、贾梅编：《毛泽东生活实录》，南京，江苏文艺出版社，1989。对于其中一些著作的评论参见 Thomas Scharping, “The Man, The Myth, The Message—New Trends in Mao-Literature from China,” *China Quarterly*, 137 (March 1994): 168-179。

[9] 参见 Ross Terrill, *Mao: A Biography* (New York: Touchstone, Simon and

Schuster，1980，1993)，18-23，1993 年版前言。

[10] 参见 Michel Foucault，“What Is an Author?”，见 Rabinow，ed.，*The Foucault Reader*，103-113。

[11] 后者的一个例证是由斯图尔特·施拉姆翻译和介绍的毛泽东，*Basic Tactics*（New York：Frederick A. Praeger，1966)。现在人们普遍认为这一军事手册并非出自毛泽东之手。

[12] 没有认真对待中国马克思主义者对马克思主义评论的一个负面例子，参见 Werner Meissner，*Philosophy and Politics in China：The Controversy over Dialectical Materialism in the 1930s*（London：Hurst and Co.，1990)。对于迈斯纳立场的强烈批评参见 Nick Knight，*Marxist Philosophy in China：From Qu Qiubai to Mao Zedong，1923—1945*（Dordrecht：Springer，2005)，86-90。

[13] 例如，可参见 Terrill，*Mao：A Biography*，Chapter 6；David E. Apter & Tony Saich，*Revolutionary Discourse in Mao's Republic*（Cambridge，Mass.：Harvard University Press，1994)，110-115。

[14] 这里有一些值得注意的例外情况。尤其是阿里夫·德里克（Arif Dirlik）在研究中国的马克思主义时引入了对马克思主义的精确理解。参见 Arif Dirlik，“The Predicament of Marxist Revolutionary Consciousness：Mao Zedong，Antonio Gramsci and the Reformulation of Marxist Revolutionary Theory，” *Modern China* 9，no. 2（April 1983)：182-211；Arif Dirlik，*Revolutionary and History：Origins of Marxist Historiography in China，1919—1937*（Berkeley：University of California Press，1978)；Arif Dirlik，*The origins of Chinese Communism*（New York：Oxford University Press，1989)。同样也可以参见 Philip Corrigan，Harvie Ramsay & Derek Sayer，*For Mao：Essays in Historical Materialism*（Atlantic Highlands，New Jersey：Humanities Press，1979)；Arif Dirlik，Paul Healy & Nick Knight，eds.，*Critical Perspectives on Mao Zedong's Thought*（Atlantic Highlands，New Jersey：Humanities Press，1997)。

[15] Knight，*Marxist Philosophy in China*；Nick Knight，“The Laws of Dialectical Materialism in Mao Zedong's Thought—The Question of ‘Orthodoxy’，” in *Critical Perspectives on Mao Zedong's Thought*，eds. Dirlik，Healy and Knight，84-116；Nick Knight，“Soviet Philosophy and Mao Zedong's ‘Sinification of Marxism’，” *Journal of Contemporary Asia* 20，no. 1（1990)：89-109；Nick Knight ed.，*Mao Zedong on Dialectical Materialism：Writings on Philosophy，1937*（Armonk，New York：M. E. Sharpe，1990)；Nick Knight，《论毛泽东运用“否定之否定”规律的正统性》，见张静如编：《毛泽东智慧》，1549～1555 页，大连，大连出版社，1993。

第二章

[1]《马克思恩格斯全集》，中文 1 版，第二卷，118～119 页，北京，人民出版

社，1957。

[2] E. H. Carr，*What Is History*?（Harmondsworth：Penguin Books，1964），p. 8.

[3] *Resolution on CPC History*（*1949—1981*）（Beijing：Foreign Languages Press，1981）.

[4] 这种认识论批判吸收了 Barry Hindess and Paul Hirst，*Mode of Production and Social Formation*：*An Autocritique of Pre-Capitalist Modes of Production*（London：Macmillan，1977）；Barry Hindess & Paul Hirst，*Pre-Capitalist Modes of Production*（London：Routledge & Kegan Paul，1975）；以及 Barry Hindess，*Philosophy and Methodology of the Social Sciences*（Sussex：Harvester，1977）。

[5] Hindess and Hirst，*Mode of Production and Social Formation*，10.

[6] Karl R. Popper，*The Logic of Scientific Discovery*（London：Hutchinson，1972），27-111.

[7] Marx Weber，*The Methodology of the Social Sciences*（New York：The Free Press，1949），80-82.

[8] 参见 Peter Halfpenny，*Positivism and Sociology*：*Explaining Social Life*（London：Allen&Unwin，1982），114-117；A. F. Chalmers，*What is This Thing Called Science*?（St. Lucia：University of Queensland Press，1982，second ed.），60-76；以及 Hindess，*Philosophy and Methodology of the Social Science*。

[9] Hindess and Hirst，*Mode of Production and Social Formation*，13-14.

[10] Hindess and Hirst，*Mode of Production and Social Formation*，19.

[11] 参见 Stuart R. Schram，"*The Marxist*，" *in Mao Tse-tung in the Scales of History*，ed. Dick Wilson（Cambridge：Cambridge University Press，1977），35；Stuart R. Schram，"*Mao Studies*：*Retrospect and Prospect*"，*China Quarterly 97*（March 1984）：122，125；Stuart R. Schram，"Some Reflections on the Pfeffer-Walder 'Revolution' in China Studies，" *Modern China* 3，no. 2（April 1977）：171-172.

[12] Stuart R. Schram，*Mao Zedong*：*A Preliminary Reassessment*（Hong Kong：The Chinese University Press，1983），76.

[13] Stuart R. Schram，*The Political Thought of Mao Tse-tung*（Harmondsworth：Penguin，1969，revised ed.），73.

[14] Rip Bulkeley，"On 'On Practice'"，*Radical Philosophy*18（Autumn 1977），7.

[15] Louis Althusser and Etienne Balibar，*Reading Capital* translated by Ben Brewster（London：NLB，1970），13-34.

[16] 参见 Hindess and Hirst，*Mode of Production and Social Formation*。

[17] 引自 Umberto Eco，*The Role of the Reader*：*Explorations in the Semiotics of Texts*（Bloomington and London：Indiana University Press，1979），4。

［18］ Umberto Eco, *Semiotics and the Philosophy of Language* (Bloomington and London: Indiana University Press, 1979), 4.

［19］ Eco, *The Role of the Reader*, 5.

［20］ Eco, *The Role of the Reader*, 22.

［21］ Schram, *The Political Thought of Mao Tse-tung*, 73; Benjamin Schwartz, "*A personal view of some thoughts of Mao Tse-tung*," in *Ideology and Politics in Contemporary China*, ed. Chalmers Johnson (Seattle and London: University of Washington Press, 1973), 352-353; Benjamin Schwartz, "Presidential Address: Area Studies as a Critical Discipline," *Journal of Asia studies* 40, no. 1 (November 1980): 15-25.

［22］ Roland Lew, "Maoism and the Chinese Revolution," *Socialist Register* (1975): 135.

［23］ Vsevolod Holubnychy, "Mao Tse-tung's Materialist Dialectics," *China Quarterly* 19 (1964): 3-37.

［24］ Holubnychy, "Mao Tse-tung's Materialist Dialectics": 16-17.

［25］ Holubnychy, "Mao Tse-tung's Materialist Dialectics": 16, and footnotes 17 and 18.

［26］ 更多中国研究毛泽东的学者关于毛泽东哲学思想的来源观点，参见 Nick Knight ed., *The Philosophical Thought of Mao Zedong: Studies from China, 1981—1989* (Armonk, New York: M. E. Sharpe, *Chinese Studies in Philosophy*, 1992), 20-24。

［27］ John M. Koller, "Philosophical Aspects of Maoist Thought," *Studies in Soviet Thought* 14 (1974): 47.

［28］ Koller, "Philosophical Aspects of Maoist Thought": 53.

［29］ Steve S. K. Chin, *The Thought of Mao Tse-tung: Form and Content*, translated by Alfred H. Y. Lin (Hong Kong: Centre of Asian Studies Papers and Monographs, 1979), 209.

［30］ 参见 Frederic Wakeman Jr., *History and Will: Philosophical Perspectives on Mao Tse-tung's Thought* (Berkeley: University of California Press, 1973)。

［31］ Andrew Walder, "Marxism, Maoism and Social Change," *Modern China* 3, no. 2 (April 1977): 105.

［32］ 至于魏斐德的反应，参见 "A response," *Modern China* 3, no. 2 (April 1977): 161-168。

［33］ Stuart R. Schram, "Chinese and Leninist Components in the Personality of Mao Tse-tung," *Asian Survey* III, no. 6 (1963): 272-273.

［34］ 施拉姆解释说，"一些人认为我痴迷于毛泽东及其思想的中国根源"。Stuart R. Schram, "Modernization and the Maoist vision," *Bulletin (International House of Ja-*

pan）26（1979）：15。

［35］Schram，*The Political Thought of Mao Tse-tung*，112-116.

［36］Schram，*The Political Thought of Mao Tse-tung*，113.

［37］对这个观点的描述，参见我对迈斯纳所采用方法的批判，*Philosophy and Politics in China*：*The Controversy over Dialectical Materialism in the* 1930*s*（London：Hurst and Co.，1990），in Nick Knight，*Marxist philosophy in China*：*From Qu Qiubai to Mao Zedong*，1923—1945（Dordrecht：Springer，2005），86-90。

［38］Schram，*Mao Zedong. A Preliminary Reassessment*，35.

［39］参见 Lucien W. Pye，*The Spirit of Chinese Politics*：*A Psychocultural Study of the Authority Crisis in Political Development*（Cambridge，Mass.：M. I. T. Press，1968）；Richard H. Solomon，*Mao's Revolution and the Chinese Political Culture*（Berkeley：University of California Press，1971）；以及 Richard H. Solomon，"On Activism and Activists：Maoist Conceptions of Motivation and Political Role Linking State to Society，" *China Quarterly* 39（July－September 1969）：76-114。

［40］Lucien W. Pye，*Mao Tse-tung*：*The Man in the Leader*（New York：Basic Books，1976），82-83.

［41］Pye，*Mao Tse-tung*：*The Man in the Leader*，6-7. 对于这种"精神分析法"的坚决否定，参见 Jerome Ch'en，*Mao and the Chinese Revolution*（London：Oxford University Press，1965），19-20，footnote 6。

［42］Michael Dutton and Paul Healy，"Marxist Theory and Socialist Transition：The Construction of an Epistemological Relation，" in *Chinese Marxism in Flux*，*1978—1984*：*Essays on Epistemology*，*Ideology and Political Economy*，ed. Bill Brugger（Armonk，New York：M. E. Sharpe，1985），13-66.

［43］Paul Healy，"A Paragon of Marxist Orthodoxy：Mao Zedong on the Social Formation and Social Change，" in *Critical Perspectives on Mao Zedong's Thought*，eds. Arif Dirlik，Paul Healy and Nick Knight（Atlantic Highlands，New Jersey：Humanities Press，1997），117-153.

［44］Richard Levy，"Mao，Marx，Political Economy and the Chinese Revolution：Good Questions，Poor Answers，" in *Critical Perspectives on Mao Zedong's Thought*，eds. Dirlik，Healy and Nick Knight，154-183.

［45］Andrew G. Walder，"Marxism，Maoism and social change，" *Modern China* 3，no. 1（January 1977）：101-118；and 3，no. 2（April 1977）：125-159.

［46］参见 Chin，*The Thought of Mao Tse-tung*，esp. 32-41，在这里覃思源与霍勒布尼奇争论的重点是中国传统哲学对毛泽东思想的影响。

［47］Chin，*The thought of Mao Tse-tung*，134-135.

［48］Chin，*The thought of Mao Tse-tung*，viii.

［49］ Brantly Womack，*The Foundations of Mao Zedong's Thought，1917—1935*（Honolulu：University of Hawaii Press，1982），198.

［50］ Joseph Esherick，"On the Restoration of Capitalism：Mao and Marxist theory，" *Modern China* 5，no. 1（January 1979）：51.

［51］ Walder，"Marxism，Maoism and social change"：116.

［52］ Edgar Snow，*Red Star over China*（Harmondsworth：Penguin，1972），181.

［53］ 这适用于研究马克思的领域，特别是关于青年马克思与老年马克思之间争论。例如，参见 Louis Althusser，*For Marx*（London：Verso，1979），49-86。

［54］ Althusser and Balibar，*Reading Capital*，209.

［55］ 对于"工作理念"的探讨，参见 Paul Rabinow ed.，*The Foucault Reader*（New York：Pantheon Books，1984），103-105。

［56］ John Bryan Starr，*Continuing the Revolution：The Political Thought of Mao*（Princeton：Princeton University Press，1979）. 至于斯塔尔其他关于毛泽东的著作，参见"Mao Tse-tung and the Sinification of Marxism：Theory，Ideology and Phylactery，" *Studies in Comparative Communism* 3，no. 2（April 1970）：149-157："Conceptual Foundations of Mao Tse-tung's Theory of Continuous Revolution，" *Asian Survey* XI，no. 6（June 1971）：610-628；"Maoism and Marxist Utopianism，" *Problems of Communism*（July－August 1977）：56-62； "On Mao's Self-Image as a Marxist Thinker，" *Modern China* 3，no. 4（October 1977）：435-442；" 'Good Mao，' 'Bad Mao'：Mao Studies and the Reevaluation of Mao's Political Thought，" *Australian Journal of Chinese Affairs* 16（July 1986）：1-6。

［57］ Starr，*Continuing the Revolution*，xi-xii.

［58］ Raymond L. Whitehead，*Love and Struggle in Mao's thought*（New York：Orbis Books，1977）.

［59］ K. T. Fann，"Mao's Revolutionary Humanism，" *Studies in Soviet Thought* 19，no. 2（March 1979）：143-154.

［60］ Womack，*The Foundations of Mao Zedong's Political Thought*. 至于沃马克关于毛泽东的其他著作，参见"Theory and Practice in the Thought of Mao Tse-tung，" in *The Logic of 'Maoism'：Critiques and Explication*，ed. James Chieh Hsiung（New York：Praeger，1974），1-36；"The Historical Shaping of Mao Zedong's Political Thought，" in *Contemporary Chinese Philosophy*，ed. F. J. Adelman（The Hague：Martin Nijhoff Publishers，1982），27-62；以及"Where Mao Went Wrong：Epistemology and Ideology in Mao's Leftist Politic，" *Australian Journal of Chinese Affairs* 16（July 1986）：23-40。

［61］ Womack，*The Foundations of Mao Zedong's Political Thought*，xii.

［62］ Womack，*The Foundations of Mao Zedong's Political Thought*，xi.

［63］ Womack，*The Foundations of Mao Zedong's Political Thought*，xii.

[64] Stuart R. Schram, "Mao Studies: Retrospect and Prospect," *China Quarterly* 97 (March 1984): 109.

[65] *Selected Works of Mao Tse-tung* (Peking: FLP, 1967) I, 304, and II, 382.

[66] *Selected Works of Mao Tse-tung* I, 295-310; "Where Do Correct Ideas Come From?" in *Mao Tse-tung*, *Four Essays on Philosophy* (Peking: FLP, 1966), 134-136.

[67] Womack, *The Foundations of Mao Zedong's Political Thought*, 32, 77.

[68] 例如可参见 Han Hak and Erik Van Ree, "Was the Older Mao a Maoist?" *Journal of Contemporary Asia* 14, no. 1 (1984): 85。

[69] 参见 Hindess, *Philosophy and Methodology in the Social Sciences*。

[70] 沃马克重点关注1917—1935年这段时期，因为他认为在延安时期得以充分表达的政治行动范式在此期间首次产生，其产生是对1935年之前的危机和紧急状态的回应。因此，沃马克提出"年轻毛泽东"的概念，认为"年轻毛泽东"的某些重要方面从本质上不同于"成熟"或"年老"的毛泽东，他的行为和思想（至少在某种程度上）预示着他后来的政治观点和风格。沃马克也把1917—1935年这个时期分为几个亚周期：马克思主义者之前的毛泽东，毛泽东的马克思主义时期至1927年，早期的根据地时期（1927—1931），以及江西苏维埃时期。在斯图尔特·施拉姆对毛泽东的"初步重新评价"中，毛泽东思想和生涯分为三个主要时期："形成期"（1917—1937）、从1937年到1962年"四个之一世纪的成就期"，以及从1962年到1976年的"最后阶段"；这些时期也被分为一些更小的时间单位。参见 Womack, *The Foundations of Mao Zedong's Political Thought*，以及 Schram, *Mao Zedong: A Preliminary Reassessment*。

[71] Michel Foucault, *The Archaeology of Knowledge* (London: Tavistock, 1972), 8-9.

[72] Donald M. Lowe, *The Function of "China" in Marx, Lenin and Mao* (Berkeley and Los Angeles: University of California Press, 1966), 109.

[73] Lowe, *The Function of "China" in Marx, Lenin and Mao*, 109.

[74] James Chieh Hsiung, *Ideology and Practice: The Evolution of Chinese Communism* (New York: Praeger, 1970).

[75] Hsiung, *Ideology and Practice*, 56.

[76] Raymond F. Wylie, *The Emergence of Maoism: Mao Tse-tung, Ch'en Po-ta and the Search for Chinese Theory*, 1935-1945 (Stanford: Stanford University Press, 1980). 也参见 Raymond F. Wylie, "Mao Tse-tung, Ch'en Po-ta and the 'Sinification of Marxism,' 1936—1938," *China Quarterly* 79 (September 1979): 447-480。

[77] Wylie, *The Emergence of Maoism*, 4.

[78] Ross Terrill, *Mao: A Biography* (New York: Touchstone, Simon and Schuster 1993).

[79] Clare Hollingworth, *Mao and the Men against Him* (London: Jonathan Cape,

1985).

[80] 我一开始对于毛泽东思想的分期，参见 Nicholas James Knight, *Mao and History: An Interpretive Essay on Some Problems in Mao Zedong's Philosophy of History* (University of London: Unpublished PhD thesis, 1983)。

第三章

[1] Lucien W. Pye, *Mao Tse-tung: The Man in the Leader* (New York: Basic Books, 1976), 117. 同时参见 Stuart R. Schram, *The Thought of Mao Tse-tung* (Cambridge: Cambridge University Press, 1989), 5, 17, 54-55, 67, 96, 113, 168, 200; Maurice Meisner, *Marxism, Maoism and Utopianism* (Madison: University of Wisconsin Press, 1982); Maurice Meisner, *Mao's China and After: A History of the People's Republic* (New York: The Free Press, 1977, 1986); Benjamin I. Schwartz, *Chinese Communism and the Rise of Mao* (New York: Harper Torchbooks, 1951)。

[2] Stuart R. Schram, "Mao Zedong and the Role of Various Classes in the Chinese Revolution, 1923—1927," in *The Polity and Economy of China: The Late Professor Yuji Muramatsu Commemoration Volume*, (Tokyo: Tokyo Keizai Shinposha, 1975), 235.

[3] Benjamin I. Schwartz, "The Legend of the 'Legend of "Maoism"'," *China Quarterly* 2 (April-June 1960): 35-42.

[4] 参见 Schram, *The Thought of Mao Tse-tung*, 138-140; Stuart R. Schram, "The Marxist," in *Mao Tse-tung in the Scales of History*, ed. Dick Wilson(Cambridge: Cambridge University Press, 1977), 64; Stuart R. Schram, "Mao Tse-tung as Marxist Dialectician," *China Quarterly* 29 (January - March, 1967): 155-165; Jone Bryan Starr, *Continuing the Revolution: The Political Thought of Mao* (Princeton: Princeton University Press, 1979), 20-29。

[5] Schram, "The Marxist," 64.

[6] 也有例外，参见 Paul Healy, "Reading the Mao Texts: The Question of Epistemology," *Journal of Contemporary Asia* 20, no. 3 (1990): 330-358); Arif Dirlik, "The Predicament of Marxist Revolutionary Consciousness: Mao Zedong, Antonio Gramsci and the Reformulation of Marxist Revolutionary Theory," *Modern China* 9, no. 2 (April 1983): 182-211; Arif Dirlik, "Mao Zedong and Chinese Marxism," in *Companion Encyclopedia of Asian Philosophy*, eds. Indira Mahalingam and Brian Carr (London: Routledge, 1997); Nicholas James Knight, *Mao and History: An Interpretive Essay on some Problems in Mao Zedong's Philosophy of History* (University of London: Unpublished PhD thesis, 1983), 第一章。

[7] 白鲁恂曾提到过“毛泽东显然属于认为一致性是小心灵的妖怪的学派”。*Mao Tse-tung*：*The Man in the Leader*，44。

[8] 存在例外。魏昂德做得很好，他不是从是理性主义者的角度而是从马克思主义的角度解释社会因果关系。Andrew G. Walder，“Marxism，Maoism and Social Change，” *Modern China* 3，no. 1 (January 1977)：101-118；and 3，no. 2 (April 1977)：125-159。

[9] 当然，在这之前，马克思主义者们挑战了当时的正统。柯尔施和格奥尔格·卢卡奇被季诺维也夫攻击为“理论的修正主义”，他们的工作之后也被德波林所批判。参见 Karl Korsch，*Marxism & Philosophy* (London：NLB，1970)，14-15；也可参见 Georg Lukács，*History and Class Consciousness*：*Studies in Marxist Dialectics* (London：Merlin Press，1971)。

[10] 参见 Alex Callinicos，*Is There a Future for Marxism*? (London：Macmillan，1982)，Chapter 3；也可参见 Andrew Collier，“In Defence of Epistemology，” in *Issues in Marxist Philosophy*：*Volume* Ⅲ—*Epistemology*，*Science*，*Ideology*，John Mepham，David-Hillel Ruben eds. (Brighton：Harvester，1979)，55-106。

[11] Louis Althusser 和 Étienne Balibar，*Reading Capital* (London：NLB，1970)，13-14. 这种方法的实例可以在由欧内斯特·曼德尔、马丁·尼古拉斯、戴维·费恩巴赫和卢西奥·科莱蒂出版于20世纪70年代的马克思著作的企鹅出版社版的序言中找到。

[12] Althusser and Balibar，*Reading Capital*，14-15.

[13] 特别参见 Barry Hindess & Paul Hirst，*Mode of Production and Social Formation*：*An Autocritique of Pre-capitalist Modes of Production* (London：Macmillan，1977)；Barry Hindess，*Philosophy and Methodology of the Social Science* (Sussex：Harvester，1977)；Anthony Cutler，Barry Hindess，Paul Hirst & Athar Hussain，*Marx's “Capital” and Capitalism Today* (London：Routledge and Kegan Paul，1977)，vol. Ⅰ。关于在阅读过程中拒绝认识论的这种影响，可参见 Umberto Eco，*The Role of the Reader*：*Explorations in the Semiotics of Texts* (Bloomington and London：University of Indiana Press，1979)；以及 Umberto Eco，*Semiotics and the Philosophy of Language* (Bloomington and London：University of Indiana Press，1979)。

[14] 乔治·里希特海姆认为：“心理学的根源对（马克思主义哲学的辩证唯物主义）体系的促进作用是显而易见的；所以对党的绝对忠诚……催生了‘辩证唯物主义’。” George Lichtheim，*Marxism*：*An Historical and Critical Study* (London：Routledge and Kegan Paul，1961)，253. 也可参见 David Joravsky，*Soviet Marxism and Natural Science*，*1917—1932* (New York：Columbia University Press，1961)，Chapter 2。

[15] Paul Hirst，“The Necessity of Theory，” *Economy and Society* 8，no. 4 (November 1979)：420.

[16] 关于当代中国的马克思主义研究呼吁正统的马克思主义，可参见 Nick Knight，“Contemporary Chinese Marxism and the Marxist Tradition：Globalisation，So-

cialism and the Search for Ideological Coherence," *Asian Studies Review* 30, no. 1 (March 2006): 19-39。

［17］Sheldin S. Wolin, "Paradigms and Political Theories," in *Politics and Experience*, eds. P. King and B. C Parekh (Cambridge: Cambridge University Press, 1968), 125-152; Thomas Kuhn, *The Structure of Scientific Revolutions* (Chicago and London: University of Chicago Press, 1970 Second ed.). 关于将瓦林和库恩的思想应用于中国的一次尝试，参见 Robert Marks, "The State of the China Field: Or, the China Field and State," *Modern China* 11, no. 4 (1985): 461-509。

［18］关于葛兰西霸权概念的讨论，参见 Joseph Femia, *Gramsci's Political Thought: Hegemony, Consciousness and the Revolutionary Process* (Oxford: Clarendon Press, 1987)。

［19］在研究毛泽东和中国语境中，没必要就这一点发表长篇大论，因为存在着这么一种不好的倾向，即有人认为毛泽东发表马克思主义言论的唯一目的就是巩固他自身的地位。参见 Robert North, *Moscow and Chinese Communism* (Stanford: Stanford University Press, 1953, 1963); Richard C. Thornton, *China: The Struggle for Power, 1917—1972* (Bloomington and London: Indiana University Press, 1973); 以及 Arthur A Cohen, *The Communism of Mao Tse-tung* (Chicago: Chicago University Press, 1964)。

［20］参见 Nick Knight, *Marxist Philosophy in China: From Qu Qiubai to Mao Zedong, 1923—1945* (Dordrecht: Springer, 2005).

［21］Schram, "The Marxist," 36.

［22］Schram, "The Marxist," 64; 也可参见 52～54 页，书中施拉姆比较了"毛泽东与马克思的历史观"。

［23］举例参见 Schram, *Mao Zedong: A preliminary Reassessment*; 也可参见 Schram, *The Thought of Mao Tse-tung*。对后来版本的延伸性批判，参见 Nick Knight, "Mao Zedong's Thought and Chinese Marxism: Recent Documents and Interpretations," *Bulletin of concerned Asian Scholars* 25, no. 2 (April－June 1993): 54-63.

［24］《毛泽东文集》，1 版，第七卷，331 页，北京，人民出版社，1999。

［25］Mao Zedong, "Speech at the Enlarged Session of the Military Affairs Committee and the External Affairs Conference," in *Mao Tse-tung Unrehearsed: Talks and Letters*, 1956—1971, ed. Stuart Schram (Penguin, Harmindsworth, 1974), 154.

［26］Karl A. Wittfogel, "The Legend of 'Maoism'," *China Quarterly* 1 (January－March 1960), part 1: 72-86, 以及 *China Quarterly* 2 (April－June 1960), part 2: 16-34; Schwartz, "The legend of the 'Legend of "Maoism"'"。史华慈关于这个主题的其他作品，可参见 *Chinese Communism and the Rise of Mao*, and *Communism and China: Ideology in Flux* (New York: Atheneum, 1970)。

[27] Wittfogel, "The Legend of 'Maoism'," Part 1: 75.

[28] Wittfogel, "The Legend of 'Maoism'," Part 2: 26.

[29] Schwartz, "The Legend of the "Legend of 'Maoism'"," 40.

[30] Schwartz, "The Legend of the "Legend of 'Maoism'"," 37.

[31] Richard M. Pfeffer, "Mao and Marx in the Marxist-Leninist Tradition: A critique of 'The China Field' and a Contribution to a Preliminary Reappraisal," *Modern China* 3, no. 4 (October 1976): 421-460.

[32] Pfeffer, "Mao and Marx in the Marxist-Leninist Tradition," 425.

[33] Pfeffer, "Mao and Marx in the Marxist-Leninist Tradition," 427.

[34] Pfeffer, "Mao and Marx in the Marxist-Leninist Tradition," 433. 普费弗的确承认了迈斯纳将"毛主义"当作"对马列主义的发展"而认可。

[35] Pfeffer, "Mao and Marx in the Marxist-Leninist Tradition," 439.

[36] Pfeffer, "Mao and Marx in the Marxist-Leninist Tradition," 450.

[37] Walder, "Marxism, Maoism and Social Change."

[38] Walder, "Marxism, Maoism and Social Change," 102.

[39] Walder, "Marxism, Maoism and Social Change," 126-127.

[40] Andrew G. Walder, "A Response," *Modern China* 3, no. 4 (October 1977): 387-389.

[41] Stuart Schram, "Mao Zedong and the Role of the Various Classes in the Chinese Revolution, 1923—1927," 235.

[42] Schram, *The Political Thought of Mao Tse-tung* (Harmondsworth: Penguin, 1969), 135.

[43] Walder, "Marxism, Maoism and Social Change," 141.

[44] Walder, "Marxism, Maoism and Social Change," 144.

[45] 特别参见 Hindess & Hirst, *Mode of Production Social Formation: An Autocritique of Pre-Capitalist Modes of Production*; Althusser & Balibar, *Reading Capital*; 以及 Louis Althusser, *For Marx* (London: Verso, 1979), 87-128。

[46] Antonio Gramsci, *Selections from Prison Notebooks*, Quinton Hoare and Geoffrey Nowell Smith (London: Lawrence and Wishart, 1971); Georg Lukács, *History and Class Consciousness: Studies in Marxist Dialectics*; 关于哥尔特 (Gorter) 的马克思主义观及其在中国的影响，可参见 Nick Knight, "Herman Gorter and the Origins of Marxism in China," in *China Information* XIX, no. 3 (November 2005): 381-412。

[47] Walder, "Marxism, Maoism and Social Change," 116.

[48] Walder, "Marxism, Maoism and Social Change," 116. 也可参见第 139 页，魏昂德承认"试图寻求马克思关于农民阶级革命潜力、社会主义在欠发达地区发展的可行性，以及革命'时机'问题的独立立场是一项根本徒劳的工作"。

[49] Stuart Schram, "Some Reflection on the Pfeffer-Walder 'Revolution' in China Studies," *Modern China 3*, no. 2 (1977): 169-184.

[50] 例如，可参见 Schram, "The Marxist," 35-36。

[51] See Marks, "The State of the China Field: Or, the China Field and the State."

[52] Frederic Wakeman Jr., "A Response," *Modern China* 3, no. 2 (April 1977): 161-162.

[53] Maurice Meisner, "Mao and Marx in the Scholastic Tradition," *Modern China* 3, no. 4 (October 1977): 401.

[54] Meisner, "Mao and Marx in the Scholastic Tradition," 402.

[55] John G. Gurley, "The Symposium Papers: Discussion and Comment," *Modern China* 3, no. 4 (October 1977): 443-463.

第四章

[1] Stuart R. Schram, *The Early Revolutionary Activities of Mao Tse-tung* (White Plains, NewYork: M. E. Sharpe, 1977). 或者参见 Stuart Schram, *The Thought of Mao Tse-tung* (Cambridge: Cambridge University Press, 1989), 35。

[2] John Womack Jr., *Zapata and the Mexican Revolution* (Harmondsworth: Penguin, 1968), 541-545. 或者参见 Eric R. Wolf, *Peasant Wars of the Twentieth Century* (London: Faber and Faber, 1973), 31-32; John Dunn, *Modern Revolutionary: An Introduction to the Analysis of a Political Phenomenon* (Cambridge: Cambridge University Press, 1972), 58-59。

[3] John Womack Jr., *Zapata and the Mexican Revolution*, 541-545.

[4] 参见 Maurice Meisner, *Marxism, Maoism and Utopianism* (Madison: University of Wisconsin Press, 1982), 64, 65, 97, 99, 100, 152, 225. 或者 Maurice Meisner, *Mao's China and After: A History of the People's Republic* (New York: The Free Press, 1977, 1986), 44-47。

[5] Isaac Deutscher, *Ironies of History* (London: Oxford University Press, 1966), 99.

[6] Benjamin I. Schwart, *Chinese Communism and the Rise of Mao* (Cambridge: Harvard University, 1951), 76-77.

[7] Stuart R. Schram, "Mao Zedong and the Role of the Various Classes in the Chinese Revolution, 1923—1927," *The Polity and Economy of China: The late Professor Yuji Muramatsu Commemoration Volume* (Tokyo: Tokyo Keizai Shinposha, 1975), 235-236.

[8] Stuart R. Schram, *The Political Thought of Mao Tse-tung* (Harmondsworth: Penguin, 1969, revised edition), 59-60.

[9] Niktia Khrushchev, *Khrushchev Remembers*, Edward Crankshaw 作序、评论和注释（London: André Deutsch, 1971), 464-465。

[10] Otto Braun, *A Comintern Agent in China, 1932—1939*, 由 Jeanne Moore 从德文翻译而来，由 Dick Wilson 作序（St. Lucia, Queensland: University of Queensland Press, 1982)。

[11] Philip C. C. Huang, "Mao Tse-tung and the Middle Peasants, 1925—1928," *Modern China* 1, no. 3 (July 1975): 285.

[12] 参见 M. Henri Day, *Máo Zédōng, 1917—1927: Documents* (Stockholm: Skriftserien für Orientaliska Studier, no. 14, 1975), 242-251。

[13] 参见 Tony Saich, Benjamin Yang, *The Rise to Power of the Chinese Communist Power: Documents and Analysis* (Armonk, New York: M. E. Sharpe, 1996), esp. il-1, 281。

[14] Justus M. Van der Kroef, "Lenin, Mao and Aidit," *China Quarterly* 10 (April - June 1962): 37.

[15] Trevor Sudama, "Analysis of Classes by Mao Tse-tung, 1929—1939," *Journal of Contemporary Asia* 8, no. 3 (1978): 361.

[16] Day, *Máo Zédōng*, 1917—1927: *Documents* (Stockholm: Skriftserien für Orientaliska Studier) no. 14, 1975, 42. 施拉姆主张，毛泽东"（对农民的）再发现发生在 1925 年的夏天和秋初"。参见 Stuart R. Schram, "Mao Tse-tung and Secret Societies," *China Quarterly* 27 (June - September 1966), 3。或者参见 Edgar Snow, *Red Star over China* (Harmondsworth: Penguin, 1972, 185-186) 中毛泽东的声明。毛泽东说："之前我没有完全认识到农民中间阶级斗争的程度，但是在五卅运动之后，以及在随后的政治运动巨浪中，正是湖南的农民成了激进分子。"但是，这并不意味着毛泽东在 1925 年之前完全没有认识到农民的革命潜力问题；这一点在他 1923 年的陈述中非常明显。而是说，1925 年的事件使毛泽东更加注意到农民的战斗性及由此带来的机会。

[17] Day, *Máo Zédōng, 1917—1927: Documents*, 245.

[18] 施拉姆将毛泽东思想中的这一阶段称为"工人时期"。参见 Stuart R. Schram, "Mao Tse-tung's Thought to 1949," *An Intellectual History of Modern China*, Merle Goldman 和 Leo OuFan Lee 编，Cambridge: Cambridge University Press, 2002, 283。关于毛泽东在"工人时期"的活动可参见 Lynda Schaffer, *Mao and the Workers: The Human Labor Movement, 1922—1923* (Armonk, New York: M. E. Sharpe, 1982)。也可参见 Schaffer, "Mao Zedong and the October 1922 Changsha Construction Workers' Strike: Marxism in Preindustrial China," *Modern China* 4, no. 4 (October 1978): 379-418。

[19] Stuart R. Schram, ed., Nancy J. Hodes associated ed., *Mao's Road to Power: Revolutionary Writings 1912—1949: Volume II, National Revolution and Social Revolution, December 1920 - June 1927* (Armonk, New York: M. E. Sharpe, 1994), 164。

[20] Schram, ed., *Mao's Road to Power: Volume* Ⅱ, xxxii. 中文文本见中共中央文献研究室编：《毛泽东年谱》，第一卷，114 页注释，北京，人民出版社、中央文献出版社，1993。

[21] Schram, ed., *Mao's Road to Power: Volume II*, 171.

[22] Ibid., 257. Day, *Máo Zédōng, 1917—1927: Documents*, 296-297. 参见［日］竹内实编：《毛泽东集》，第一卷，168～170 页。

[23] Schram, ed., *Mao's Road to Power: Volume II*, 237.

[24]《毛泽东选集》，2 版，第一卷，7～8 页，北京，人民出版社，1993。

[25] Meisner, *Marxism, Maoism and Utopianism*.

[26] Schram, ed., *Mao's Road to Power: Volume II*, 358.

[27]《毛泽东文集》，1 版，第一卷，40～41 页，北京，人民出版社，1993。

[28] 同上书，39 页。

[29] Schram, *The Thought of Mao Tse-tung*, 39. 或者参见 Schram, "Mao Zedong and the Role of the Various Classes in the Chinese Revolution, 1923—1927," 233。

[30] Schram, *The Thought of Mao Tse-tung*, 40.

[31] 参见 Karl Wittfogel, "The Legend of 'Maoism'," *China Quarterly* 1 (January-March, 1960): 72-86, and no. 2 (April-June, 1960): 16-34. Benjamin Schwart, "The Legend of the 'Legend of "Maoism"'," *China Quarterly* 2 (April - June 1960): 35-42. Benjamin I. Schwart, *Chinese Communism and the Rise of Mao*, 73-78. Arthur A. Cohen, *The Communism of Mao Tse-tung* (Chicago: University of Chicago Press, 1964), 47-50.

[32] Schram, ed., *Mao's Road to Power: Volume II*, 509.

[33] 在这方面，这一文献真实反映了毛泽东其余的农村调查的情况。可参见中共中央文献研究室：《毛泽东农村调查文集》，北京，中央文献出版社，1982。

[34] Day, *Máo Zédōng, 1917—1927: Documents*, 322；［日］竹内实编：《毛泽东集》，第一卷，193 页。

[35] Schram, ed., *Mao's Road to Power: Volume II*, 419.

[36] Roy Hoffheinz Jr. 以相当矛盾的方式总结指出，毛泽东的湖南"报告"是"一种彻底的幻想"，尽管不是没有一点"现实的特定因素"。可参见 *The Broken Wave: The Chinese Communist Peasant Movement, 1922—1928* (Cambridge, Mass.: Harvard University Press, 1977), 35。这里的问题不是在于毛泽东对农民运动及其力量的理解是否正确，而是他是以何种方式评价农民在革命中的角色以及农民离开工人阶级独立自

主推进现代化革命的能力。

[37]《毛泽东选集》，2 版，第一卷，12～13 页。

[38] Schram，ed.，*Mao's Road to Power*：*Volume II*，439。

[39] Ibid.，433. [日] 竹内实编：《毛泽东集》，第一卷，211～212 页。

[40] [日] 竹内实编：《毛泽东集补卷》，第二卷，277 页。

[41] 参见竹内实编：《毛泽东集补卷》，第二卷。

[42] Stuart R. Schram，ed.，Nancy J. Hodes，associate ed.，*Mao's Road to Power*：*Revolutionary Writings*，*1912—1949*：*Volume III—From the Jinggangshan to the Establishment of the Jiangxi Soviets*，*July* 1927—*December* 1930（Armonk，New York：M. E. Sharpe，1995），11；另见 18 页。

[43] Stuart R. Schram，ed.，Nancy J. Hodes，associate ed.，*Mao's Road to Power*：*Revolutionary Writings*，*1912—1949*：*Volume VII*，*New Democracy*，*1939—1941*（Armonk，New York：M. E. Sharpe，2005），153.

[44] Schram ed.，*Mao's Road to Power*：*Volume III*，13.

[45] Ibid.，71.

[46] 这个决议草案在《毛泽东选集》中的名称是《中国的红色政权为什么能够存在?》，参见《毛泽东选集》，2 版，第 1 卷，47 页。

[47] Schram，ed.，*Mao's Road to Power*：*Volume III*，71-72.

[48] Ibid.，75.

[49] Ibid.，72-78.

[50] Ibid.，73-74.

[51] Ibid.，114.

[52]《毛泽东文集》，1 版，第一卷，78 页。

[53] 同上书，81 页。

[54] 同上书，82～83 页。

[55] 同上书，85 页。

[56]《毛泽东文集》，1 版，第一卷，78 页。

[57] Schram，ed.，*Mao's Road to Power*：*Volume III*，567.

[58] Ibid.，63.

[59] Ibid.，114.

[60] Ibid.，123.

[61] Ibid.，146. 译文有改动。参见 [日] 竹内实编：《毛泽东集补卷》，第三卷，21～25 页。引用的部分从 24 页开始。对毛泽东用“大同”描绘中国未来的进一步分析参见第五章。

[62]《毛泽东文集》，1 版，第一卷，55 页。

[63] Schram，ed.，*Mao's Road to Power*：*Volume III*，156.

［64］《毛泽东文集》，1 版，第一卷，58 页。

［65］Schram，ed.，*Mao's Road to Power*：*Volume III*，156.

［66］《毛泽东文集》，1 版，第一卷，74 页。

［67］Schram，ed.，*Mao's Road to Power*：*Volume III*，236.

［68］Ibid.，565.

［69］《毛泽东选集》，2 版，第一卷，114 页。

［70］Schram，ed.，*Mao's Road to Power*：*Volume III*，583-584.

［71］Ibid.，583-584，587.

［72］对江西苏维埃的一般性分析可参见 Trygve Lötviet，*Chinese Communism*，*1931—1934*：*Experience in Civil Government*（Stockholm：Scandinavian Institute of Asian Studies Monograph Series，1973）；Ilpyong J. Kim，"Mass Mobilization Policies and Techniques Developed in the Period of the Chinese Soviet Republic，" in *Chinese Communist Politics in Action*，ed. A. Doak Barnett（Seattle and London：University of Washington Press，1969），78-98；Ilpyong J. Kim，*The Politics of Chinese Communism*：*Kiangsi Under the Soviets*（Berkeley：University of California Press，1973）；W. E. Butler，ed.，*The Legal System of the Chinese Soviet Republic*，*1931—1934*（Dobbs Ferry NY：Transnational Publishers 1983）；Tso-Liang Hsiao，*Power Relations within the Chinese Communist Movement*，*1930—1934*：*A Study of Documents*（Seattle：University of Washington Press，1961）；John E. Rue，*Mao Tse-tung in Opposition*，*1927—1935*（Stanford：Stanford University Press，1966）；Warren Kuo，*Analytical History of the Chinese Communist Party*，（Taipei：Institute of International Relations，1968，second edition），Volume 2；Robert C. North，*Moscow and Chinese Communists*（Stanford：Stanford University Press，1963，second edition），147-160；Derek J. Waller，*The Kiangsi Soviet Republic*：*Mao and the National Congress of 1931 and 1934*（Berkeley：Center for China Studies，University of California，1973）。

［73］Stuart R. Schram，ed.，Nancy J. Hodes associate ed.，*Mao's Road to Power*：*Revolutionary Writings*，*1912—1949*：*VolumeIV—The Rise and Fall of the Chinese Soviet Republic*（Armonk，New York：M. E. Sharpe，1997），466.

［74］Ilpyong J. Kim，*The Politics of Chinese Communism*：*Kiangsi Under the Soviets*，6.

［75］Rue，*Mao Tse-tung in Opposition*.

［76］Schram，ed.，*Mao's Road to Power*：*Volume IV*，xxxiii-xxxiv.

［77］Ibid.，xlv.

［78］Ibid.，xlviii-xlix。也可参见 Stuart R. Schram，*Mao Tse-tung*（Harmondsworth：Penguin，1966），154-155。

［79］Richard C. Thornton，*China*，*The Struggle for Power*，*1917—1972*

(Bloomington and London: Indiana University Press, 1973), 56.

[80] Kim, "Mass Mobilization Policies and Techniques," 80.

[81] 这一措辞来自 Thornton。参见 *China, the Struggle for Power*, 55。

[82] Schram, ed., *Mao's Road to Power: Volume IV*, ixxv.

[83] Thornton, *China, the Struggle for Power*, 54.

[84] Hélène Carrère d'Encausse and Stuart R. Schram, *Marxism and Asia: An Introduction with Readings* (London: Allen Lane The Penguin Press, 1969), 244-247.

[85] 洛特维特（Lötviet）坚持认为，把“乡”理解为“小镇”的传统解释是错误的，因为“乡”并不必然就是小镇或者独立的村庄。参见他的 *Chinese Communism, 1931—1934: Experience in Civil Government*, 15n。或者参见 Waller, *The Kiangsi Soviet Republic*, 37-41。

[86] Lötviet, *Chinese Communism, 1931—1934: Experience in Civil Government*, Chapter 1.

[87] 在农村地区，“通常来说，他们根本（工人）没有土地或农场设施，尽管有些人的确有一小部分。他们全部或主要靠出卖劳动力为生。这些人是工人（包括农民劳动者）……如果有家庭成员在城市工作，他也是工人”。Schram, ed., *Mao's Road to Power: Volume IV*, 548. 在他的“长岗乡调查”（1933 年 11 月）中，毛泽东指出下列职业也是工人：木匠、裁缝、砖匠、竹制品手工业工人、理发师、短工。参见 Schram, ed., *Mao's Road to Power: Volume IV*, 619。

[88] Lötviet, *Chinese Communism, 1931—1934: Experience in Civil Government*, 27.

[89] Schram, ed., *Mao's Road to Power: Volume IV*, 179-180.

[90] 从 Lötviet 处得到的信息，*Chinese Communism, 1931—1934: Experience in Civil Government*, Chapter 1 and 2。Schram, ed., *Mao's Road to Power: Volume IV*, 179-181, 797-798。[日] 竹内实编：《毛泽东集补卷》，第四卷，21～23 页。

[91] Schram, ed., *Mao's Road to Power: Volume IV*, 797-798.

[92] Ibid., 871.

[93] Ibid., 671-673.

[94] Lötviet, *Chinese Communism, 1931—1934: Experience in Civil Government*, 47, note 3.

[95] Schram, ed., *Mao's Road to Power: Volume IV*, 476.

[96] Ibid., 483.

[97] Ibid., 455.

[98] Ibid.

[99] Kim, *The Politics of Chinese Communism: Kiangsi Under the Soviets*, 135-143.

[100] Schram, ed. ,*Mao's Road to Power*: *Volume IV*, 455.

[101] Schram, ed. ,*Mao's Road to Power*: *Volume IV*, 396.

[102] Ibid., 512-513.

[103] Ibid., 396.

[104] Ibid., 525.

[105] Ibid., 438-439. 译文有改动。

[106] Ibid., 455.

[107] Ibid., 333.

[108] Ibid., 66.

[109] 对这部法律的完整翻译参见 Schram, ed. ,*Mao's Road to Power*: *Volume IV*, 882-896。沃勒的结论是这一法律"纯粹处于议事日程的阶段",因为在主要由农民构成、唯一的工人是手工业者和工匠的经济环境下,它是无法实施的。但是,毛泽东给出的数据证明沃勒的结论是错误的。参见 Waller, *Kiangsi Under the Soviets*, 33。

[110] Schram, ed. ,*Mao's Road to Power*: *Volume IV*, 188。

[111] Ibid., 490.

[112] Ibid., 679.

[113] Ibid., 680.

[114] Ibid., 584-622.

[115] Ibid., 684.

[116] Ibid.

[117] Ibid., 269.

[118] Ibid., 272-273.

[119] Ibid., 670.

[120] Ibid., 704.

[121] Ibid., 111-112.

[122] Ibid., 333.

[123] Ibid., 415.

[124] Ibid., 455.

[125] 毛泽东关于"主要矛盾"的讨论及其在政策中的优先地位,参见 Nick Knight, ed. ,*Mao Zedong on Dialectical Materialism*: *Writings on Philosophy*, 1937 (Armonk, New York: M. E. Sharpe, 1990), 178-187。

[126] 例如可参见 Stuart R. Schram, Nancy J. Hodes, ed. ,*Mao's Road to Power*: *Revolutionary Writings*, 1912—1949: *Volume VII-New Democracy*, 1939—1941 (Armonk, New York: M. E. Sharpe, 2005), 731。

[127] Schram, ed. ,*Mao's Road to Power*: *Volume VII*, 579-580.

[128] Ibid., 386, 396.

[129] 毛泽东告诉斯诺："我们一直都是社会革命者，我们从来都不是改革者。" Schram，ed.，*Mao's Road to Power*：*Volume* Ⅶ，218-219.

[130] Schram，ed.，*Mao's Road to Power*：*Volume VII*，67，71.

[131] Stuart R. Schram，ed.，Nancy J. Hodes，associate ed.，*Mao's Road to Power-Revolutionary Writings，1912—1949*：*Volume VI-The New Stage，August 1937—1938*（Armonk，New York：M. E. Sharpe，2004），735-736，648.

[132] Schram，ed.，*Mao's Road to Power*：*Volume VII*，862.

[133] Ibid.，153.

[134]《毛泽东选集》，2 版，第二卷，644 页，北京，人民出版社，1991。

[135] 同上书，692 页。

[136] 参见上书，644 页。

[137] 同上书，644～645 页。

[138] 同上书，692 页。

[139]《毛泽东选集》，2 版，第四卷，1479 页，北京，人民出版社，1991。

[140]《毛泽东选集》，2 版，第二卷，643 页。

[141] Schram，ed.，*Mao's Road to Power*：*Volume VII*，246，250，355.

[142] Ibid.，766-767.

[143]《毛泽东选集》，2 版，第二卷，650 页。

[144] 参见《毛泽东选集》，2 版，第三卷，1077～1078 页，北京，人民出版社，1991。

[145] Schram，ed.，*Mao's Road to Power*：*Volume VI*，736.

[146]《毛泽东选集》，2 版，第二卷，636 页。

[147]《毛泽东选集》，2 版，第三卷，945 页。

[148]［日］竹内实编：《毛泽东集补卷》，第七卷，185～193 页。英译本见 Saich，*The Rise to Power of the Chinese Communist Party*：*Documents and Analysis*（Armonk，New York：M. E. Sharpe，1996），1157-1164。

[149] Schwartz，*Chinese Communism and the Rise of Mao*，76-77.

[150] Meisner，*Marxism，Maoism and Utopianism*，99，138，225.

[151] Schram，ed.，*Mao's Road to Power*：*Volume VII*，153.

[152] Schram，ed.，*Mao's Road to Power*：*Volume II*，258-259.

[153] Schram，ed.，*Mao's Road to Power*：*Volume III*，447-448.

[154]《毛泽东选集》，2 版，第三卷，1077、1081 页。

[155] 同上书，1426 页。

[156] 同上书，1427 页。"在城市斗争中，我们依靠谁呢……我们必须全心全意地依靠工人阶级。"

[157] Franz Schurmann，*Ideology and Organization in Communist China*（Berke-

ley：University of California Press，1971，Second edition)，167-169。

［158］参见 *Mao Zedong Sixiang Wansui*（n. p.：n. p. 1967)，12，27；又见 *Mao Zedong Sixiang Wansui*（n. p.：n. p. 1969)，247。毛泽东还坚持认为农民是中国社会主义要解决的主要问题："严重的问题是教育农民。农民的经济是分散的，根据苏联的经验，需要很长的时间和细心的工作。"（《毛泽东选集》，2 版，第四卷，1477 页）

第五章

［1］参见 Vsevolod Holubnychy，"Mao Tse-tung's Materialist Dialectics，" *China Quarterly* 19（1964)：3-37。或者参见 Frederic Wakeman Jr.，*History and Will*：*Philosophical Perspectives on Mao Tse-tung's Thought*（Berkeley：University of California Press，1973)。或者参见中国毛泽东学者中持这一观点的代表人物毕建恒：《毛泽东与中国哲学传统》，成都，四川人民出版社，1990；常瑞森：《哲学思想概论》，北京，中国人民大学出版社，1985。

［2］参见 Steve S. K. Chin，*The Thought of Mao Tse-tung*：*Form and Content*，Alfred H. Y. Lin translated（Hong Kong：Centre of Asian Studies Papers and Monographs，1979)。或者 Andrew G. Walder，"Marxism，Maoism and Social Change，" *Modern China*，vol. 3，no. 1（January 1977)：101-118；and 3，no. 2（April 1977)：125-159。或者 Michael Dutton and Paul Healy，"Marxist Theory and Socialist Transition：The Construction of an Epistemology Relation，" *Chinese Marxism in Flux 1978—1984*：*Epistemology*，*Ideology and Political Economy*，ed. Bill Brugger（Armonk，New York：M. E. Sharpe，1985)，13-66. 或者 Philip Corrigan，Harvie Ramsay and Derek Sayer，*For Mao*：*Essays in Historical Materialism*（London：Macmillan，1979)。或者参见 Adrian Chan，*Chinese Marxism*（London and New York：Continuum，2003)。或者持该观点的中国毛泽东学者刘荣：《毛泽东哲学思想概述》，广州，广州人民出版社，1983。

［3］例如可参见 Richard H，Solomon，*Mao's Revolution and the Chinese Political Culture*（Berkeley：University of California Press，1971)。或者 Lucien W. Pye，*Mao Tse-tung*：*The Man in the Leader*（New York：Basic Books，1976)。或者 Lam Lai Sing，*The Role of Ch'i in Mao Tse-tung's Leadership Style*（San Francisico：Mellen Resarch University Press，1993)。中国毛泽东学者几乎都不认同该观点；他们认为，虽然毛泽东受到中国传统的影响，但是马克思主义对他思想的影响才起着主要作用。或者参见 Zongli Tang & Bing Zuo，*Maoism and Chinese Culture*（New York：Nova Science，1996)。如需了解 20 世纪 80 年代中国毛泽东学术研究关于这个主题的分析，可参见 Nick Knight，ed.，*The Philosophical Thought of Mao Zedong*：*Studies from China*，*1981—1989*（Armonk，New York：M. E. Sharpe，Chinese Studies in Philosophy，1992)，Introduction。

［4］John M. Koller，“Philosophical Aspects of Maoist Though，” *Studies in Soviet Thought* 14（1974）：47-59.

［5］Stuart R. Schram，“Chinese and Leninist Components in the Personality of Mao Tes-tung，” *Asian Survey* 111，no. 6（1963）：259-273. 施拉姆评论道：“有些人认为，我对毛泽东思想和他植根于中国非常着迷。”参见 Schram，“Modernization and the Maoist Vision，” *Bulletin*（*International House of Japan*）*26*（1979）：15。

［6］Stuart R. Schram，*Mao Zedong*：*A Preliminary Reassessment*（Hong Kong：The Chinese University Press，1983），35.

［7］Stuart R. Schram，*The Political Thought of Mao Tse-tung*（Harmondsworth：Penguin，1969，revised edition），112-116.

［8］Stuart R. Schram，ed. ,*Mao Tse-tung Unrehearsed*：*Talks and Letters*，*1956—1971*（Harmondsworth：Penguin，1974），introduction.

［9］在读毛泽东著作时，如需更深入探讨方法论问题，可参见 Paul Healy，“Reading the Mao texts：The Question of Epistemology，” *Journal of Contemporary Asian* 20，no. 3（1990）：330-358. 或者参见 Paul Healy，Nick Knight，“Mao Zedong's Thought and Critical Scholarship，” *Critical Perspectives on Mao Zedong's Thought*，ed. Arif Dirlik，Paul Healy，Nick Knight（Atlantic Highlands，New Jersey：Humanities Press，1997），320。

［10］例如，斯塔尔辩驳道，在两个相对很短的时期，毛泽东有些乌托邦倾向，即前马克思主义时期（1920 年前）和“大跃进”时期（1958—1960）。“Maoism and Marxist Utopianism，” *Problems of Communism*（July - August 1977）：56-62. 或者参见 Brantly Womack，*The Foundation of Mao Zedong's Political Thought*，*1917—1935*（Honolulu：University of Hawaii Press，1982），188-204；Brantly Womack，“Where Mao Went Wrong：Epistemology and Ideology in Mao's Leftist Politics，” *The Australian Journal of Chinese Affairs* 16（July 1986）：23-40。或者参见 Stuart R. Schram，*Mao Zedong*：*A Preliminary Reassessment*。莫里斯·迈斯纳分析道：“在我看来，1949 年前，中国马克思主义的乌托邦元素已经走得很远，强调乌托邦元素，是以忽略毛泽东思想中的实用主义倾向为代价，同时忽略了分析实用主义和乌托邦因素是如何在毛泽东思想中共存的。”参见 Maurice Meisner，*Marxism*，*Maoism and Utopianism*：*Eight Essays*（Madison：University of Wisconsin Press，1982）和 *Mao's China and After*：*A History of the People's Republic*（New York：The Free Press，1986，second edition）。

［11］这里我用“乌托邦”这个术语是想说，将来某个时刻，一个美好的社会总会实现，而不是说这个信仰已经脱离了现实。正如我们即将阐明的，在毛泽东看来，实用主义方法和“乌托邦”倾向是可以相容的。

［12］Mark Gayn，“ Mao Tse-tung Reassessed，” *China Readings 3*：*Communist China*，eds. Franz Schurmann，Orville Schell（Harmondsworth：Penguin，1967），104.

[13] Nathan Sivin, "Chinese Conceptions of Time," *Earlham Review* 1 (1966): 82.

[14] Burton Watson, *Ssu-ma Ch'ien: Grand Historian of China* (New York: Columbia University Press, 1958), 142-143, 153.

[15] Ibid.

[16] Chi-yun Chen, *Usun Yueh* (*A. D. 148-209*): *The Life and Reflections of an Early Medieval Confucianist* (Cambridge: Cambridge University Press, 1975), 135.

[17] E. J. Pulleyblank, "Chinese Historical Criticism: Liu Chih-Chi and Ssu-ma Kuang," *Historians of China and Japan*, eds. W. G. Beasley, E. G. Pulleyblank (London: Oxford University Press, 1961), 134.

[18] P. Demieville, "Chang Hsueh-ch'eng and His Historiography," *Historians of China and Japan*, ed. W. G.. Beasley, E. G. Pulleyblank, 167-185.

[19] Sivin, "Chinese Conceptions of Time," 84.

[20] J. Gray, "History writing in Twentieth Century China: Notes on Its Background and Development," *Historians of China and Japan*, eds. Beasley and Pulleyblank, 186.

[21] Pulleyblank, "Chinese Historical Criticism," 149.

[22] Laurence G. Thompson, *Ta Tung Shu*: *The One-World Philosophy of Kang Yu-wei* (London: George Allen & Unwin, 1985), 55.

[23] Sivin, "Chinese Conceptions of Time," 84.

[24] 杰克·格雷(Jack Gray)曾描述过乌托邦概念,例如,他认为《礼记》中的"三世"只是"无足轻重的模糊猜想"。Gray, " History Writing," 198.

[25] Timoteus Pokora, "Book Review of Laurence G. Thompson's Ta Tung Shu," *Archiv Orientalni* 29 (1961): 169.

[26] Timoteus Pokora, "On the Origins of the Notions *Tai-ping* and *Ta-t'ung* in Chinese Philosophy," *Archiv Orientalni* 29 (1961): 450.

[27] 节选自梁启超的译文:*History of Chinese Political Thought During the Early Tsin Period* (London: Kegan Paul, Trench, Trubner and Co. Ltd., 1930), 44。正如劳伦斯·汤普森所指出的,这篇文章的译文很多;他给出了四种。参见他的 *Ta Tung Shu*, 27。如需其他译文,可参见 Wm. Theodore de Bary, ed., *Sources of Chinese Tradition* (New York and London: Columbia University Press, 1960) Ⅰ, 176。

[28] Liang Ch'i-ch'ao, *History of Chinese Political Thought*, 44.

[29] 参见 Pokora, "On the Origins," 450;或者参见 Wakeman Jr., *History and Will*, 107-106。

[30] *Fung Yu-lan*, *A Short History of Chinese Philosophy* (New York: The Free Press, 1948), 201.

［31］ Schram，*The Political Thought of Mao Tse-tung*，24n. 或者参见 Howard L. Boorman，"Mao Tse-tung as Histrorian，" *China Quarterly* 28（October - December 1966）：86。

［32］ S. Y. Teng，"Wang Fu-chih's Views on History and Historical Writing，" *Journal of Asian Studies* 28，no. 1（November 1968）：112-123，esp. 115.

［33］ Pokora，"On the Origins，" 450.

［34］ Gray，"History Writing，" 198，202.

［35］ 参见 1915 年 7 月毛泽东给湘生的信，in Stuart R. Schram ed. ，*Mao's Road to Power，Revolutionary Writings 1912—1949：Volume* Ⅰ，*The Pre-Marxist Period，1912—1920*（Armonk，New York：M. E. Sharpe，1992），62-63。或者参见 Edgar Snow，*Red Star over China*（Harmondsworth：Penguin，1968，1972），161；Schram，*Mao Tse-Tung*（Harmondsworth：Penguin，1966），25，27；或者 Wakeman Jr. ，*History and Will*，99。

［36］ Stuart R. Schram，ed. ，*Mao's Road to Power：Volume* Ⅰ，237-238.

［37］ Thompson，*Ta-Tung Shu*，20，26-27. 或者参见 Liang Ch'i-ch'ao：*Intellectual Trends in the Ch'ing Period*（Cambridge，Mass. ：Harvard University Press，1959），98。

［38］ 参见陈伯达：《论新启蒙运动》，见夏征农编：《现阶段的中国思想运动》，67、89 页，上海，一般书店，1937。

［39］ 参见《毛泽东选集》，2 版，第四卷，1471 页；［日］竹内实编：《毛泽东集》，第十卷，291 页。

［40］ 参见 Milan Machovec，*A Marxist Looks at Jeuse*（London：Dorton，Longman and Todd，1976），59-64。

［41］ Jacqueline de Romilly，*The Rise and Fall of States According to Greek Authors*（Ann Arbor：University of Michigan Press，1977），11. De Romilly 针对历史时间的概念提出一种新的解读，这和希腊作家这里提及的理解是截然不同的。

［42］ Stanislav Andreski，ed. ，*The Essential Comte*（London：Croom Helm，1974），19-41.

［43］ 参见 Karl Lowith，*Meaning in History*（Chicago：University of Chicago Press，1949），Chapter 8。

［44］ Henry Paolucci，ed. ，*The Political Writings of St. Augustine*（Chicago：Henry Refinery & Co. ，1962）.

［45］ 参见霍布斯鲍姆对卡尔·马克思的介绍：*Pre-Capitalist Economic Formations*（London：Lawrence and Wishart，1964），19-20。

［46］ 如需探讨该问题，可参见 Umberto Melotti，*Marx and The Third World*（London：Macmillan，1977）。

［47］《马克思恩格斯文集》，1版，第三卷，574页，北京，人民出版社，2009。

［48］《马克思恩格斯文集》，1版，第三卷，465～467页。

［49］参见 V. I. Lenin，*Collected Works III*（London：Lawrence & Wishart，1964），172，181，312，381，435。

［50］《列宁全集》，中文2版，第三十七卷，64页，北京，人民出版社，1986。如需探讨列宁思想中激进主义和决定论的冲突，可参见 Nick Knight，"Leninism，Stalinism and the Comintern，" *Marxism in Asia*，eds. Colin Mackerras and Nick Knight（London and Sydney：Croom Helm，1985），24-61。

［51］《斯大林文集》，222页，北京，人民出版社，1985。

［52］Marian Sawer，"The Politics of historiography：Russian Socialism and the Question of the Asiatic Mode of Production 1906—1931，" *Critique*（Winter - Spring 1978—1978）：16-35，esp. 22。或者参见 Stephen P. Dunn，*The Fall and Rise of the Asiatic Mode of Production*（London：Routledge & Kegan Paul，1982）。

［53］参见 Karl Marx，*Capital Volume 1*（Harmondsworth：Penguin，1976），619，667，739，929，990；Karl Marx，*Early Writings*（Harmondsworth：Penguin，1975），348；Karl Marx and Friedrich Engels，*The German Ideology*（London：Lawrence and Wishart，1974），54-55；Karl Marx，"Critique of the Gotha Programme，" in Karl Marx，*The First International and After*（Harmondsworth：Penguin，1974），346-347，355。如需探讨马克思对"可能的未来愿景"的批判，这也说明了他的实用主义观点，认为未来共产主义社会必定会有需求的冲突，尤其涉及生产方面的，参见 William Leon McBride，*The Philosophy of Karl Marx*（London：Hutchinson，1977），chapter 7。

［54］V. I. Lenin，*Selected Works in Three Volumes*（Moscow：Progress Publishers，1975，1976），vol. 2，278.

［55］如需探讨瞿秋白对马克思主义未来观的看法，参见 Nick Knigh，*Marxist Philosophy in China：From Qu Qiubai to Mao Zedong，1923—1945*（Dordrecht：Springer，2005），chapter 4。

［56］参见 Knight，*Marxist Philosophy in China*，chapter 9 and 10.

［57］［日］竹内实编：《毛泽东集》，第六卷，289页。如需论述时间和空间部分的全部译文，参见 Nick Knight，ed.，*Mao Zedong on Dialectical Materialism：Writings on Philosophy，1937*（Armonk，New York：M. E. Sharpe，1990），110-112。

［58］［日］竹内实编：《毛泽东集》，第五卷，88页。

［59］［日］竹内实编：《毛泽东集》，第六卷，93页；或者参见 Schram，*The Political Thought of Mao Tse-tung*，391-393。

［60］［日］竹内实编：《毛泽东集》，第六卷，93页；或者参见 Schram，*The Political Thought of Mao Tse-tung*，391。

［61］参见［日］竹内实编：《毛泽东集》，第八卷，140页。

[62] 参见［日］竹内实编：《毛泽东集》，第七卷，98 页。

[63] 参见［日］竹内实编：《毛泽东集》，第六卷，95 页；Schram，*The Political Thought of Mao Tse-tung*，391。

[64] Stuart R. Schram，ed.，Nancy J. Hodes，associate ed.，*Mao's Road to Power：Revolutionary Writings，1912—1949：Volume VI：The New Stage，August 1937—1938*（Armonk，New York：M. E. Sharpe，2004），814.

[65] Ibid.，821.

[66]［日］竹内实编：《毛泽东集》，第七卷，100 页。

[67] 参见上书，100 页。

[68] 同上书，101 页。

[69] 同上书，102 页。

[70] 同上。

[71] Schram，*The Political Thought of Mao Tse-tung*，114. 或者参见 Karl Wittfogel，"The Marxist View of China（Part 2），" *China Quarterly* 12（1962）：154-169。

[72]《毛泽东选集》，2 版，第二卷，626 页。

[73] 特别参见《新民主主义论》，见《毛泽东选集》，2 版，第二卷，662～711 页。

[74]《毛泽东选集》，2 版，第二卷，696 页。

[75] 参见［日］竹内实编：《毛泽东集》，第七卷，74～82、193～198 页。

[76]［日］竹内实编：《毛泽东集》，第五卷，87 页。

[77]［日］竹内实编：《毛泽东集》，第六卷，65 页。

[78] 例如可以参见 Stuart R. Schram，ed.，Nancy J. Hodes，associate ed.，*Mao's Road to Power：Revolutionary Writings，1912—1949：Volume* Ⅶ—*New Democracy，1939—1941*（Armonk，New York：M. E. Sharpe，2005），348。

[79] 如需探讨毛泽东思想中激进主义和决定论的冲突，参见 Knight，*Marxist Philosophy in China*，chapter 10。

[80]［日］竹内实编：《毛泽东集》，第六卷，167 页。

[81] 参见［日］竹内实编：《毛泽东集》，第五卷，88 页。

[82]《毛泽东选集》，2 版，第一卷，296 页。

[83] 同上书，174 页。

[84]《毛泽东选集》，2 版，第二卷，475 页。

[85] 同上书，476 页。

[86]《毛泽东文集》，1 版，第一卷，484 页。

[87] 参见《毛泽东选集》，2 版，第二卷，684 页。

[88]《毛泽东选集》，2 版，第一卷，174 页。

[89]［日］竹内实编：《毛泽东集》，第九卷，186 页。

[90] Lenin，*Selected Works in Three Volumes* Vol. 2，240-326.

[91] Benjamin I. Schwartz, "Thoughts on the Late Mao: Between Total Redemption and Utter Frustration," in *The Secret Speeches of Chairman Mao: From the Hundred Flowers to the Great Leap Forward*, eds. Roderick Macfarquhar, Timothy Cheek, and Eugene Wu (Cambridge, Mass.: Harvard University Press, 1989), 34-35.

[92]《毛泽东选集》，2 版，第三卷，864 页。

[93]《毛泽东文集》，1 版，第三卷，26 页，北京，人民出版社，1996。

[94]《毛泽东选集》，2 版，第二卷，782 页。

[95]《毛泽东选集》，2 版，第三卷，871 页。

[96] [日] 竹内实编：《毛泽东集》，第五卷，318 页。

[97] 参见 [日] 竹内实编：《毛泽东集》，第七卷，173 页；《毛泽东集》，第六卷，227 页。毛泽东在此处断言，共产主义是人类最美满的社会体系。

[98]《毛泽东选集》，2 版，第二卷，686 页。

[99] 儒家的"恕"或者"互惠"概念，是"己所不欲，勿施于人"理念的题中之意，毛泽东在他的论辩中使用过这个概念，这也曾被彭德怀提及。《论语》这样写道："子贡问曰：'有一言而可以终身行之者乎?'子曰：'其恕乎！己所不欲，勿施于人。'" Legge, *The Four Books*, 138。

[100]《毛泽东选集》，2 版，第三卷，1077 页。

[101]《毛泽东选集》，2 版，第二卷，360 页。

[102] 同上书，474 页。

[103]《毛泽东选集》，2 版，第一卷，174 页。

[104] 关于这一点，毛泽东和很多西方政治思想者、政治人物是一致的。正如谢尔登·沃林所说，"美好"的愿景，是当前政治前行的灯塔。因此，未来（或者它的构想）对现在影响重大。Sheldon Wolin, *Politics and Vision: Continuity and Innovation in Western Political Thought* (Princeton: Princeton University Press, 2004).

[105] 如需深入探讨中国马克思主义中的决定论困境，参见 Knight, *Marxist Philosophy in China*。

[106] 卡尔·波普尔在他的《开放的社会及其敌人》(*The Open Society and Its Enemies*) 中提及"激进主义和历史主义之间的巨大鸿沟"。以此作为主题，Charles Wei-Hsun Fu 辩道，这种鸿沟"在毛泽东思想中被独特地弥合了"。参见"Confucianism, Marxism-Leninism and Mao: A Critical Study," *Journal of Chinese Philosophy* 1 (1974): 339-371。

[107]《毛泽东选集》，2 版，第一卷，295 页。

[108] 同上书，272 页。

[109] [日] 竹内实编：《毛泽东集》，第九卷，187。

[110]《毛泽东选集》，2 版，第三卷，1031 页。

[111] 同上书，1069 页。

[112]《毛泽东选集》，2 版，第二卷，559 页。

[113]［日］竹内实编：《毛泽东集》，第九卷，192 页。

[114]［日］竹内实编：《毛泽东集》，第六卷，136 页。

[115]《毛泽东选集》，2 版，第一卷，272 页。

[116]《毛泽东选集》，2 版，第一卷，275 页。

[117] 同上书，276 页。

[118] 同上书，222 页。

[119]《毛泽东选集》，2 版，第二卷，686 页。

[120] 同上书，688 页。

[121]《毛泽东选集》，2 版，第三卷，1058 页。

[122] 毛泽东做出以下指导性评论："中华民族的旧政治和旧经济，乃是中华民族的旧文化的根据；而中华民族的新政治和新经济，乃是中华民族的新文化的根据。"（《毛泽东选集》，2 版，第二卷，664 页）

[123] 参见［日］竹内实编：《毛泽东集》，第七卷，114 页。

[124] 同上书，102、309、598 页。

[125]《毛泽东选集》，2 版，第二卷，476 页。

[126] Georg Lukács, *History and Class Consciousness* (London: Merlin Press, 1971), 4.

第六章

[1] 这是马克思主义经济学流派的一种观点，可在诸如普列汉诺夫等马克思主义学者的早期论著中找到（参见 *The Materialist Conception of History*, New York: International Publishers, 1940）。这一对马克思主义诠释的论著还是惯常地引用了马克思的《〈政治经济学批判〉导言》中的原话（*A Contribution to the Critique of Political Economy*, London: Lawrence and Wishart, 1971），尽管这一文本的原话已引起了最为广泛的解释。源自一种反马克思主义维度的被拓展了的解释，参见 John Plamenatz, *German Marxism and Russian Communism* (London: Longmans, 1961)。一种可相比较的观点可在德里克·塞耶的著作中找到，参见 *The Violence of Abstraction: The Analytic Foundations of Historical Materialism* (Cambridge: Basil Blackwell, 1987)。

[2] 参见 Stuart R. Schram, *Mao Tse-tung* (Harmondsworth: Penguin, 1966); Schram, *The Political Thought of Mao Tse-tung* (Harmondsworth: Penguin, 1969, revised ed.); Schram, *Mao Tse-tung Unrehearsed: Talks and Letters, 1956—1971* (Harmondsworth: Penguin, 1974); Schram, "The Marxist," in *Mao Tse-tung in the Scales of History*, ed. Dick Wilson (Cambridge: Cambridge University Press, 1977), 35-69; Schram, "Some Reflections on the Pfeffer-Walder 'Revolution' in China Stud-

ies," *Modern China* Vol. 3, no. 2 (1977), 169-184; Schram, *Mao Zedong: A Preliminary Reassessment* (Hong Kong: The Chinese University Press, 1983); Schram, *The Thought of Mao Tse-tung* (Cambridge: Cambridge University Press, 1989), 5, 17, 54-55, 67, 96, 113, 168, 200。

[3] 关于史华慈对毛泽东研究的贡献和他关于马克思主义的"解体"或"分裂"的观点，参见 Benjamin I. Schwartz, "On the 'Originality' of Mao Tse-tung", *Foreign Affairs* 34, no. 1 (October 1955): 67-76; Schwartz, "China and the West in the 'Thought of Mao Tse-tung'," in *China in Crisis*, ed. Ho Ping-ti and Tsou Tang(Chicago: University of Chicago Press, 1968), vol. 1, book 1, 365-379; Schwartz, *Chinese Communism and the Rise of Mao* (Cambridge: Harvard University, 1951, 1958); Schwartz, "The Essence of Marxism Revisited: A Response," *Modern China* 2, no. 4 (1976): 461-472。

[4] Maurice Meisner, *Marxism, Maoism and Utopianism: Eight Essays* (Madison, Wisconsin: University of Wisconsin Press, 1982); Meisner, *Mao's China and After: A History of the People's Republic* (New York: The Free Press, 1977, 1986).

[5] Frederic Wakeman Jr., *History and Will: Philosophical Perspectives on Mao Tse-tung's Thought* (Berkeley: University of California Press, 1973).

[6] Richard M. Pfeffer, "Mao and Marx in the Marxist-Leninist Tradition: A Critique of 'The China Field' and a Contribution to a Preliminary Reappraisal," *Modern China* 3, no. 4 (October 1976): 421-460; Pfeffer, "Mao and Marx: Understanding, Scholarship, and Ideology—a Response," *Modern China* 3, no. 4 (October 1977): 379-386.

[7] Andrew G. Walder, "Marxism, Maoism and Social Change," *Modern China* 3, no. 1(January 1977): 101-118; and 3, no. 2 (April 1977): 125-159; also Walder, "A response", *Modern China* 3, no. 4 (October 1977): 387-393. 然而，对于魏昂德的变化了的观点，参见"Actually Existing Maoism," *The Australian Journal of Chinese Affairs* 18 (July 1987): 155-166。在最后的随笔中，魏昂德在他发表于《近代中国》的文章中陷入了对中国研究领域中的经验主义的错误的强烈批判之中。

[8] 若想尝试进一步对毛泽东思想进行非传统的分析并加深对马克思主义的理解，则可参见 Philip Corrigan, Harvie Ramsay, and Derek Sayer, *For Mao: Essays in Historical Materialism*, Atlantic Highland, New Jersey: Humanities Press, 1979。

[9] 一直尝试着保持对毛泽东思想的传统批判的论著有：Arif Dirlik, Paul Healy and Nick Knight, eds., *Critical Perspectives on Mao Zedong's Thought* (Atlantic Highlands, New Jersey: Humanities Press, 1997); Nick Knight, *Marxist Philosophy in China: From Qu Qiubai to Mao Zedong*, 1923—1945 (Dordrecht: Springer, 2005)。

[10] 参见［日］竹内实编：《毛泽东集补卷》，第十卷。以下是在中国出版的毛泽东著作集：《毛泽东哲学批注集》(北京：中央文献出版社，1988)；《毛泽东书信选集》

（北京：人民出版社，1983）；《毛泽东著作选读》（北京：人民出版社，1986），2 册；《毛泽东新闻工作文选》（北京：新华出版社，1983）；《毛泽东文集》（北京：人民出版社，1993—1999），8 册；《建国以来毛泽东文稿》（北京：中央文献出版社，1987—1999），6 册；《毛泽东军事文集》（北京：中央文献出版社，1993），6 册。

［11］在美国，正进行着一项对毛泽东 1949 年以前所有著作的英文版的翻译和出版工作。*The Mao's Road to Power series* 由 Stuart R. Schram 主编，最终将出版 10 卷。由 Michael Y. M. Kau 和 John K. Leung 主编出版关于毛泽东 1949 年后的著作目前有英文版 2 卷，*The Writings of Mao Zedong*，*1949—1976*（*September 1949—December 1955*）（Armonk，New York：M. E. Sharpe，1986）；*The Writings of Mao Zedong*，*1949—1976*（*January 1956—December 1957*）（Armonk，New York：M. E. Sharpe，1992）。

［12］关于《矛盾论》的官方版本，参见《毛泽东选集》，2 版，第一卷，299～340 页。这一著作的新中国成立前的中文版本，参见［日］竹内实编：《毛泽东集补卷》，第五卷，240～278 页。对该文献的原版和官方版的比较分析，参见 Nick Knight，"*Mao Zedong's On Contradiction and On Practice*：*Pre-Liberation Texts*，" *China Quarterly* 84（December 1980）：641-668；Nick Knight，"Mao Zedong's on Contradiction：An Annotated Translation of the Pre-Liberation Text，" *Griffith Asian Papers*，no. 3（Nathan：School of Modern Asian Studies，Griffith University，1981），esp. 3-11。关于毛泽东自 1937 年以来所写著作的详细分析，参见 Nick Knight，ed. ，*Mao Zedong on Dialectical Materialism*：*Writings on Philosophy*，*1937*（Armonk，New York：M. E. Sharpe，1990）。

［13］《与延安新中华报记者谈话（论一党专政）》，见［日］竹内实编：《毛泽东集》，第五卷，305～321 页。该文献的翻译本，参见 Nick Knight，ed. ，*Philosophy and Politics in Mao Texts of the Yan'an Period*（Armonk，New York：M. E. Sharpe，*Chinese Studies in Philosophy*，Winter 1987—1988），83-104。

［14］《新民主主义论》的官方版本收录于 *Selected Works of Mao Tse-tung* Ⅱ，339-384，and *Mao Zedong Xuanji* Ⅱ 623-670。原始版本参见［日］竹内实编：《毛泽东集》，第七卷，147～208 页。

［15］《毛泽东选集》，2 版，第一卷，325～326 页。

［16］Knight，ed.，*Mao Zedong on Dialectical Materialism*，117；cf. *Selected Works of Mao Tse-tung* Ⅰ，328；*Mao Zedong Xuanji* Ⅰ，292。

［17］参见上面的注释 2 至注释 5。同时参见 Arthur Cohen，*The Communism of Mao Tse-Tung*（Chicago and London：University of Chicago Press，1964）；also Tsou Tang，"Mao Tse-tung Thought，the Last Struggle for Succession and the Post-Mao Era，" *China Quarterly* 71（September 1979）：498-527，esp. 498-504。

［18］Knight，ed.，*Mao Zedong on Dialectical Materialism*，177；cf. *Selected Works of Mao Tse-tung* Ⅰ，328；*Mao Zedong Xuanji* Ⅰ，292.

［19］《毛泽东选集》，2 版，第一卷，326 页。

［20］《毛泽东哲学批注集》，67 页。

［21］《毛泽东选集》，2 版，第一卷，325 页。

［22］《毛泽东哲学批注集》，145～156 页。

［23］同上书，296 页。

［24］关于这一点的阐述，参见 Knight，*Marxist Philosophy in China*，chapters 5，9 and 10。

［25］参见《与延安新中华报记者谈话（论一党专政）》，见［日］竹内实编：《毛泽东集》，第五卷，305～321 页。

［26］在整个延安时期毛泽东仍坚持这一观点。在《论联合政府》（1945）中，他反复重申："俄国的历史形成了俄国的制度……一切反对社会主义的政党都被人民抛弃了，人民仅仅拥护布尔什维克党。"在此，如在《论一党专政》中，毛泽东相信"社会根据"决定了政治机构的存在及其属性。参见［日］竹内实编：《毛泽东集》，第九卷，226 页。

［27］《斯大林选集》，下卷，408 页，北京，人民出版社，1979。

［28］参见《与延安新中华报记者谈话（论一党专政）》，见［日］竹内实编：《毛泽东集》，第五卷，305～321 页。

［29］同上书，311～320 页。

［30］参见《中国革命和中国共产党》第一章援引的斯大林的话，这一章并不出自毛泽东之手但仍被收录于他的文选之中。参见［日］竹内实编：《毛泽东集》，第七卷，107 页。

［31］Roland Lew，"Maoism and the Chinese Revolution，" *The Socialist Register* (1975)：115-159.

［32］《毛泽东选集》，2 版，第二卷，663～664 页。在最初的文本中，毛泽东没有提到把经济视为基础。

［33］关于杉山荣对马克思主义的阐述和该阐述对李达的影响，以及关于李达对毛泽东的影响的详细情况，参见 Nick Knight，*Li Da and Marxist Philosophy in China* (Boulder，Colorado：Westview Press，1996)，124-128。毛泽东对李达的《社会学大纲》的注解，参见《毛泽东哲学批注集》，205～284 页。

［34］Knight，ed.，*Mao Zedong on Dialectical Materialism*，177，185-186；cf. *Selected Works of Mao Tse-tung* Ⅰ，328，335-336；*Mao Zedong Xuanji* Ⅰ，292，330-331。

［35］列宁运用了系列文章中所阐述的政治概念以攻击托洛茨基和布哈林的工会的经济政策，认为他自己的政治途径是恰当的方法："现在重新提出这样初步的、属于起码常识的问题，当然是很奇怪的。但遗憾的是，托洛茨基和布哈林迫使我们不得不这样做。他们两人责难我，说我把问题'偷换'了，或者说我是'从政治上'看问题，而他

们是‘从经济上’看问题的……这种理论错误令人吃惊。我在发言里重申，政治是经济的集中表现，因为我在以前就听到过这种对我‘从政治上’看问题的非难，听到过这种非常荒谬的、完全不应当由一个马克思主义者讲出的话。政治同经济相比不能不占首位。不肯定这一点，就是忘记了马克思主义的最起码的常识。……换句话说，从政治上看问题，意思就是说：如果对待工会的态度不正确，就会使苏维埃政权灭亡，使无产阶级专政灭亡。”列宁的《再论工会、目前局势及托洛茨基和布哈林同志的错误》收录在 V. I. Lenin，*Collected Works*（Moscow：FLPH，1963），Ⅹ，Ⅹ，Ⅻ，83。显然，在《新民主主义论》的官方版本中，毛泽东注意到了列宁关于政治是“经济的集中表现”的概念，但在最初的版本中却没有引用。这里比照竹内实编的《毛泽东集》第七卷第 149 页补充强调。

[36]《毛泽东选集》，2 版，第三卷，866 页。

[37] 同上书，899 页。

[38] 关于马克思对这一过程的论述，参见 *The Poverty of Philosophy*（Moscow：Progress Publishers，1955），150。

[39]《毛泽东选集》，2 版，第二卷，694 页。

[40] 同上书，664 页。

[41] 参见［日］竹内实编：《毛泽东集》，第六卷，268 页。

[42] 参见［日］竹内实编：《毛泽东集》，第七卷，167 页。

[43] 同上。

[44] 在此把它看作毛泽东观点的表达，尽管非毛泽东本人所写。参见《毛泽东选集》，2 版，第二卷，621～631 页。

[45] 参见［日］竹内实编：《毛泽东集》，第七卷，102 页。

[46] 同上书，104～105 页；《毛泽东选集》，2 版，第二卷，627 页。

[47] 参见［日］竹内实编：《毛泽东集》，第七卷，117～118 页。

[48] 同上书，160～166 页。

[49]［日］竹内实编：《毛泽东集》，第五卷，305 页。

[50]《毛泽东选集》，2 版，第一卷，316 页。

[51] *Selected Works of Mao Tes-tung* Ⅰ，339；*Mao Zedong Xuanji* Ⅰ，303.

[52]［日］竹内实编：《毛泽东集》，第七卷，163 页。

[53]《毛泽东选集》，2 版，第三卷，1075 页。

[54] 参见［日］竹内实编：《毛泽东集》，第七卷，72 页。

[55]《毛泽东选集》，2 版，第三卷，1075 页。

[56] 参见［日］竹内实编：《毛泽东集》，第七卷，165 页。

[57]《毛泽东选集》，2 版，第二卷，624 页。

[58] 同上书，676 页。

[59] 同上书，675 页。

[60] 参见［日］竹内实编：《毛泽东集》，第七卷，101 页。

[61]《毛泽东选集》，2 版，第二卷，677 页。

[62] 参见［日］竹内实编：《毛泽东集》，第七卷，165 页。

[63]《毛泽东选集》，2 版，第三卷，1073 页。

[64]《毛泽东选集》，2 版，第二卷，547 页。

[65] 参见［日］竹内实编：《毛泽东集》，第八卷，135 页。

[66] 这一点是毛泽东一贯坚持的。1964 年，一位来自桑给巴尔岛的拜访者问毛泽东非洲建立共产党的时机是否成熟了。毛泽东即刻回答说，建立共产党的问题在于必须存在工人阶级。Joint Publication Research Services，*Miscellany of Mao Tse-tung Thought*（1949—1968）（Arlington，Virginia：February 1974），part 2，367.

[67] 参见［日］竹内实编：《毛泽东集》，第七卷，102 页。

[68] 同上书，150 页。

[69]《毛泽东选集》，2 版，第二卷，525 页。

[70]《毛泽东选集》，2 版，第三卷，1056 页。

[71] 参见［日］竹内实编：《毛泽东集》，第六卷，289 页。

[72] 参见 James E. Sheridan，*Chinese Warlord*：*The Career of Feng Yu-hsiang*（Stanford：Stanford University Press，1966），esp. chapter 12。对于毛泽东思想的“民粹主义”的讨论，参见 James R. Townsend，“Chinese Populism and the Legacy of Mao Tse-tung，”*Asian Survey* 17，no. 11（November 1977）：1003-1015。

[73]《毛泽东选集》，2 版，第二卷，525 页。

[74]《毛泽东文集》，1 版，第一卷，499 页。

[75] 同上。

[76] 同上。

[77] 参见《毛泽东选集》，2 版，第二卷，677 页。

[78] *Selected Works of Mao Tes-tung* Ⅲ，116，177；*Mao Zedong Xuanji* Ⅲ，851，905.

[79] 参见［日］竹内实编：《毛泽东集》，第八卷，134 页。完整的版本收录于 Andrew Watson，ed. ,*Mao Zedong and the Political Economy of the Border Region*（Cambridge：Cambridge University Press，1980）。

[80]《毛泽东选集》，2 版，第三卷，895～896 页。

[81] 参见［日］竹内实编：《毛泽东集》，第八卷，135 页。

[82]《毛泽东选集》，2 版，第三卷，985 页。

[83] 参见［日］竹内实编：《毛泽东集》，第九卷，134 页。

[84]《毛泽东选集》，2 版，第二卷，664 页。

[85] 同上书，694 页。

[86] 同上书，664 页。

[87]《毛泽东选集》，2 版，第三卷，861 页。这些话的最原始翻译版本，参见 Bonnie S. McDougall，“*Talks at the Yan'an Conference on Literature and Art*”：*A Translation of the* 1943 *Text with Commentary*（Ann Arbor：Michigan Papers in China Studies，no. 39，1980）。

[88]《毛泽东选集》，2 版，第三卷，865 页。

[89]《毛泽东书信选集》，1 版，222 页。

[90] 参见［日］竹内实编：《毛泽东集》，第七卷，188 页。

[91]《毛泽东选集》，2 版，第二卷，705 页。

[92] 同上书，695 页。

[93] 参见［日］竹内实编：《毛泽东集》，第七卷，150 页。

[94]《毛泽东选集》，2 版，第三卷，861 页。

[95]［日］竹内实编：《毛泽东集》，第九卷，134 页。

[96] 参见［日］竹内实编：《毛泽东集》，第七卷，202 页。

[97]《毛泽东选集》，2 版，第二卷，534 页。

[98] 同上书，708 页。

[99] 同上书，664 页。

[100] 同上书，707～708 页。

[101] 同上书，687 页。

[102] 参见［日］竹内实编：《毛泽东集》，第一卷，161～174 页。

[103] *Selected Works of Mao Tes-tung* Ⅰ，137-139；*Mao Zedong Xuanji* Ⅰ，113-115。

[104]［日］竹内实编：《毛泽东集》，第七卷，122 页。

[105] 同上书，124 页。

[106]《毛泽东选集》，2 版，第二卷，646 页。

[107]《毛泽东选集》，2 版，第一卷，114 页。

[108]《毛泽东选集》，2 版，第三卷，1047 页。

[109] 参见［日］竹内实编：《毛泽东集》，第七卷，121 页。

[110]《毛泽东选集》，2 版，第三卷，1047 页。

[111]《毛泽东选集》，2 版，第二卷，646 页。

[112] 保罗·希利在对毛泽东的原著作了细致的分析的基础上，具有说服力地主张，毛泽东在 1955 年后关于社会变革的观点，仍保有马克思的传统观念。“A Paragon of Marxist Orthodoxy：Mao Zedong on the Social Formation and Social Change，” in *Critical Perspectives on Mao Zedong's Thought*，ed. Arif Dirlik，Paul Healy，and Nick Knight（Atlantic Highlands，New Jersey：Humanities Press，1977），117-153.

[113] 在毛泽东 1917 年至 1976 年的文卷中抽出任何一篇文献，都能很好地突出毛泽东思想的精髓实质。强调毛泽东思想的连续性的一个很好的例证是 John Bryan Starr，

Continuing the Revolution：*The Political Thought of Mao*（Princeton：Princeton University Press，1979），esp. Ⅺ-Ⅻ。

［114］参见例如 Louis Althusser，*For Marx*（London：Verso，1979）；Louis Althusser and Étienne Balibar，*Reading Capital*（London：New Left Books，1970）；Tom Bottomore，ed.，*Modern Interpretations of Marx*（Oxford：Basil Blackwell，1981）。

第七章

［1］参见《关于建国以来党的若干历史问题的决议》，见《十一届三中全会以来重要文献选读》，上册，294～352 页，北京，人民出版社，1987。

［2］同上书，314～325 页。

［3］同上书，299 页。

［4］这种文章已翻译成英文的可以参见 Nick Kight ed.，*The Philosophical Thought of Mao Zedong*：*Studies from China*，*1981—1989*（Armonk，New York：M. E. Sharpe，*Chinese Studies in Philosophy*，1992）；或者参见 Nick Kight，"Mao Studies in China：A Review of Research on Mao Zedong Thought，" *CCP Research Newsletter 2*（Spring 1989）：13-16。

［5］《关于建国以来党的若干历史问题的决议》，见《十一届三中全会以来重要文献选读》，上册，298 页。

［6］Stuart Schram，*Mao Tse-tung*（Harmondsworth：Penguin，1966），68.

［7］Mark Selden，*The Yenan Way in Revolutionary China*（Cambridge，Mass.：Harvard University Press，1971），191. 原文如此。在雷蒙德·怀利看来，毛泽东专注于创造"一个马克思主义的新变种，它用中国的民族形式表现科学内容"。也可参见他的 *The Emergence of Maoism*：*Mao Tse-tung*，*Ch'en Po-ta*，*and the Search for Chinese Theory 1935—1945*（Stanford：Stanford University Press，1980），90。同样参见 Raymond Wylie，"Mao Tse-tung，Ch'en Po-ta and the 'sinification of Marxism'，1936—1938，" *China Quarterly* 79（September 1979）：447-480。杰克·格雷指出这涉及"修改（马克思主义列宁主义的）普遍理论去适应中国非常不同的环境"，参见他的 *Mao Tse-tung*（Guildford and London：Lutterworth Press，1973），41。施拉姆曾经指出，毛泽东拒绝承认存在总体上的"马克思主义的普遍有效的形式"，并且他全神贯注于"中国的辉煌"。也可参见他的 *The Political Thought of Mao Tse-tung*（Harmondsworth：Penguin，1969，revised ed.），112-116。魏斐德认为，"毛泽东希望用中国革命的具体实践来降低马克思主义理论的普遍性"。可参见他的 *History and Will*：*Philosophical Perspectives on Mao Tse-tung's Thought*（Berkeley：University of California Press，1973），229。苏联的分析家们抨击毛泽东的马克思主义中国化是其大汉族主义的产物。例如可参见 *A Critique of Mao Tse-tung's Theoretical Conceptions*（Moscow：Progress

Publishers，1972)，70-71。也可参见莫里斯·多列士对毛泽东的“古怪理论”的批评。他问道：“在马克思主义列宁主义的普遍原则经过一些人的‘中国化’、一些人的‘法国化’或者‘俄国化’之后，还剩下什么呢?” Hélène Carrère d'Encausse，Stuart R. Schram，*Marxism in Asia*：*An Introduction with Readings*（London：Penguin，1969)，309.

［8］罗伯特·诺斯争辩道，毛泽东“改编了俄国共产党的政治理论以满足中国的特殊需要并为他攀爬权力提供了便利”。参见他的 *Moscow and Chinese Communist*（Stanford：Stanford University Press，1963)，193。怀利同样声称，毛泽东的马克思主义中国化“产生和发展于他与留苏派争夺中国共产党最高权力的背景下”。参见他的“Mao Tse-tung，Ch'en Po-ta，and the ‘sinification of Marxism’”，462。也可参见他的 *The Emergence of Maoism*，52。施拉姆指出，“1938 年 10 月毛泽东的（中国化）演讲实际上宣布了他与‘留苏派’最后摊牌的条款”。参见他的“The Cultural Revolution in Historical Perspective”，*Authority*，*Participation and Cultural Change in China*（Cambridge：Cambridge University Press，1973)，17。

［9］关于毛泽东思想中哲学维度（包括他的认识论）的分析，可参见 Nick Knight，*Marxist Philosophy in China*：*From Qu Qiubai to Mao Zedong*，*1923—1945*（Dordrecht：Springer，2005)，chapters 9 and 10。

［10］《毛泽东选集》，2 版，第三卷，853 页。多年之后，在批评苏联《政治经济学教科书》时，毛泽东重申了他对演绎法的拒斥：“人的认识总是先接触现象，通过现象找出原理、原则来。而教科书与此相反，它所用的方法，不是分析法，而是演绎法。形式逻辑说，人都要死，张三是人，所以张三要死。这里，人都要死是大前提。教科书对每个问题总是先下定义，然后把这个定义作为大前提，来进行演绎，证明他们所要说的道理。他们不懂得，大前提也应当是研究的结果，必须经过具体分析，才能够证明是正确的。”(《毛泽东文集》，1 版，第八卷，139 页，北京，人民出版社，1999)

［11］《毛泽东选集》，2 版，第三卷，801 页。

［12］《毛泽东文集》，1 版，第二卷，375 页，北京，人民出版社，1993。

［13］《毛泽东选集》，2 版，第三卷，799 页。

［14］Nick Knight ed.，*Mao Zedong on Dialectical Materialism*：*Writings on Philosophy*，*1937*（Armonk，New York：M. E. Sharpe，1990)，96.

［15］Ibid.，98.

［16］Ibid.，97.

［17］Ibid.，135.

［18］Ibid.

［19］《毛泽东选集》，2 版，第一卷，173 页。

［20］同上书，173～174 页。

［21］在 1956 年 9 月，毛泽东告诫拉丁美洲共产党人代表说，不要在他们的国家机

械地运用中国革命的经验。国家之间的不同情况（特殊“规律”）意味着，任何这样做的企图最终都会失败。毛泽东改编了他的“马克思主义中国化”公式，建议道：“一定要把马克思列宁主义的普遍真理和本国的具体情况这两个方面结合起来。”（《毛泽东文集》，1版，第七卷，133页）

[22] 关于毛泽东承认赫拉克利特为“辩证法之父”，参见Knight，*Marxist Philosophy in China*，190。

[23] [日] 竹内实编：《毛泽东集》，第六卷，269页；Schram，*The Political Thought of Mao Tse-tung*，183。

[24] 参见《毛泽东选集》，2版，第一卷，288页。

[25] Stuart R. Schram，ed.，Nancy J. Hodes，associate ed.，*Mao's Road to Power—Revolutionary Writings，1912—1949：Volume VI—The New Stage，August 1937—1938*（Armonk，New York：M. E. Sharpe，2004），540.

[26] [日] 竹内实编：《毛泽东集》，第八卷，43页。

[27] 参见 [日] 竹内实编：《毛泽东集》，第六卷，259页。

[28] [日] 竹内实编：《毛泽东集》，第六卷，261页。

[29]《毛泽东选集》，2版，第二卷，533页。

[30] Schram，*The Political Thought of Mao Tse-tung*，172.

[31] Wylie，*The Emergence of Maoism*，52.

[32]《毛泽东选集》，2版，第二卷，707页。

[33]《毛泽东选集》，2版，第三卷，799页。

[34] 关于中国共产党的知识分子赞同“马克思主义中国化”的讨论，可参见Knight，*Marxist Philosophy in China*，chapters 7 and 11。

[35]《毛泽东选集》，2版，第三卷，820页；[日] 竹内实编：《毛泽东集》，第八卷，75页。

[36]《毛泽东选集》，2版，第三卷，799页。

[37] 关于《实践论》的原文的翻译，可参见Nick Knight ed.，*Mao Zedong on Dialectical Materialism*，132-153。对毛泽东实践论的评价，可参见Knight，*Marxist Philosophy in China*，chapter 10。

[38] Stuart R. Schram ed.，Nancy J. Hodes associate ed.，Lyman P. Van Slyke guest associate，ed.，*Mao's Road to Power—Revolutionary Writings，1912—1949：Volume Ⅶ—New Democracy，1939—1941*（Armonk，New York：M. E. Sharpe，2005），783-784.

第八章

[1] 关于同情毛泽东思想和政策的观点可以参见Philip Corrigan，Harvie Ramsay，

and Derek Sayer, *For Mao: Essays in Historical Materialism* (Atlantic Highland, NJ: Humanities Press, 1979)；也可参见 Jack Gray, *Mao Tse-tung* (Guildford and London: Lutterworth Press, 1973)；同时可参见 Adrian Chan, *Chinese Marxism* (London and New York: Continuum, 2003)。

[2] Stuart R. Schram, *Mao Tse-tung* (Harmondsworth: Penguin, 1996), 68.

[3]《关于建国以来党的若干历史问题的决议》，见《十一届三中全会以来重要文献选读》，上册，299 页。

[4] Stuart R. Schram, "Mao Tse-tung as Charismatic Leader," *Asian Survey* Ⅶ, no. 6 (June 1967): 386.

[5]《关于建国以来党的若干历史问题的决议》，见《十一届三中全会以来重要文献选读》，上册，311、314 页。

[6] Susanne Ogden 曾谈道："中国是如此全面地依赖苏联模式（20 世纪 50 年代初），几乎中国每一主要领域都在模仿苏联。"可参见她的 *China's Unresolved Issues: Politics, Development, and Culture* (Englewood Cliffs, N. J.: Prentice Hall, 1989), 38。关于毛泽东延安时期的经验对于革命后国家早些年建设的影响，存在一种相反的观点。可以参见 Ronald C. Keith, "The Relevance of Border-Region Experience to Nation-Building in China, 1949—1952," *China Quarterly* 78 (1979): 274-295。

[7] 关于毛泽东的中国社会主义道路的经济维度的分析，可以参见 Alexander Eckstein, *China's Economic Revolution* (Cambridge: Cambridge University Press, 1977)。

[8] Andrew G. Walder, "Actually Existing Maoism," *The Australian Journal of Chinese Affairs* 18 (July 1978): 155-166; Edward Friedman, "After Mao: Maoism and Post-Mao China," *Telos* 65 (Fall 1985): 23-46; Chalmers Johnson, "The Failure of Socialism in China," *Issues and Studies* 21, no. 1 (July 1979): 22-33; Steve Reglar, "Mao Zedong as a Marxist Political Economist: A Critique," *Journal of Contemporary Asia* 17, no. 2 (1987): 208-233.

[9] Samir Amin, *The Future of Maoism* (New York: Monthly Review Press, 1983); Charles Bettelheim, *Economic Calculation and Forms of Property*, translated by John Taylor, introduction by Barry Hindess (London: Routledge and Kegan Paul, 1976); Michel Chossudovsky, *Towards Capitalist Restoration: Chinese Socialism After Mao* (London: Macmillan, 1986); Neil G. Burton and Charles Bettelheim, *China Since Mao* (New York: Monthly Review Press, 1978); Rossana Rossanda, "Mao's Marxism," *Socialist Register* (1971): 53-80; Steve Andors, "Hobbes & Weber vs. Marx & Mao: The Political Economy of Decentralization in China," *Bulletin of Concerned Asian Scholars* 6, no. 3 (1974): 19-34; Stephen Andors, *China's Industrial Revolution: Politics, Planning, and Management, 1949 to Present* (London: Martin Robertson, 1977); John G. Gurley, *Challengers to Capitalism: Marx, Lenin and Mao* (San Fran-

cisco：San Francisco Book Co.，1976），chapter 5.

［10］例如可以参见 Maurice Meisner，*Mao's China and After*：*A History of the People's Republic*（New York：Free Press，1986，revised edition）；也可参见他的 *The Deng Xiaoping Era*：*An Inquiry into the Fate of Chinese Socialism*，*1978—1994*（New York：Hill and Wang，1996）。

［11］Mao Tse-tung，"Preface" to *Socialist Upsurge in China's Countryside*（Peking：Foreign Language Press，1957），7-10.

［12］有关"秘密报告"的内容参见 Dan N. Jacobs，ed.，*From Marx to Mao and Marchais*（New York and London：Longman，1979），160-230；也可参见 Nikita Khrushchev，an introduction by Edward Crankshaw to *Khrushchev Remembers*（London：André Deutsch，1971），559-618。

［13］Hélène Carrère d'Encausse and Stuart R. Schram，*Marxism and Asia*：*An Introduction with Readings*（London：Penguin，1969），283.

［14］Benjamin I. Schwartz，*Communism and China*：*Ideology in Flux*（New York：Atheneum）.

［15］关于毛泽东早期讨论中国历史发展"一边倒"的必要性可以参见 *Selected Works of Mao Tse-tung* Ⅱ（Peking：Foreign Language Press，1967），364。

［16］Stuart Schram，ed.，*Mao Tse-tung Unrehearsed*：*Talks and Letters*，*1956—1971*（Harmondsworth：Penguin，1974），101.

［17］J. V. Stalin，*Problems of Leninism*（Peking：Foreign Language Press，1976），803.

［18］《毛泽东选集》，2 版，第一卷，307 页；Nick Knight，ed.，*Mao Zedong on Dialectical Materialism*：*Writings on Philosophy*，*1937*（Armonk，New York：M. E. Sharpe，1990），166-167。

［19］这一报告的原版参见 Schram，ed.，*Mao Tse-tung Unrehearsed*，61-83。

［20］有关这一报告原版和官方版本不同之处的分析，参见 Stuart R. Schram，"Chairman Hua Edits Mao's Literary Heritage：'On the Ten Great Relationships'，" *China Quarterly* 69（March 1977）：126-135。

［21］《毛泽东文集》，1 版，第七卷，41 页。

［22］关于毛泽东思想中"一穷二白"的隐喻参见如下文献。*Selected Works of Mao Tse-tung* Ⅴ，244，265；Schram，ed.，*Mao Tse-tung Unrehearsed*，92，231；Joint Publication Research Service，*Miscellany of Mao Tse-tung Thought*（*1949—1968*）Ⅰ（Arlington，Virginia：February 1974），122，147；*Mao Zedong sixiang wansui* [Long Live Mao Zedong Thought]（n. p.：n. pub.，1969），485；K. Fan，ed.，*Mao Tse-tung and Lin Piao*：*Post-Revolutionary Writings*（Garden City，New York：Anchor Books，1972），261.

[23] Schram, ed., *Mao Tse-tung Unrehearsed*, 83.

[24] *Selected Works of Mao Tse-tung* Ⅴ, 384-421. 这一报告的原版可以查 Roderick Macfarquhar, Timothy Cheek, and Eugene Wu, eds., *The Secret Speeches of Chairman Mao: From the Hundred Flowers to the Great Leap Forward* (Cambridge, Mass.: Harvard Contemporary China Series no. 6, 1989), 131-190。

[25] 从马克思主义的视角看怎样的非对抗性矛盾才是传统的矛盾呢？什洛莫·阿维内里认为这是种“令人生厌”的说法，对于“马克思的思想框架是没有意义的”。可参见 Shlomo Avineri, *The Social and Political Thought of Karl Marx* (Cambridge: Cambridge University Press, 1968), 175。

[26]《毛泽东文集》，1 版，第七卷，205～206 页。

[27] 关于毛泽东对“百花”运动的看法，可以参见 *Selected Works of Mao Tse-tung* Ⅴ, 366-371, 408-414。

[28] 参见 V. I. Lenin, *What is to be Done*? (Peking: Foreign Language Press, 1975), 25。关于先锋党对列宁主义重要性的分析，可以参见 Marcel Liebman, *Leninism under Lenin*, trans. Brain Pearce (London: Jonathan Cape, 1975), 25-61。有关列宁主义对毛泽东影响的解析，可以参见 Stuart R. Schram, “Chinese and Leninist Components in the Personality of Mao Tse-tung,” *Asian Survey* Ⅲ, no. 6, (1963): 259-273。

[29] 有关毛泽东早期提到的“不断革命”和他对托洛茨基派所解释的这一概念的拒绝，可以参见 *Selected Works of Mao Tse-tung* I, 290; *Selected Works of Mao Tse-tung* Ⅳ (London: Lawrence and Wishart, 1956), 176。

[30] Stuart R. Schram, “Mao Tse-tung and the Theory of the Permanent Revolution, 1958—1969,” *China Quarterly* 46 (1971): 221-244.

[31] Schram, ed., *Mao Tse-tung Unrehearsed*, 94.

[32] Ibid., 95.

[33]《毛泽东文集》，1 版，第七卷，349～350 页。

[34]《在中国共产党第八届中央委员会第二次全体会议上的讲话》，1956-11-15。

[35] Mao Tse-tung, *A Critique of Soviet Economics*, translated by Moss Roberts, with an introduction by James Peck (New York and London: Monthly Review Press, 1977), 71.

[36] 参见 Reglar, “Mao Zedong as a Marxist Political Economist”; 同样可参见 Richard Levy, “Mao, Marx, Political Economy and the Chinese Revolution: Good Questions, Poor Answers,” in *Critical Perspectives on Mao Zedong's Thought*, eds. Arif Dirlik, Paul Healy, and Nick Knight (Atlantic Highlands, NJ: Humanities Press, 1997), 154-183。

[37] 这一点在毛泽东对苏联经济的批判性评论中很清楚。Mao Tse-tung, *A Critique of Soviet Economics*.

[38] 参见 Paul Healy, "A Paragon of Marxist Orthodoxy: Mao Zedong on the Social Formation and Social Change," in *Critical Perspectives on Mao Zedong's Thought*, eds. Arif Dirlik, Paul Healy, and Nick Knight (Atlantic Highlands, NJ: Humanities Press, 1997), 117-153; 同样可以参见 Nicholas James Knight, *Mao and History: An Interpretive Essay on Some Problems in Mao Zedong's Philosophy of History* (London: University of London, unpublished PhD thesis, 1983), chapter 4。

[39] 例如可以参见 J. V. Stalin, "The results of the first five-year plan," in J. V. Stalin, *Problems of Leninism*, 570-630。

[40]《毛泽东文集》, 1 版, 第七卷, 365 页。

[41] Mao Tse-tung, *A Critique of Soviet Economics*, 51.

[42] 参见 *Peking Review* 48 (27 November, 1970): 14-17。

[43]《毛泽东文集》, 1 版, 第七卷, 372 页。

[44] 关于导致"大跃进"的政治因素的分析, 参见 Frederick C. Teiwes with Warren Sun, *China's Road to Disaster: Mao, Central Politicians, and Provincial Leaders in the Unfolding of the Great Leap Forward, 1955—1959* (Armonk, New York: M. E. Sharpe, 1999)。

[45] 不是所有的学者都赞同毛泽东及其思想应该为"大跃进"的失败负全部责任。"大跃进"的失败还有其他的因素, 尤其是基层干部领导运动的方式。例如, 可以参见 Levy, "Mao, Marx and Political Economy"。

[46] 参见 Corrigan, Ramsay, and Sayer, *For Mao: Essays on Historical Materialism*; and Chan, *Chinese Marxism*。

[47]《毛泽东文集》, 1 版, 第七卷, 42 页。

[48] 同上书, 76 页。

[49] *Mao Zedong sixiang wansui* (1967), 262.

[50]《毛泽东文集》, 1 版, 第七卷, 133 页。

[51] Carrère d' Encausse and Schram, *Marxism and Asia*, 282-287.

[52] *Mao Zedong sixiang wansui* (1967), 156.

[53]《建国以来重要文献选编》, 第 10 册, 609 页, 北京, 中央文献出版社, 1994。

[54] 参见 Khrushchev, *Khrushchev Remembers*, 469-471。

[55] 毛泽东在这里可能借助了马克思的权威。马克思曾经有些矛盾地说过, "经济基础的改变或迟或早都会引起整个上层建筑的巨大转变"。Karl Marx, *A Contribution to the Critique of Political Economy* (London: Lawrence and Wishart, 1971), 21.

[56]《建国以来重要文献选编》, 第 12 册, 524～525 页, 北京, 中央文献出版社, 1997。

[57]《建国以来重要文献选编》, 第 19 册, 37 页, 北京, 中央文献出版社, 1998。

[58] Richard Baum and Frederick C. Teiwes, *Ssu-ch'ing: The Socialist Education*

Movement of 1962—1966（Berkeley：Chinese Research Monographs，University of California，1968），61.

[59]《毛泽东文集》，1 版，第八卷，306 页。同时毛泽东讲道："会有新生的资产阶级出现，这也正是苏联所发生的。"

[60] Mao Tse-tung，*A Critique of Soviet Economics*，107.

[61] *Selected Works of Mao Tse-tung* Ⅴ，474.

[62] *Mao Zedong sixiang wansui*（1969），247.

[63]《建国以来重要文献选编》，第 4 册，719 页，北京，中央文献出版社，1993。

[64] *Peking Review* 25（21 June 1963），17.

[65] Schram，ed.，*Mao Tse-tung Unrehearsed*，189.

[66] Baum and Teiwes，*Ssu-ch'ing*，61. 关于毛泽东对"新资产阶级"看法的其他解释可以参见 Joseph Esherick，"On the 'Restoration of Capitalism'：Mao and Marxist Theory，" *Modern China* 5，no. 1（January 1979）：41-78。

[67] Chang Chun-Chiao，"On Exercising All-Round Dictatorship over the Bourgeoisie，" *Peking Review* 14（4 April 1975）：5-11.

[68] 更详细的讨论，可以参见 John Bryan Starr，"Conceptual Foundations of Mao Tse-tung's Theory of Continuous Revolution，" *Asian Survey* 11，no. 6（June 1971）：610-628。同样可以参见 John Bryan Starr，*Continuing the Revolution*：*The Political Thought of Mao*（Princeton：Princeton University Press，1979），300-307。

[69] *Mao Zedong sixiang wansui*（1969），671-672；and Schram，ed.，*Mao Tse-tung Unrehearsed*，278. 同样可以参见 Stuart R. Schram，"The Marxist，" in *Mao Tse-tung in the Scales of History*，ed. Dick Wilson（Cambridge：Cambridge University Press，1977），47-48。

[70] 正如中国共产党第九次全国代表大会党章所规定的："党的组织原则是民主集中制……全党必须服从统一的纪律：个人服从组织，少数服从多数，下级服从上级，全党服从中央。" *The Ninth National Congress of the Communist Party of China*（*Documents*）（Peking：Foreign Languages Press，1969），119-120.

[71] Baum and Teiwes，*Ssu-ch'ing*，119.

[72] Ch'en，ed.，*Mao Papers*，139.

[73] 对毛泽东思想的详细阐释可参见 1968 年年底的"党章草案"。这一草案的内容在 *China Quarterly* 37（January－March 1969）：169-173。

[74]《关于建国以来党的若干历史问题的决议》，见《十一届三中全会以来重要文献选读》，上册，298 页。

[75] 参见 Nick Knight，"Contemporary Chinese Marxism and the Marxist Tradition：Globalization，Socialism and the Search for Ideological Coherence，" *Asian Studies Review* 30，no. 1（March 2006）：19-39；and Nick Knight，"Imagining Globalization：

The World and Nation in Chinese Communist Party Ideology," *Journal of Contemporary Asia* 33, no. 3 (2003): 318-337。

[76] Nick Knight, "From the 2nd Plenum to the 6th NPC: The Retreat Gathers Speed," *The Australian Journal of Chinese Affairs* 12 (July 1984): 177-194.

[77] 例如，可以参见胡锦涛在 2005 年《财富》全球论坛中的演讲（http://English, peopledaily. com. cn. /2005/17/print20050517 _ 185302. htm，2005-05-17)。

第九章

[1] 例如可以参见 C. L. Chiou, *Maoism in Action: The Cultural Revolution* (St. Lucia: University of Queensland Press, 1974); Richard Baum with Louise B. Bennett, eds., *China in Ferment: Perspectives on the Cultural Revolution* (Englewood Cliffs, N. J.: Prentice-Hall, 1971); Maurice Meisner, *Mao's China and After: A History of the People's Republic* (New York: The Free Press, 1986), part 5; Joan Robinson, *The Cultural Revolution in China* (Harmondsworth: Penguin, 1969, 1970); Stuart R. Schram, "The Cultural Revolution in Historical Perspective," in *Authority, Participation and Cultural Change in China*, ed. Stuart R. Schram (Cambridge: Cambridge University Press, 1973), 1-108; Robert Jay Lifton, *Revolutionary Immorality: Mao Tse-tung and the Chinese Cultural Revolution* (New York: W. W. Norton and Co., 1976); Jack Gray and Patrick Cavendish, *Chinese Communism in Crisis: Maoism and the Cultural Revolution* (London: Pall Mall Press, 1968); Jean Esmain, *The Cultural Revolution* (London: Andre Deutsch, 1975); Hong Ying Lee, *The Politics of the Chinese Cultural Revolution: A Case Study* (Berkeley: University of California Press, 1978); An Tai Sung, *Mao Tse-tung's Cultural Revolution* (Indianapolis: Pegasus, 1972); Ito Kikazo and Shibata Minoru, "The Dilemma of Mao Tse-tung," *China Quarterly* 35 (July-September, 1968): 58-77; Richard Solomon, *Mao's Revolution and the Chinese Political Culture* (Berkeley: University of California Press, 1971); Tang Tsou, "The Cultural Revolution and the Chinese Political System," *China Quarterly* 38 (April-June, 1969): 63-91; Stanley Karnow, *Mao and China: Inside China's Cultural Revolution* (New York: Viking Penguin, 1984); Wang Xizhe, "Mao Zedong and the Cultural Revolution," in *On Socialist Democracy and the Chinese Legal System: The Li Yizhe Debates*, eds. Anita Chan, Stanley Rosen, and Jonathan Unger (Armonk, New York: M. E. Sharpe, 1985)。关于"文化大革命"的文学评述可以参见 Mobo C. F. Gao, "Maoist Discourse and Critique of the Present Assessments of the Cultural Revolution," *Bulletin of Concerned Asian Scholar* 26, no. 3 (July-September, 1994): 13-32。

[2] Stuart R. Schram, ed., *Mao Tse-tung Unrehearsed: Talks and Letters, 1956*—

1971 (Harmondsworth：Penguin，1974)，265，also 268；*Mao Zedong sixiang wansui* [Long Live Mao Zedong Thought] (n. p.：n. pub.，1969)，654，656.

[3] Schram，ed.，*Mao Tse-tung Unrehearsed*，271；*Mao Zedong sixiang wansui* (1969)，658.

[4] Jerpome Ch'en，ed.，*Mao Papers：Anthology and Bibliography* (London：Oxford University Press，1970)，35；*Mao Zedong sixiang wansui* [Long Live Mao Zedong Thought]，(n. p.：n. pub.，1967)，40.

[5] 参见 Joint Publication Research Service，*Miscellany of Mao Tse-tung Thought (1949—1968)* (Arlington，Virginia：February 1974) II，453-454；*Mao Zedong sixiang wansui* (1969)，670-671。

[6] 类似的观点可以参见 Edward Rice，*Mao's Way* (Berkeley：University of California Press，1972，1974)。

[7] 参见本章注释 1，也可以参见 Leslie R. Marchant，*To Phoenix Seat：An Introductory Study of Maoism and the Chinese Communist Quest for a Paradise on Earth* (Sydney：Angus and Robertson，1973)；John Bryan Starr，*Continuing the Revolution：The Political Thought of Mao* (Princeton：Princeton University Press，1979)；Raymond L. Whitehead，*Love and Struggle in Mao's Thought* (New York：Orbis Books，1977)；Harrison E. Salisbury，*The New Emperors：Mao and Deng—A Dual Biography* (London：HarperCollins，1993)。

[8] 参见［日］竹内实编：《毛泽东集》，第六卷，49～145 页。修订版本可参见 *Selected Works of Mao Tse-tung* Ⅱ (Peking：FLP，1967)，113-194；同样可以参见［日］竹内实编：《毛泽东集》，第七卷，97～139 页；*Selected Works of Mao Tse-tung* Ⅱ，305-334；and *Mao Zedong Xuanji* Ⅱ，584-617。

[9] 关于对马克思主义这一方面的批判，可以参见 Gustav A. Wetter，*Dialectical Materialism：A Historical and Systematic Study of Philosophy in the Soviet Union* (New York：Praeger，1958)。

[10] 参见 Timoteus Pokora，"On the Origins of *T'ai-p'ing* and *Ta-t'ung* in Chinese Philosophy，" *Archiv Orientalni* 29 (1961)：448-454。

[11] 参见 Liang CH'i-ch'ao，*History of Chinese Political Thought During the Early Tsin Period* (London：Kegan Paul，Trench，Trubner and Co. Ltd.，1930)，44；也可参见 Laurence G. Thompson，*Ta Tung Shu：The One-World Philosophy of Kang Yuwei* (London：George Allen and Unwin，1958)，27。

[12] Frederic Wakeman Jr.，*History and Will：Philosophical Perspectives on Mao Tse-tung's Thought* (Berkeley：University of California Press，1973)，106-107；also Fung Yulan，*A Short History of Chinese Philosophy* (New York：The Free Press，1948)，201.

［13］［日］竹内实编：《毛泽东集》，第六卷，96 页。

［14］同上书，95 页。

［15］更详细的解释可以参见 Joint Publication Research Service，*Miscellany of Mao Tse-tung Thought* Ⅰ，108-109。然而，这里所论及的一个未来时代的和平是基于讨论“事物阴暗面”的语境之下提出的。它完全缺少了毛泽东早期体现的乐观和自信。

［16］例如可以参见 *Long Live Leninism*（Peking：FLP，1960），34-35。

［17］例如可以参见 Schram，ed.，*Mao Tse-tung Unrehearsed*，228。

［18］《坚定地相信群众的大多数》，1957-10-13。

［19］同上。

［20］Richard Baum and Frederick C. Teiwes，*Ssu-ch'ing*：*The Socialist Education Movement of 1962—1966*（Berkeley：Chinese Research Monographs，University of California，1968），60.

［21］参见 Point Ⅱ of “The First Ten Points，” in Baum and Teiwes，*Ssu-ch'ing*，60。

［22］“On the Historical Experience of the Dictatorship of the Proletariat，” *New China News Agency* 1513（5 April 1956），supplement 238，5. 如今显而易见的是，毛泽东曾阅读并修正过这一 1956 年的重要文本。

［23］《在中国共产党第八届中央委员会第二次全体会议上的讲话》，1956-11-15。

［24］《毛泽东文集》，1 版，第七卷，352 页。

［25］Mao Tse-tung，*A Critique of Soviet Economics*，trans. Moss Roberts（New York and London：Monthly Review Press，1977），57-58，71；*Mao Zedong sixiang wansui*（1969），339，350-351.

［26］Schram，ed.，*Mao Tse-tung Unrehearsed*，227.

［27］Ibid.，110.

［28］Ibid.，228.

［29］《毛泽东选集》，2 版，第一卷，306 页。关于原版《矛盾论》的诠释及原版与 1949 年后官方版本的差别可以参见 Nick Knight，ed.，*Mao Zedong on Dialectical Materialism*：*Writings on Philosophy*，*1937*（Armonk，New York：M. E. Sharpe，1990），154-229。关于毛泽东哲学著作更详细的解析及它们的 20 世纪 30 年代苏联哲学的根源可以参见 Nick Knight，*Marxist Philosophy in China*：*From Qu Qiubai to Mao Zedong*，*1923—1945*（Dordrecht：Springer，2005），chapters 9 and 10。

［30］参见 Nick Knight，“Mao Zedong's *On Contradiction* and *On Practice*：Pre-Liberation Texts，” *China Quarterly* 84（December，1980）：641-668。

［31］《毛泽东文集》，1 版，第七卷，213 页。

［32］*Selected Works of Mao Tse-Tung* Ⅴ，382-383，392，516.

［33］关于毛泽东思想里这一主题的详细叙述可以参见 Paul Healy，“A Paragon of

Marxist Orthodoxy：Mao Zedong on the Social Formation and Social Change," *Critical Perspectives on Mao Zedong's Thought*，eds. Arif Dirlik，Paul Healy，and Nick Knight（Atlantic Highlands，NJ：Humanities Press，1977），117-153.

[34] Joint Publication Research Service，*Miscellany of Mao Tse-tung Thought* Ⅱ，435；*Mao Zedong sixiang wansui*（1969），604. Cf. Karl Marx，*Capital Volume 1*（Harmondsworth：Penguin 1976），284.

[35] 例如可以参见《在中国共产党第八届中央委员会第二次全体会议上的讲话》，1956-11-15。

[36]《在中国共产党第八届中央委员会第二次全体会议上的讲话》，1956-11-15。

[37] 同上。

[38] Mao Tse-tung，*A Critique of Soviet Economics*，81；*Mao Zedong sixiang wansui*（1969），359-360.

[39] *Peking Review* 26（23 June 1967），2.

[40] Mao Tse-tung，*A Critique of Soviet Economics*，137；*Mao Zedong sixiang wansui*（1967），157.

[41]《在中国共产党第八届中央委员会第二次全体会议上的讲话》，1956-11-15。

[42] Macfarquhar，Cheek and Wu，eds.，*The Secret Speeches of Chairman Mao*，319，422.

[43] John Bryan Starr，"Maoism and Marxism Utopianism，" *Problems of Communism*（July-August 1977）：58.

[44] Meisner，*Mao's China and After*，231，235.

[45] Stuart R. Schram，"Mao Tse-tung as a Charismatic Leader，" *Asian Survey* Ⅶ，no. 6（1967）：386.

[46] 参见 *Resolution on CPC History（1949—1981）*（Beijing：FLP，1981）。

[47] 参见 Northrop Frye，"Varieties of Literary Utopias，" *Utopias and Utopian Thought*，ed. Frank E. Manuel（Boston：Souvenir Press，1965，1966），31。

[48] Joint Publication Research Service，*Miscellany of Mao Tse-tung Thought* Ⅰ，123.

[49] Joint Publication Research Service，*Miscellany of Mao Tse-tung Thought* Ⅰ，134-135. 同样可以参见 Schram，ed.，*Mao Tse-tung Unrehearsed*，105。毛泽东在这里预测中国的农业将会在 8～10 年发生改变。

[50] Joint Publication Research Service，*Miscellany of Mao Tse-tung Thought* Ⅰ，97，158.

[51] Macfarquhar，Cheek，and Wu，eds.，*The Secret Speeches of Chairman Mao*，434，484.

[52] Ibid.，447.

[53] Ibid., 458, 465.

[54] 参见 Frederick C. Teiwes with Warren Sun, *China's Road to Disaster: Mao, Central Politicians, and Provincial Leaders in the Unfolding of the Great Leap Forward, 1955—1959* (Armonk, New York: M. E. Sharpe, 1999)。

[55] Macfarquhar, Cheek, and Wu, eds., *The Secret Speeches of Chairman Mao*, 465.

[56] Joint Publication Research Service, *Miscellany of Mao Tse-tung Thought* Ⅰ, 108-109.

[57] Ibid., 109.

[58] Craig Dietrich, *People's China: A Brief History* (New York and Oxford: Oxford University Press, 1986), 122.

[59] Starr, "Maoism and Marxism Utopianism," 56, 58-59.

[60] Ch'en, ed., *Mao Papers*, 139.

[61] Joint Publication Research Service, *Miscellany of Mao Tse-tung Thought* Ⅱ, 459; *Mao Zedong sixiang wansui* (1969), 676-677; 同样可以参见 Schram, ed., *Mao Tse-tung Unrehearsed*, 283。

[62] Ch' en, ed., *Mao Papers*, 159.

[63] Schram, ed., *Mao Tse-tung Unrehearsed*, 110, 228.

[64] Paul Tillich, "Critique and Justification of Utopia," in *Utopias and Utopian Thought*, ed. Frank E. Manuel (Boston: Souvenir Press, 1965), 296-309.

[65] Frank E. Manuel, "Introduction," in *Utopias and Utopian Thought*, ed. Manuel, XXI.

[66] 参见 Sheldon Wolin, *Politics and Vision: Continuity and Innovation in Western Political Thought* (Princeton: Princeton University Press, 2004)。

[67] 参见 Benjamin Schwartz, "Thoughts on the Late Mao: Between Total Redemption and Utter Frustration," in *The Secret Speeches of Chairman Mao*, eds. Macfarquhar, Cheek, and Wu, 21; also Lucien W. Pye, *Mao Tse-tung: The Man in the Leader* (New York: Basic Books, 1976), 44; Ross Terrill, *Mao: A Biography* (New York: Touchstone, Simon & Schuster 1993, revised ed.), 451。

[68] 参见 Paul Healy, "A Paragon of Marxist Orthodoxy"。同样可参见 Nicholas James Knight, *Mao and History: An Interpretive Essay on Some Problems in Mao Zedong's Philosophy of History* (London: University of London, Unpublished PhD thesis, 1983), chapter 4。

[69] 例如可参见 Stuart R. Schram, *The Thought of MaoTse-tung* (Cambridge: Cambridge University Press, 1989), 5, 17, 54-55, 67, 96, 113, 168, 200。

[70] 关于马克思主义哲学"正统性"问题的讨论及评价马克思主义在中国的重要

意义可以参见 Knight，*Marxism Philosophy in China*，chapter 2。

［71］参见《自然辩证法》。恩格斯陈述道："也许会经过多少亿年，也许会有多少万代生了又死；但是无情地会逐渐到来这样的时期，那时日益衰竭的太阳热将不再能融解从两极逼近的冰，那时人们愈来愈多地聚集在赤道周围，但是最后就是在那里也不再能找到足以维持生存的热，那时有机生命的最后痕迹也将逐渐消失；而地球，一个象月球一样的死寂的冰结了的球体，将在深深的黑暗里沿着愈来愈狭小的轨道围绕着同样死寂的太阳旋转，最后就落到它上面。"（《马克思恩格斯全集》，1版，第二十卷，375页，北京，人民出版社，1971）

参考文献

Althusser, Louis. *For Marx*. London: Verso, 1969.

Althusser, Louis, and Étienne Balibar. *Reading Capital*, translated by Ben Brewster. London: NLB, 1970.

Amin, Samir. *The Future of Maoism*. New York: Monthly Review Press, 1983.

Andors, Steve. *China's Industrial Revolution: Politics, Planning, and Management, 1949 to the Present*. London: Martin Robertson, 1977.

———. "Hobbes & Weber vs. Marx & Mao: The Political Economy of Decentralization in China." *Bulletin of Concerned Asian Scholars* 6, no. 3 (1974): 19–34.

Andreski, Stanislav, ed. *The Essential Comte*. London: Croom Helm, 1974.

Apter, David E., and Tony Saich. *Revolutionary Discourse in Mao's Republic*. Cambridge, Mass.: Harvard University Press, 1994.

Avineri, Shlomo. *The Social and Political Thought of Karl Marx*. Cambridge: Cambridge University Press, 1968.

Baum, Richard, with Louise B. Bennett, eds., *China in Ferment: Perspectives on the Cultural Revolution*. Englewood Cliffs, N. J.: Prentice-Hall, 1971.

Baum, Richard, and Frederick C. Teiwes. *Ssu-ch'ing: The Socialist Education Movement of 1962–66*. Berkeley: Chinese Research Monographs, University of California, 1968.

Bettelheim, Charles. *Economic Calculation and Forms of Property*, translated by John Taylor, introduction by Barry Hindess. London: Routledge and Kegan Paul, 1976.

Bi Jianheng. *Mao Zedong yu Zhongguo zhexue chuantong* [Mao Zedong and the Chinese philosophical tradition]. Chengdu: Sichuan renmin chubanshe, 1990.

Boorman, Howard L. "Mao Tse-tung as Historian." *China Quarterly* 28 (October–December 1966): 82–105.

Bottomore, Tom, ed. *Modern Interpretations of Marx*. Oxford: Basil Blackwell, 1981.

Braun, Otto. *A Comintern Agent in China, 1932–1939*, translated from the German by Jeanne Moore, with an introduction by Dick Wilson. St. Lucia, Queensland: University of Queensland Press, 1982.

Bulkeley, Rip. "On 'On Practice'," *Radical Philosophy* 18 (Autumn 1977): 3–9, 15.

Burton, Neil G., and Charles Bettelheim, *China Since Mao*. New York: Monthly Review Press, 1978.

Butler, W. E., ed. *The Legal System of the Chinese Soviet Republic, 1931–1934*. Dobbs Ferry NY: Transnational Publishers 1983.

Callinicos, Alex. *Is There a Future for Marxism?* London: Macmillan, 1982.

Carr, E. H. *What is History?* Harmondsworth: Penguin Books, 1964.

Carrère d'Encausse, Hélène, and Stuart R. Schram. *Marxism and Asia: An Introduction with Readings*. London: Allen Lane The Penguin Press, 1969.

Chalmers, A. F. *What Is This Thing Called Science?* St. Lucia: University of Queensland Press, 1982, second ed.

Chan, Adrian. *Chinese Marxism*. London and New York: Continuum, 2003.

Chang Chun-chiao. "On Exercising All-Round Dictatorship over the Bourgeoisie." *Peking Review* 14 (4 April 1975): 5–11.

Chang, Jung, and Jon Halliday. *Mao: The Unknown Story*. London: Jonathan Cape, 2005.

Chang Ruisen, Zhang Wenru, and Ran Changuang. *Mao Zedong zhexue sixiang gailun* [An introduction to the philosophical thought of Mao Zedong]. Beijing: Zhongguo renmin daxue chubanshe, 1985.

Chen Boda. "Lun xin Qimeng Yundong" [On the new enlightenment]. Pp. 67–89 in *Xian jieduan de Zhongguo sixiang yundong* [The Chinese thought movement in the current stage], edited by Xia Zhengnong. Shanghai: Yiban shudian, 1937.

Chen, Chi-yun. *Hsun Yueh (A.D. 148–209): The Life and Reflections of an Early Medieval Confucianist*. Cambridge: Cambridge University Press, 1975.

Ch'en, Jerome. *Mao and the Chinese Revolution*. London: Oxford University Press, 1965.

———, ed. *Mao Papers: Anthology and Bibliography*. London Oxford University Press, 1970.

Chin, Steve S. K. *The Thought of Mao-Tse-tung: Form and Content*. Translated by Alfred H. Y. Lin. Hong Kong: Centre of Asian Studies Papers and Monographs, 1979.

"China Strives for Harmonious Society, Central Economic Conference." *People's Daily Online*, 6 December 2004. english.people.com.cn/200412/06/eng2004 12o6_166180.html (15 March 2006).

Chiou, C. L. *Maoism in Action: The Cultural Revolution*. St. Lucia: University of Queensland Press, 1974.

Chossudovsky, Michel. *Towards Capitalist Restoration: Chinese Socialism After Mao*. London: Macmillan, 1986.

Cohen, Arthur A. *The Communism of Mao Tse-tung*. Chicago: University of Chicago Press, 1964.

Collier, Andrew. "In Defence of Epistemology." Pp. 55–106 in *Issues in Marxist Philosophy: Volume III—Epistemology, Science, Ideology*, edited by John Mepham and David-Hillel Ruben. Brighton: Harvester, 1979.

Corrigan, Philip, Harvie Ramsay, and Derek Sayer. *For Mao: Essays in Historical Materialism*. London: Macmillan, 1979.

A Critique of Mao Tse-tung's Theoretical Conceptions. Moscow: Progress Publishers, 1972.

Cutler, Anthony, Barry Hindess, Paul Hirst, and Athar Hussain. *Marx's "Capital" and Capitalism Today*. London: Routledge and Kegan Paul, 1977. Vol. I.

Day, M. Henri. *Máo Zédōng, 1917–1927: Documents*. Stockholm: Skriftserien für Orientaliska Studier, no. 14, 1975.

De Bary, Wm. Theodore, ed. *Sources of Chinese Tradition*. New York and London: Columbia University Press, 1960.

Demieville, P. "Chang Hsueh-ch'eng and His Historiography." Pp. 167–85 in *Historians of China and Japan*, edited by W. G. Beasley and E. G. Pulleyblank. London: Oxford University Press, 1961.

De Romilly, Jacqueline. *The Rise and Fall of States According to Greek Authors*. Ann Arbor: University of Michigan Press, 1977.

Deutscher, Isaac. *Ironies of History*. London: Oxford University Press, 1966.

Dietrich, Craig. *People's China: A Brief History*. New York and Oxford: Oxford University Press, 1986.

Dirlik, Arif. "Mao Zedong and Chinese Marxism." In *Companion Encyclopedia of Asian Philosophy*, edited by Indira Mahalingam and Brian Carr. London: Routledge, 1997.

———. *The Origins of Chinese Communism*. New York: Oxford University Press, 1989.

———. "The Predicament of Marxist Revolutionary Consciousness: Mao Zedong, Antonio Gramsci and the Reformulation of Marxist Revolutionary Theory." *Modern China* 9, no. 2 (April 1983): 182–211.

———. *Revolution and History: Origins of Marxist Historiography in China, 1919–1937*. Berkeley: University of California Press, 1978.

Dirlik, Arif, Paul Healy, and Nick Knight, eds. *Critical Perspectives on Mao Zedong's Thought*. Atlantic Highlands, New Jersey: Humanities Press, 1997.

"Draft Party Constitution." *China Quarterly* 37 (January–March 1969): 169–73.

Dunn, John. *Modern Revolutions: An Introduction to the Analysis of a Political Phenomenon*. Cambridge: Cambridge University Press, 1972.

Dunn, Stephen P. *The Fall and Rise of the Asiatic Mode of Production*. London: Routledge & Kegan Paul, 1982.

Dutton, Michael. *Streetlife China*. Melbourne: Cambridge University Press, 1998.

Dutton, Michael, and Paul Healy. "Marxist Theory and Socialist Transition: The Construction of an Epistemological Relation." Pp. 13–66 in *Chinese Marxism in Flux, 1978–84: Essays on Epistemology, Ideology and Political Economy*, edited by Bill Brugger. Armonk, New York: M. E. Sharpe, 1985.

Eckstein, Alexander. *China's Economic Revolution.* Cambridge: Cambridge University Press, 1977.

Eco, Umberto. *The Role of the Reader: Explorations in the Semiotics of Texts.* Bloomington and London: University of Indiana Press, 1979.

———. *Semiotics and the Philosophy of Language.* Bloomington and London: University of Indiana Press, 1979.

Engels, Friedrich. *Dialectics of Nature.* Moscow: FLPH, 1954.

Esherick, Joseph. "On the Restoration of Capitalism: Mao and Marxist Theory." *Modern China* 5, no. 1 (January 1979): 41–78.

Esmain, Jean. *The Cultural Revolution.* London: Andre Deutsch, 1975.

Fan Hao. *Mao Zedong he ta de guwen* [Mao Zedong and his adviser]. Beijing: Renmin chubanshe, 1993.

Fan, K., ed. *Mao Tse-tung and Lin Piao: Post-Revolutionary Writings.* Garden City, New York: Anchor Books, 1972.

Fann, K. T. "Mao's Revolutionary Humanism." *Studies in Soviet Thought* 19, no. 2 (March 1979): 143–54.

Femia, Joseph. *Gramsci's Political Thought: Hegemony, Consciousness and the Revolutionary Process.* Oxford: Clarendon Press, 1987.

Foucault, Michel. *The Archaeology of Knowledge.* London: Tavistock, 1972.

———. "What Is an Author?" Pp. 103–13 in *The Foucault Reader*, edited by Paul Rabinow. New York: Pantheon Books, 1984.

Friedman, Edward. "After Mao: Maoism and Post-Mao China." *Telos* 65 (Fall 1985): 23–46.

Frye, Northrop. "Varieties of Literary Utopias." In *Utopias and Utopian Thought*, ed. Frank E. Manuel. Boston: Souvenir Press, 1965, 1966.

Fu, Charles Wei-Hsun. "Confucianism, Marxism-Leninism and Mao: A Critical Study." *Journal of Chinese Philosophy* 1 (1974): 339–71.

Fung Yu-lan, *A Short History of Chinese Philosophy.* New York: The Free Press, 1948.

Gao, Mobo C. F. "Maoist Discourse and Critique of the Present Assessments of the Cultural Revolution." *Bulletin of Concerned Asian Scholars* 26, no. 3 (July–September, 1994): 13–32.

Gayn, Mark. "Mao Tse-tung Reassessed." Pp. 91–107 in *China Readings 3: Communist China*, edited by Franz Schurmann and Orville Schell (Harmondsworth: Penguin, 1967.

Gramsci, Antonio. *Selections from Prison Notebooks.* Edited and translated by Quinton Hoare and Geoffrey Nowell Smith. London: Lawrence and Wishart, 1971.

Gray, J. "History Writing in Twentieth Century China: Notes on Its Background and Development." Pp. 180–203 in *Historians of China and Japan*, edited by W. G. Beasley and E. G. Pulleyblank. London: Oxford University Press, 1961.

———. *Mao Tse-tung*. Guildford and London: Lutterworth Press, 1973.

Gray, Jack, and Patrick Cavendish. *Chinese Communism in Crisis: Maoism and the Cultural Revolution*. London: Pall Mall Press, 1968.

Gurley, John G. *Challengers to Capitalism: Marx, Lenin and Mao*. San Francisco: San Francisco Book Co., 1976.

———. "The Symposium Papers: Discussion and Comment." *Modern China* 3, no. 4 (October 1977): 443–63.

Hak, Han, and Erik Van Ree. "Was the Older Mao a Maoist?" *Journal of Contemporary Asia* 14, no. 1 (1984): 85.

Halfpenny, Peter. *Positivism and Sociology: Explaining Social Life*. London: Allen & Unwin, 1982.

Healy, Paul. "A Paragon of Marxist Orthodoxy: Mao Zedong on the Social Formation and Social Change." Pp. 117–53 in *Critical Perspectives on Mao Zedong's Thought*, edited by Arif Dirlik, Paul Healy, and Nick Knight. Atlantic Highlands, New Jersey: Humanities Press, 1997.

———. "Reading the Mao Texts: The Question of Epistemology." *Journal of Contemporary Asia* 20, no. 3 (1990): 330–58.

Healy, Paul, and Nick Knight, "Mao Zedong's Thought and Critical Scholarship." Pp. 3–20 in *Critical Perspectives on Mao Zedong's Thought*, edited by Arif Dirlik, Paul Healy, and Nick Knight. Atlantic Highlands, New Jersey: Humanities Press, 1997.

Hindess, Barry. *Philosophy and Methodology of the Social Sciences*. Sussex: Harvester, 1977.

Hindess, Barry, and Paul Hirst. *Pre-Capitalist Modes of Production*. London: Routledge & Kegan Paul, 1975.

———. *Mode of Production and Social Formation: An AutoCritique of Pre-Capitalist Modes of Production*. London: Macmillan, 1977.

Hirst, Paul. "The Necessity of Theory." *Economy and Society* 8, no. 4 (November 1979): 417–45.

Hoffheinz, Roy, Jr. *The Broken Wave: The Chinese Communist Peasant Movement, 1922–1928*. Cambridge, Mass.: Harvard University Press, 1977.

Hollingworth, Clare. *Mao and the Men against Him*. London: Jonathan Cape, 1985.

Holubnychy, Vsevolod. "Mao Tse-tung's Materialist Dialectics." *China Quarterly* 19 (1964): 3–37.

Hsiao, Tso-Liang. *Power Relations within the Chinese Communist Movement, 1930–1934:A Study of Documents*. Seattle: University of Washington Press, 1961.

Hsiung, James Chieh. *Ideology and Practice: The Evolution of Chinese Communism*. New York: Praeger, 1970.

Hu Jintao, "Speech at the 2005 Fortune Global Forum." english.peopledaily.com.cn/200505/17/print20050517_185302.htm (17 May 2005).

Huang, Philip C. C. "Mao Tse-tung and the Middle Peasants, 1925–1928," *Modern China* 1, no. 3 (July 1975): 271–96.

Ito Kikazo and Shibata Minoru. "The Dilemma of Mao Tse-tung." *China Quarterly* 35 (July–September, 1968): 58–77.

Jacobs, Dan N., ed. *From Marx to Mao and Marchais*. New York and London: Longman, 1979.

Jianguo yilai Mao Zedong wengao [Draft documents by Mao Zedong since the establishment of the People's Republic]. Beijing: Zhongyang wenxian chubanshe, 1987–1992. 6 volumes.

Johnson, Chalmers. "The Failure of Socialism in China." *Issues and Studies* 21, no. 1 (July 1979): 22–33.

Joint Publication Research Service, *Miscellany of Mao Tse-tung Thought (1949–1968)*. Arlington, Virginia: February 1974.

Joravsky, David. *Soviet Marxism and Natural Science, 1917–1932*. New York: Columbia University Press, 1961.

Karnow, Stanley. *Mao and China: Inside China's Cultural Revolution*. New York: Viking Penguin, 1984.

Kau, Michael Y. M., and John K. Leung, eds. *The Writings of Mao Zedong, 1949–1976 (September 1949–December 1955)*. Armonk, New York: M. E. Sharpe, 1986.

———, eds. *The Writings of Mao Zedong, 1949–1976 (January 1956–December 1957)*. Armonk, New York: M. E. Sharpe, 1992.

Keith, Ronald C. "The Relevance of Border-Region Experience to Nation-Building in China, 1949–52." *China Quarterly* 78 (1979): 274–95.

Khrushchev, Nikita. *Khrushchev Remembers*, with an introduction, commentary and notes by Edward Crankshaw. London: André Deutsch, 1971.

Kim, Ilpyong J. "Mass Mobilization Policies and Techniques Developed in the Period of the Chinese Soviet Republic." Pp. 78–98 in *Chinese Communist Politics in Action*, edited by A. Doak Barnett. Seattle and London: University of Washington Press, 1969.

———. *The Politics of Chinese Communism: Kiangsi under the Soviets*. Berkeley: University of California Press, 1973.

Knight, Nicholas James. *Mao and History: An Interpretive Essay on Some Problems in Mao Zedong's Philosophy of History*. London: University of London, unpublished PhD thesis, 1983.

Knight, Nick. "Contemporary Chinese Marxism and the Marxist Tradition: Globalisation, Socialism and the Search for Ideological Coherence." *Asian Studies Review* 30, no. 1 (March 2006): 19–39.

———. "From the 2nd Plenum to the 6th NPC: The Retreat Gathers Speed." *The Australian Journal of Chinese Affairs* 12 (July 1984): 177–94.

———. "Herman Gorter and the Origins of Marxism in China." *China Information* XIX, no. 3 (November 2005): 381–412.

———. "Imagining Globalisation: The World and Nation in Chinese Communist Party Ideology." *Journal of Contemporary Asia* 33, no. 3 (2003): 318–37.

———. "The Laws of Dialectical Materialism in Mao Zedong's Thought—The Question of 'Orthodoxy'." Pp. 84–116 in *Critical Perspectives on Mao Zedong's Thought*, edited by Arif Dirlik, Paul Healy, and Nick Knight. Atlantic Highlands, New Jersey: Humanities Press, 1997.

———. "Leninism, Stalinism and the Comintern." Pp. 24–61 in *Marxism in Asia*, edited by Colin Mackerras and Nick Knight. London and Sydney: Croom Helm, 1985.

———. *Li Da and Marxist Philosophy in China*. Boulder, Colorado: Westview Press, 1996.

———. "Lun Mao Zedong yunyong 'fouding zhi fouding' guilü de 'zhengtongxing'" [The 'orthodoxy' of Mao Zedong's handling of the law of the 'negation of the negation']. Pp. 1549–55 in *Mao Zedong de zhihui* [The Wisdom of Mao Zedong], edited by Zhang Jingru. Dalian: Dalian chubanshe, 1993.

———. "Mao Studies in China: A Review of *Research on Mao Zedong Thought*." *CCP Research Newsletter* 2 (Spring 1989): 13–16.

———, ed. *Mao Zedong on Dialectical Materialism: Writings on Philosophy, 1937*. Armonk, New York: M. E. Sharpe, 1990.

———. "Mao Zedong's *On Contradiction:* An Annotated Translation of the Pre-Liberation Text." *Griffith Asian Papers No. 3*. Nathan: School of Modern Asian Studies, Griffith University, 1981.

———. "Mao Zedong's *On Contradiction* and *On Practice:* Pre-Liberation Texts." *China Quarterly* 84 (December 1980): 641–68.

———. "Mao Zedong's Thought and Chinese Marxism: Recent Documents and Interpretations." *Bulletin of Concerned Asian Scholars* 25, no. 2 (April–June 1993): 54–63.

———. *Marxist Philosophy in China: From Qu Qiubai to Mao Zedong, 1923–1945*. Dordrecht: Springer, 2005.

———, ed. *The Philosophical Thought of Mao Zedong: Studies from China, 1981–1989*. Armonk, New York: M.E. Sharpe, *Chinese Studies in Philosophy*, 1992.

———, ed. *Philosophy and Politics in Mao Texts of the Yan'an Period*. Armonk, New York: M. E. Sharpe, *Chinese Studies in Philosophy*, Winter 1987–88.

———. "Soviet Philosophy and Mao Zedong's 'Sinification of Marxism'." *Journal of Contemporary Asia* 20, no. 1 (1990): 89–109.

Koller, John M. "Philosophical Aspects of Maoist Thought." *Studies in Soviet Thought* 14 (1974): 47–59.

Korsch, Karl. *Marxism and Philosophy*. London: NLB, 1970.

Kuhn, Thomas. *The Structure of Scientific Revolutions*. Chicago and London: University of Chicago Press, 1970, second ed.

Kuo, Warren. *Analytical History of the Chinese Communist Party*. Taipei: Institute of International Relations, 1968, second edition. Volume 2.

Lee, Hong Ying. *The Politics of the Chinese Cultural Revolution: A Case Study*. Berkeley: University of California Press, 1978.

Legge, James. *The Four Books*. Hong Kong: Wei Tung Book Store, 1973.

Lenin, V. I. *Collected Works*. London: Lawrence & Wishart, 1963, 1964.

———. *Selected Works in Three Volumes*. Moscow: Progress Publishers, 1975, 1976.

———. *What is to be Done?* Peking: Foreign Languages Press (hereafter FLP), 1975.

Levy, Richard. "Mao, Marx, Political Economy and the Chinese Revolution: Good Questions, Poor Answers." Pp. 154–83 in *Critical Perspectives on Mao Zedong's Thought*, edited by Arif Dirlik, Paul Healy, and Nick Knight. Atlantic Highlands, New Jersey: Humanities Press, 1997.

Lew, Roland. "Maoism and the Chinese Revolution." *Socialist Register* (1975): 115–59.

Liang Ch'i-ch'ao. *History of Chinese Political Thought During the Early Tsin Period.* London: Kegan Paul, Trench, Trubner and Co. Ltd., 1930.

———. *Intellectual Trends in the Ch'ing Period.* Cambridge, Mass.: Harvard University Press, 1959.

Lichtheim, George. *Marxism: An Historical and Critical Study*. London: Routledge and Kegan Paul, 1961.

Liebman, Marcel. *Leninism under Lenin*, translated by Brian Pearce. London: Jonathan Cape, 1975.

Lifton, Robert Jay. *Revolutionary Immortality: Mao Tse-tung and the Chinese Cultural Revolution.* New York: W. W. Norton and Co., 1976.

Liu Rong. *Mao Zedong zhexue sixiang gaishu* [A commentary on Mao Zedong's philosophical thought]. Guangdong: Guangdong renimin chubanshe, 1983.

Li Zhanping and Li Shuqin. *Mao Zedong lixianji* [A chronicle of dangers experienced by Mao Zedong]. Beijing: Zhongguo shuji chubanshe, 1993.

Li Zhisui. *The Private Life of Chairman Mao.* London: Random House, 1996.

Long Live Leninism. Peking: FLP, 1960.

Lötviet, Trygve. *Chinese Communism, 1931–1934: Experience in Civil Government.* Stockholm: Scandinavian Institute of Asian Studies Monograph Series, 1973.

Lowe, Donald M. *The Function of "China" in Marx, Lenin and Mao.* Berkeley and Los Angeles: University of California Press, 1966.

Lowith, Karl. *Meaning in History*. Chicago: University of Chicago Press, 1949.

Lukács, Georg. *History and Class Consciousness: Studies in Marxist Dialectics.* London: Merlin Press, 1971.

Macfarquhar, Roderick, Timothy Cheek, and Eugene Wu, eds. *The Secret Speeches of Chairman Mao: From the Hundred Flowers to the Great Leap Forward.* Cambridge, Mass.: Harvard Contemporary China Series No. 6, 1989.

Machovec, Milan. *A Marxist Looks at Jesus.* London: Dorton, Longman and Todd, 1976.

Manuel, Frank E. "Introduction." In *Utopias and Utopian Thought*, edited by Frank E. Manuel. Boston: Souvenir Press, 1965, 1966.

Mao Tse-tung. *Basic Tactics.* Translated and with an Introduction by Stuart R. Schram. New York: Frederick A. Praeger, 1966.

———. Mao Tsetung. *A Critique of Soviet Economics,* translated by Moss Roberts. New York: Monthly Review Press, 1977.

———. *Four Essays on Philosophy*. Peking: FLP, 1966.
———. *Selected Works of Mao Tsetung*. Beijing: Foreign Languages Press, 1977. Vol. V.
———. *Selected Works of Mao Tse-tung*. London: Lawrence and Wishart, 1956.
———. *Selected Works of Mao Tse-tung*. Peking: FLP, 1967. Volumes I–IV.
Mao Zedong junshi wenji [Collected military writings of Mao Zedong]. Beijing: Junshi kexue chubanshe, Zhongyang wenxian chubanshe, 1993. 6 volumes.
Mao Zedong. *Report from Xunwu*, translated, with an introduction and notes, by Roger R. Thompson. Stanford: Stanford University Press, 1990.
Mao Zedong shuxin xuanji [Selected letters of Mao Zedong]. Beijing: Renmin chubanshe, 1983.
Mao Zedong sixiang wansui [Long live the thought of Mao Zedong]. N.p.: n.p. 1967.
Mao Zedong sixiang wansui [Long live Mao Zedong Thought]. Taiwan: n.p., 1967.
Mao Zedong sixiang wansui [Long live the thought of Mao Zedong]. N.p.: n.p., 1969.
Mao Zedong wenji [Collected writings of Mao Zedong]. Beijing: Renmin chubanshe, 1993–1999). 8 volumes.
Mao Zedong xinwen gongzuo wenxuan [Selected writings of Mao Zedong on journalism]. Beijing: Xinhua chubanshe, 1983.
Mao Zedong Xuanji [Selected Works of Mao Zedong]. Beijing: Renmin chubanshe, 1966. Volumes I–IV.
Mao Zedong zhexue pizhuji [The philosophical annotations of Mao Zedong]. Beijing: Zhongyang wenxian chubanshe, 1988.
Mao Zedong zhuzuo xuandu [Selected readings from the works of Mao Zedong]. Beijing: Renmin chubanshe, 1986. 2 volumes.
Marchant, Leslie R. *To Phoenix Seat: An Introductory Study of Maoism and the Chinese Communist Quest for a Paradise on Earth*. Sydney: Angus and Robertson, 1973.
Marks, Robert. "The State of the China Field: Or, the China Field and the State." *Modern China* 11, no. 4 (1985): 461–509.
Marx, Karl. *Capital Volume 1*. Harmondsworth: Penguin, 1976.
———. *A Contribution to the Critique of Political Economy*. London: Lawrence and Wishart, 1971.
———. *Early Writings*. Harmondsworth: Penguin, 1975.
———. *The First International and After*. Harmondsworth: Penguin, 1974.
———. *The Poverty of Philosophy*. Moscow: Progress Publishers, 1955.
———. *Pre-Capitalist Economic Formations*. London: Lawrence and Wishart, 1964.
Marx, Karl, and Friedrich Engels. *The German Ideology*. London: Lawrence and Wishart, 1974.
———. *The Holy Family, or Critique of Critical Criticism*. Moscow. Progress Publishers, 1975, second ed.
McBride, William Leon. *The Philosophy of Karl Marx*. London: Hutchinson, 1977.

McDougall, Bonnie S. "*Talks at the Yan'an Conference on Literature and Art": A Translation of the 1943 Text with Commentary*. Ann Arbor: Michigan Papers in China Studies, no. 39, 1980.
Meisner, Maurice. *The Deng Xiaoping Era: An Inquiry into the Fate of Chinese Socialism, 1978–1994*. New York: Hill and Wang, 1996.
———. "Mao and Marx in the Scholastic Tradition." *Modern China* 3, no. 4 (October 1977): 401–6.
———. *Mao's China and After: A History of the People's Republic*. New York: The Free Press, 1977, 1986.
———. *Marxism, Maoism and Utopianism: Eight Essays*. Madison: University of Wisconsin Press, 1982.
Meissner, Werner. *Philosophy and Politics in China: The Controversy over Dialectical Materialism in the 1930s*. London: Hurst and Co., 1990.
Melotti, Umberto. *Marx and the Third World*. London: Macmillan, 1977.
The Ninth National Congress of the Communist Party of China (Documents). Peking: Foreign Languages Press, 1969.
North, Robert. *Moscow and Chinese Communists*. Stanford: Stanford University Press, 1953, 1963.
Ogden, Susanne. *China's Unresolved Issues: Politics, Development, and Culture*. Englewood Cliffs, N.J.: Prentice Hall, 1989.
"On Questions of Party History: Resolution on Certain Questions in the History of our Party since the Founding of the People's Republic of China." *Beijing Review* XXIV, no. 27 (6 July 1981).
"On the Historical Experience of the Dictatorship of the Proletariat." *New China News Agency* 1531 (5 April 1956), supplement 238.
Pang Xianzhi. *Mao Zedong he tade mishu Tian Jiaying* [Mao Zedong and his secretary Tan Jiaying]. Beijing: Zhongguo wenxian chubanshe, 1989.
Paolucci, Henry, ed. *The Political Writings of St. Augustine*. Chicago: Henry Regnery & Co., 1962.
Peking Review 26 (23 June 1967).
Pfeffer, Richard M. "Mao and Marx in the Marxist-Leninist Tradition: A Critique of 'The China Field' and a Contribution to a Preliminary Reappraisal." *Modern China* 3, no. 4 (October 1976): 421–60.
———. "Mao and Marx: Understanding, Scholarship, and Ideology—a Response." *Modern China* 2, no. 4 (October 1977): 379–86.
Plamenatz, John. *German Marxism and Russian Communism*. London: Longmans, 1961.
Plekhanov, George. *The Materialist Conception of History*. New York: International Publishers, 1940.
Pokora, Timoteus. "Book Review of Laurence G. Thompson's *Ta Tung Shu*." *Archiv Orientalni* 29 (1961): 169.
———. "On the Origins of the Notions *T'ai-p'ing* and *Ta-t'ung* in Chinese Philosophy." *Archiv Orientalni* 29 (1961): 448–54.

Popper, Karl R. *The Logic of Scientific Discovery*. London: Hutchinson, 1972.

Pulleyblank, E. J. "Chinese Historical Criticism: Liu Chih-Chi and Ssu-ma Kuang." In *Historians of China and Japan*, edited by W. G. Beasley and E. G. Pulleyblank. London: Oxford University Press, 1961.

Pye, Lucien W. *Mao Tse-tung: The Man in the Leader*. New York: Basic Books, 1976.

———. *The Spirit of Chinese Politics: A Psychocultural Study of the Authority Crisis in Political Development*. Cambridge, Mass.: M. I. T. Press, 1968.

Rabinow, Paul, ed. *The Foucault Reader*. New York: Pantheon Books, 1984.

Reglar, Steve. "Mao Zedong as a Marxist Political Economist: A Critique." *Journal of Contemporary Asia* 17, no. 2 (1987): 208–33.

Resolution on CPC History (1949–81). Beijing: Foreign Languages Press, 1981.

Rice, Edward. *Mao's Way*. Berkeley: University of California Press, 1972, 1974.

Robinson, Joan. *The Cultural Revolution in China*. Harmondsworth: Penguin, 1969, 1970.

Rossanda, Rossana. "Mao's Marxism." *Socialist Register* (1971): 53–80.

Rue, John E. *Mao Tse-tung in Opposition, 1927–1935*. Stanford: Stanford University Press, 1966.

Saich, Tony, ed., with a contribution by Benjamin Yang. *The Rise to Power of the Chinese Communist Party: Documents and Analysis*. Armonk, New York: M. E. Sharpe, 1996.

Salisbury, Harrison E. *The New Emperors: Mao and Deng—A Dual Biography*. London: HarperCollins, 1993.

Sawer, Marian. "The Politics of Historiography: Russian Socialism and the Question of the Asiatic Mode of Production 1906–1931." *Critique* (Winter–Spring 1978–1979): 16–35.

Sayer, Derek. *The Violence of Abstraction: The Analytic Foundations of Historical Materialism*. Cambridge: Basil Blackwell, 1987.

Schaffer, Lynda. *Mao and the Workers: The Hunan Labor Movement, 1920–1923*. Armonk, New York: M. E. Sharpe, 1982.

———. "Mao Zedong and the October 1922 Changsha Construction Workers' Strike: Marxism in Preindustrial China." *Modern China* 4, no. 4 (October 1978): 379–418.

Scharping, Thomas. "The Man, the Myth, the Message—New Trends in Mao-Literature from China." *China Quarterly* 137 (March 1994): 168–79.

Schram, Stuart R. "Chairman Hua edits Mao's Literary Heritage: 'On the Ten Great Relationships'." *China Quarterly* 69 (March 1977): 126–35.

———. "Chinese and Leninist Components in the Personality of Mao Tse-tung." *Asian Survey* III, no. 6 (1963): 259–73.

———. "The Cultural Revolution in Historical Perspective," pp. 1–108 in *Authority, Participation and Cultural Change in China*, edited by Stuart Schram. Cambridge: Cambridge University Press, 1973.

———. "Introduction" to Li Jui, *The Early Revolutionary Activities of Mao Tse-tung*. White Plains, New York: M. E. Sharpe, 1977.

———, ed., *Mao's Road to Power, Revolutionary Writings 1912–1949: Volume I, The Pre-Marxist Period, 1912–1920.* Armonk, New York: M. E. Sharpe, 1992.

———. "Mao Studies: Retrospect and Prospect." *China Quarterly* 97 (March 1984): 95–125.

———. *Mao Tse-tung.* Harmondsworth: Penguin, 1966.

———. "Mao Tse-tung and Secret Societies." *China Quarterly* 27 (July–September 1966): 1–13.

———. "Mao Tse-tung and the Theory of the Permanent Revolution, 1958–1969." *China Quarterly* 46 (1971): 221–44.

———. "Mao Tse-tung as Charismatic Leader." *Asian Survey* VII, no. 6 (June 1967): 383–88.

———. "Mao Tse-tung as Marxist Dialectician." *China Quarterly* 29 (January–March, 1967): 155–65.

———. "Mao Tse-tung's Thought to 1949." In *An Intellectual History of Modern China*, edited by Merle Goldman and Leo Ou-Fan Lee. Cambridge: Cambridge University Press, 2002.

———, ed. *Mao Tse-tung Unrehearsed: Talks and Letters, 1957–71.* Harmondsworth: Penguin, 1974.

———. *Mao Zedong: A Preliminary Reappraisal.* Hong Kong: The Chinese University Press, 1983.

———. "Mao Zedong and the Role of Various Classes in the Chinese Revolution, 1923–1927." Pp. 227–39 in *The Polity and Economy of China: The Late Professor Yuji Muramatsu Commemoration Volume.* Tokyo: Tokyo Keizai Shinposha, 1975.

———. "The Marxist." Pp. 35–69 in *Mao Tse-tung in the Scales of History*, edited by Dick Wilson. Cambridge: Cambridge University Press, 1977.

———. "Modernization and the Maoist Vision." *Bulletin (International House of Japan)* 26 (1979): 1–22.

———. *The Political Thought of Mao Tse-tung.* Harmondsworth: Penguin, 1969, revised ed.

———. "Some Reflections on the Pfeffer-Walder 'Revolution' in China Studies." *Modern China* 3, no. 4 (April 1977): 169–84.

———. *The Thought of Mao Tse-tung.* Cambridge: Cambridge University Press, 1989.

Schram, Stuart R., ed., and Nancy J. Hodes, associate ed. *Mao's Road to Power: Revolutionary Writings 1912–1949: Volume II, National Revolution and Social Revolution, December 1920–June 1927.* Armonk, New York: M. E. Sharpe, 1994.

———, eds. *Mao's Road to Power: Revolutionary Writings, 1912–1949: Volume III—From the Jinggangshan to the Establishment of the Jiangxi Soviets, July 1927—December 1930.* Armonk, New York: M. E. Sharpe, 1995.

———, eds. *Mao's Road to Power: Revolutionary Writings, 1912–1949: Volume IV—The Rise and Fall of the Chinese Soviet Republic.* Armonk, New York: M. E. Sharpe, 1997.

———, eds. *Mao's Road to Power—Revolutionary Writings, 1912–1949: Volume VI—The New Stage, August 1937–1938.* Armonk, New York: M. E. Sharpe, 2004.

———, eds. *Mao's Road to Power: Revolutionary Writings, 1912–1949—Volume VII, New Democracy, 1939–1941*. Armonk, New York: M. E. Sharpe, 2005.

Schrift, Melissa. *Biography of a Chairman Mao Badge: The Creation and Mass Consumption of a Personality Cult*. New Brunswick: Rutgers University Press, 2001.

Schurmann, Franz. *Ideology and Organization in Communist China*. Berkeley: University of California Press, 1971, second edition.

Schwartz, Benjamin I. "China and the West in the 'Thought of Mao Tse-tung'." Pp. 365–79 in *China in Crisis*, edited by Ho Ping-ti and Tsou Tang. Chicago: University of Chicago Press, 1968. Vol. 1, book 1.

———. *Chinese Communism and the Rise of Mao*. Cambridge: Harvard University, 1951.

———. *Communism and China: Ideology in Flux*. New York: Atheneum, 1970.

———. "The Essence of "Marxism Revisited: A Response." *Modern China* 2, no. 4 (1976): 461–72.

———. "The Legend of the 'Legend of "Maoism"'." *China Quarterly* 2 (April–June 1960): 35–42.

———. "On the 'Originality' of Mao Tse-tung." *Foreign Affairs* 34, no. 1 (October 1955): 67–76.

———. "A Personal View of Some Thoughts of Mao Tse-tung." Pp. 352–72 in *Ideology and Politics in Contemporary China*, edited by Chalmers Johnson. Seattle and London: University of Washington Press, 1973.

———. "Presidential Address: Area Studies as a Critical Discipline." *Journal of Asian Studies* 40, no. 1 (November 1980): 15–25.

———. "Thoughts on the Late Mao: Between Total Redemption and Utter Frustration." Pp. 19–38 in *The Secret Speeches of Chairman Mao: From the Hundred Flowers to the Great Leap Forward*, edited by Roderick Macfarquhar, Timothy Cheek, and Eugene Wu. Cambridge, Mass.: Harvard University Press, 1989.

Selden, Mark. *The Yenan Way in Revolutionary China*. Cambridge, Mass.: Harvard University Press, 1971.

Sheridan, James E. *Chinese Warlord: The Career of Feng Yü-hsiang*. Stanford: Stanford University Press, 1966.

Sivin, Nathan. "Chinese Conceptions of Time." *Earlham Review* 1 (1966): 82–92.

Snow, Edgar. *Red Star over China*. Harmondsworth: Penguin, 1972.

Socialist Upsurge in China's Countryside. Peking: Foreign Languages Press, 1957.

Solomon, Richard H. *Mao's Revolution and the Chinese Political Culture*. Berkeley: University of California Press, 1971.

———. "On Activism and Activists: Maoist Conceptions of Motivation and Political Role Linking State to Society." *China Quarterly* 39 (July–September 1969): 76–114.

Stalin, J. V. *Problems of Leninism*. Peking: FLP, 1976.

Starr, John Bryan. "Conceptual Foundations of Mao Tse-tung's Theory of Continuous Revolution." *Asian Survey* XI, no. 6 (June 1971): 610–28.

———. *Continuing the Revolution: The Political Thought of Mao*. Princeton: Princeton University Press, 1979.
———. "'Good Mao,' 'Bad Mao': Mao Studies and the Re-evaluation of Mao's Political Thought." *Australian Journal of Chinese Affairs* 16 (July 1986): 1–6.
———. "Maoism and Marxist Utopianism." *Problems of Communism* (July–August 1977): 56–62.
———. "Mao Tse-tung and the Sinification of Marxism: Theory, Ideology and Phylactery." *Studies in Comparative Communism* 3, no. 2 (April 1970): 149–57.
Sudama, Trevor. "Analysis of Classes by Mao Tse-tung, 1929–39." *Journal of Contemporary Asia* 8, no. 3 (1978): 355–73.
Sung, An Tai. *Mao Tse-tung's Cultural Revolution*. Indianapolis: Pegasus, 1972.
Takeuchi Minoru, ed. *Mao Zedong Ji* [Collected Writings of Mao Zedong]. Tokyo: Hokubasha, 1970–72. Ten volumes.
———, ed. *Mao Zedong Ji. Bujuan* [Supplement to the Collected Writings of Mao Zedong]. Tokyo: Sōsōsha, 1983–1986. Ten volumes.
Tang Tsou. "The Cultural Revolution and the Chinese Political System." *China Quarterly* 38 (April–June, 1969): 63–91.
———. "Mao Tse-tung Thought, the Last Struggle for Succession and the Post-Mao Era." *China Quarterly* 71 (September 1979): 498–527.
Teiwes, Frederick C., with Warren Sun. *China's Road to Disaster: Mao, Central Politicians, and Provincial Leaders in the Unfolding of the Great Leap Forward, 1955–1959*. Armonk, New York: M. E. Sharpe, 1999.
Teng, S. Y. "Wang Fu-chih's Views on History and Historical Writing." *Journal of Asian Studies* XXVIII, no. 1 (November 1968): 111–23.
Terrill, Ross. *Mao: A Biography*. New York: Touchstone, Simon and Schuster, 1980, 1993.
Thompson, Laurence G. *Ta Tung Shu: The One-World Philosophy of Kang Yu-wei*. London: George Allen & Unwin, 1958.
Thornton, Richard C. *China: The Struggle for Power, 1917–1972*. Bloomington and London: Indiana University Press, 1973.
Tillich, Paul. "Critique and Justification of Utopia." Pp. 296–309 in *Utopias and Utopian Thought*, edited by Frank E. Manuel. Boston: Souvenir Press, 1965, 1966.
Townsend, James R. "Chinese Populism and the Legacy of Mao Tse-tung." *Asian Survey* 17, no. 11 (November 1977): 1003–15.
Van der Kroef, Justus M. "Lenin, Mao and Aidit." *China Quarterly* 10 (April–June 1962): 23–44.
Wakeman, Frederic, Jr. *History and Will: Philosophical Perspectives of Mao Tse-tung's Thought*. Berkeley: University of California Press, 1973.
———. "A Response." *Modern China* 3, no. 4 (October 1977): 161–68.
Walder, Andrew. "Actually Existing Maoism." *The Australian Journal of Chinese Affairs* 18 (July 1987): 155–66.
———. "Marxism, Maoism and Social Change." *Modern China* 3, no. 1 (January 1977): 101–18; and 3, no. 2 (April 1977): 125–59.

———. "A Response." *Modern China* 3, no. 4 (October 1977): 387–89.
Waller, Derek J. *The Kiangsi Soviet Republic: Mao and the National Congresses of 1931 and 1934*. Berkeley: Center for China Studies, University of California, 1973.
Wang Xizhe. "Mao Zedong and the Cultural Revolution." In *On Socialist Democracy and the Chinese Legal System: The Li Yizhe Debates*, edited by Anita Chan, Stanley Rosen, and Jonathan Unger. Armonk, New York: M. E. Sharpe, 1985.
Watson, Andrew, ed. *Mao Zedong and the Political Economy of the Border Region*. Cambridge: Cambridge University Press, 1980.
Watson, Burton. *Ssu-ma Ch'ien: Grand Historian of China*. New York: Columbia University Press, 1958.
Weber, Max. *The Methodology of the Social Sciences*. New York: The Free Press, 1949.
Wetter, Gustav A. *Dialectical Materialism: A Historical and Systematic Study of Philosophy in the Soviet Union*. New York: Praeger, 1958.
Whitehead, Raymond L. *Love and Struggle in Mao's Thought*. New York: Orbis Books, 1977.
Wittfogel, Karl A. "The Legend of 'Maoism'." *China Quarterly* 1 (January–March 1960), part 1: 72–86; and *China Quarterly* 2 (April–June 1960), part 2: 16–34.
———. "The Marxist View of China (part 2)." *China Quarterly* 12 (1962): 154–69.
Wolf, Eric R. *Peasant Wars of the Twentieth Century*. London: Faber and Faber, 1973.
Wolin, Sheldin S. "Paradigms and Political Theories." Pp. 125–52 in *Politics and Experience*, edited by P. King and B. C. Parekh. Cambridge: Cambridge University Press, 1968.
———. *Politics and Vision: Continuity and Innovation in Western Political Thought*. Princeton: Princeton University Press, 2004.
Womack, Brantly. *The Foundations of Mao Zedong's Thought, 1917–1935*. Honolulu: University of Hawaii Press, 1982.
———. "The Historical Shaping of Mao Zedong's Political Thought." Pp. 27–62 in *Contemporary Chinese Philosophy*, edited by F. J. Adelman. The Hague: Martin Nijhoff Publishers, 1982.
———. "Theory and Practice in the Thought of Mao Tse-tung." Pp. 1–36 in *The Logic of 'Maoism': Critiques and Explication*, edited by James Chieh Hsiung. New York: Praeger, 1974.
———. "Where Mao Went Wrong: Epistemology and Ideology in Mao's Leftist Politics." *Australian Journal of Chinese Affairs* 16 (July 1986): 23–40.
Womack, John, Jr. *Zapata and the Mexican Revolution*. Harmondsworth: Penguin, 1968.
Wylie, Raymond F. *The Emergence of Maoism: Mao Tse-tung, Ch'en Po-ta and the Search for Chinese Theory, 1935–1945*. Stanford: Stanford University Press, 1980.
———. "Mao Tse-tung, Ch'en Po-ta and the 'Sinification of Marxism,' 1936–38." *China Quarterly* 79 (September 1979): 447–80.

Zheng Yi and Jia Mei, eds. *Mao Zedong shenghuo shilu* [Records of Mao Zedong's Life]. Nanjing: Jiangsu wenyi chubanshe, 1989.

Zhonggong zhongyang wenxian yanjiushi. *Mao Zedong nongcun diaocha wenji* [Collected rural investigations of Mao Zedong]. Beijing: Zhonggong zhongyang wenxian chubanshe, 1982.

Zhonggong zhongyang wenxian yanjiu shibian. *Mao Zedong nianpu* [Chronology of Mao Zedong]. Beijing: Renmin chubanshe, Zhongyang wenxian chubanshe, 1993.

Zongli Tang and Bing Zuo. *Maoism and Chinese Culture*. New York: Nova Science, 1996.

索 引

（所注页码为英文原书页码，即本书边码）

译后记

尼克·奈特是当代西方毛泽东研究领域的重要学者之一，现为澳大利亚格里菲斯大学教授，已出版或发表了大量的学术论著和文章。《再思毛泽东：毛泽东思想的探索》一书是尼克·奈特教授于 2007 年出版的作品，是他关于毛泽东研究颇具影响力的代表作之一。他从深层哲学方法论出发，结合西方学者关于毛泽东思想的诸多争论，为人们呈现出关于毛泽东及其思想的新景观。

本书的翻译是集体工作的结晶，参加人员及分工如下：闫方洁（第一章、第四章、第五章、第七章），刘洋（第二章），闫莉（第三章），陈婷（第六章），王博慧（第八章、第九章），闫方洁负责统稿。萧延中教授一直关注本书的翻译进度，并热情地提供各种帮助，对整体工作给予了悉心指导。同时，本书在翻译过程中也得到了中国人民大学出版社宋义平编辑的大力支持和帮助。在此一并表示真诚的感谢。

然而，由于译者水平所限，加之又是首次翻译，难免存在错误和疏忽之处，敬请诸位读者批评指正。

Rethinking Mao：Explorations in Mao Zedong's Thought by Nick Knight

Published by agreement with the Rowman & Littlefield Publishing Group through the Chinese Connection Agency，a division of The Yao Enterprises，LLC.

图书在版编目（CIP）数据

再思毛泽东：毛泽东思想的探索：插图本/（澳）奈特著；闫方洁等译．—北京：中国人民大学出版社，2014.8
（国外毛泽东研究译丛/石仲泉，萧延中主编．第2辑）
ISBN 978-7-300-19896-5

Ⅰ.①再… Ⅱ.①奈…②闫… Ⅲ.①毛泽东思想研究 Ⅳ.①A84

中国版本图书馆CIP数据核字（2014）第189549号

国外毛泽东研究译丛（第二辑）
主编　石仲泉　萧延中
再思毛泽东
毛泽东思想的探索
（插图本）
［澳］尼克·奈特　著
闫方洁 等　译
Zaisi Maozedong：Maozedong Sixiang de Tansuo

出版发行	中国人民大学出版社		
社　　址	北京中关村大街31号	邮政编码	100080
电　　话	010－62511242（总编室）		010－62511770（质管部）
	010－82501766（邮购部）		010－62514148（门市部）
	010－62515195（发行公司）		010－62515275（盗版举报）
网　　址	http://www.crup.com.cn		
经　　销	新华书店		
印　　刷	涿州市星河印刷有限公司		
开　　本	720 mm×1000 mm　1/16	版　　次	2015年1月第1版
印　　张	17.5 插页2	印　　次	2024年9月第4次印刷
字　　数	301 000	定　　价	68.00元